复旦通识文库·论丛

適彼周行

中国大学通识教育的理想与行动

陆一 著

图书在版编目（CIP）数据

适彼周行：中国大学通识教育的理想与行动 / 陆一著. -- 北京：商务印书馆, 2025. -- （复旦通识文库）.
ISBN 978-7-100-24123-6

Ⅰ. G640

中国国家版本馆CIP数据核字第2024JP6137号

权利保留，侵权必究。

复旦通识文库

适彼周行

中国大学通识教育的理想与行动

陆一 著

商 务 印 书 馆 出 版
（北京王府井大街36号 邮政编码 100710）
商 务 印 书 馆 发 行
北京盛通印刷股份有限公司印制
ISBN 978-7-100-24123-6

2025年2月第1版　　开本 700×1000 1/16
2025年2月第1次印刷　　印张 24
定价：118.00元

复旦通识文库
编委会

编委会主任 吴晓明

主　　编 孙向晨

执 行 主 编 任军锋

委员（按姓氏拼音排序）

包春雷　陈明明　陈　焱　陈引驰　傅　华　高　晞　韩　昇
胡　波　黄　洋　金晓峰　李宏图　林　晖　林　伟　刘　欣
钱睿哲　石　磊　杨　继　岳娟娟　张双利　朱　刚　邹振环

总　序

"通识教育"在中国大学方兴未艾，呈现出生机勃勃的万千样态，这无疑是中国大学教育自我更新的新起点。"通识教育"旨在关注人格的修养，公民的责任，知识的整全，全球的视野，为中华文明的承接与光大以及人类生存的共同命运承担起自身的责任。

"通识教育"是教育自我反思的积极产物，它要摆脱学生长久以来被动式学习的积习，摆脱教师"概论式知识传授"的惯性，摆脱大学教育教学与育人脱节的怪圈，从而回归教育的本质。"通识教育"注重培养学生的理论想象力、学术贯通力以及生活反思力，培养学生阅读、交流、写作的可迁移能力，促进学生学习全过程高度自觉的发展，为学生的终身学习奠定扎实基础，并在这个过程中牢牢把握"立德树人"的教育目标。

"通识教育"依托于专业教师的学术积累，同时需要教师自觉地克服专业视野本身的局限，以厚积薄发的学术精神，深入浅出的学科反思，生动活泼的教学方式帮助学生以更宽广的视野去探索、理解这个丰富多彩的世界，这无疑对教师的知识结构、理论修养、教学方法都提出了巨大的挑战。"通识教育"在中国也是教师自我挑战与成长的过程。

"通识教育"超越中国大学以院系为单位的基本格局，注重培育教师与学生之间的学术共同体生活。一方面，"通识教育"帮助学生树立超越专业的视野，使之能与不同学科的同学自由地交流与探索；另一方面，"通识教育"也推动教师跨越自身的学科边界，使高度专业化的教师建立"通识教育者"的身份认同，形成"通识教育"的教师共同体。

在"通识教育"改革探索的过程中，复旦大学率先在国内大学中提出"通识教育"的概念与原则。自2005年成立"复旦学院"至今，逐步形成了五大"住宿书院"与七大"核心课程"模块的复旦通识教育模式，并以此为载体全面构建了复旦"通识教育"的体系。我们的愿景日趋清晰，我们的路线更加坚定，我们的行动更加务实。

"复旦通识文库"是推进复旦乃至整个中国大学界"通识教育"的重要组成部分。通过复旦的创新实践及各高校的经验积累，借鉴世界卓越大学的优秀成果，中国大学的"通识教育"将形成自己的优秀传统，开创独特的教育路径，确立自身的价值标尺。文库拟定四大系列：

"文理学苑"："通识教育"扎根于文理学科的基础，教师在核心课程教学基础上完成独立的著述。这是服务于教学工作的学术著作。著述将围绕教学的核心内容，既有微观聚焦，又有宏观视野，既有学术知识，又有现实关怀；同时注重思想性与理论高度。通过这个系列，教师的课程内涵得以不断升华，教学成果得以逐渐积累，真正实现教学与科研的结合。

"译介系列"："通识教育"强调全球视野，努力将世界文明统序置于"通识教育"的考察之中。译著重视论题的历史脉络，强调理论视野与现实关切,在广泛的知识背景下深入对某一专题的认识。"通识教育"承载着文明的传承赓续与精神形塑,存亡继绝又返本开新。通过译介工作,我们希望为中国大学的"通识教育"提供更宽广的思想脉络和更扎实的现实感。

"论丛系列":"通识教育"既需要大学管理者的决策推动,也需要教师的持续努力,更需要学生的积极投入。"通识教育"发展的根本动力是大学管理者、大学教师与大学生们对"通识教育"的重要性及其使命的高度思想共识。大学"通识教育"的实践者们既是行动者,也是思想者。他们的思考永远是最鲜活的,其中既有老校长们对于"通识教育"高瞻远瞩的问题诊断、观念梳理以及愿景展望,也有广大教师针对具体课程脚踏实地的反思与总结,更有学者们对高等教育尤其是"通识教育"领域的精深研究。

"思想广角":"通识教育"是学生人格形成的场域,需要有鲜活多元的形态与样式。"思想广角"在一般的课堂之外,聚焦知识前沿与社会热点,最大限度地吸纳大学、知识界与社会的有识之士,反映劳育美育、行知游学等方面的实践与反思,协力拓展中国大学"通识教育"的深度与广度,形成"通识教育"的思想广角。

我们希冀这四大系列能够助力中国大学"通识教育"的发展,进一步凝聚共识,明确方向,扎实推进。惟愿"复旦通识文库"书系不断推陈出新,日月光华,旦复旦兮。是为序。

"复旦通识文库"编委会

目 录

自 序 1

第一章 "通识教育":概念生成与实践展开 14

第一节 制名以指实:"通识教育"的本语境辨析 15

第二节 通识教育、博雅教育、文化素质教育在教改实践中的名实互动 36

第三节 从"通识教育在中国"到"中国大学的通识教育" 54

第四节 形具而神生:大学通识教育课程建设的两个阶段及其质量评估要点 73

第二章 中国大学通识教育的谱系 92

第一节 规模与质量约束下的几种建设路径 93

第二节 精英大学人文经典课程的理想与现实 109

第三节 大学写作课的多重价值 159

第四节 高等教育大众化格局与通识教育分类 169

附论一　日本战后的科技创新与大学通识教育 ... *194*
　　附论二　大学通识教育土壤孕育创造性人才 ... *196*
　　附论三　当数字智能逼近专属于人类的思考力 ... *199*

第三章　提升通识教育质量的理念与方法 ... *203*

　　第一节　通识教育改革如何消灭"水课" ... *204*
　　第二节　通识课程教学质量测评与提升方法 ... *212*
　　第三节　大学生通识学习收获调查框架 ... *232*
　　第四节　通识"高能课"与"吹水课"的成因分析与甄别 ... *251*
　　附报告　中国一流大学通识教学调查与优化建议 ... *271*

第四章　通识课程教与学的实证研究 ... *286*

　　第一节　通识教育效果的影响因素 ... *287*
　　第二节　"大班授课、小班研讨"的改革效果 ... *307*
　　第三节　发现线上通识教学质量的双面性 ... *331*
　　第四节　家庭第一代大学生的通识学习收获 ... *351*

自　序

中国大学正迎来通识教育改革的第三波热潮。大约二十年前，数所一流大学和众多人文学者从中国大学教育的发展瓶颈与中国文明现代化的问题意识出发，开始提倡人文通识教育。在第一个阶段，他们一边构建各具特色的本科通识教育模式，一边开创风气，唤起高等教育中的文明意识。到了第二个阶段，确定教育规格、强化教学质量成为改革主题，一些大学形成了内部稳定、对外具有示范意义的教育模式。2015年"中国大学通识教育联盟"成立，"通识教育"被写入了国家教育政策。随后，第三波实践的兴起，越来越多不同层次的大学都产生了通识教育的改革自觉，相应的理论与实践交错的问题也更加普遍地显现出来。本书力图记录和分析前两个阶段中国大学通识教育的理念与行动，从而展望下一步的发展、巩固和应变。

通过多年的摸索与磨合，通识教育在中国大学已经不是个新名词。制度建设方面，中国大学通识教育的目标定位、教育内容、教学方式、组织机构以及与大学教育其他环节之间的衔接关系都变得清晰可辨。内涵充实方面,通过各大学骨干教师的努力,人文经典进入了本科教育,为大学通识教育树立了学术威望,也注入了思想活力。这是一场难能可贵的教育改革,它没有止步于理念宣扬,也不是简单的概念更新,而是突破了原有的本科教育结构,实实在在地生长出了新的教育内容和教学模式。这一改革在许多教师和学生心目中引导出了一种叫作"通识"的求知目标,从根本上改变了旧式本科教育的格局和面貌。

于我而言,大学通识教育不仅是富有魅力的研究主题,更是重要的启迪。2006年,当我的母校复旦大学率先以"六模块通识核心课程"和本科生跨专业混合住宿的"复旦书院"双管齐下地推进通识教育改革时,我已将近毕业。当时校内师生纷纷各抒己见、热烈地撰文讨论这种新颖的教育理念,我亲眼见证了一场充满思想魅力和创新活力的改革在母校如火如荼地展开。由于本科阶段与复旦通识教育擦身而过,我更加珍惜各种向具有通识精神的人文社科学者学习的机会,参与到跨专业的阅读与交流之中。2008年,成为了日本东京大学教育学研究科的留学生后,我决心借此机会深入研究大学通识教育,也开始以跨国、跨系统比较的方式思考种种教育问题,并以通识的意识来反省自己的知识结构与学术路径。

在留学期间,我对日本二战前、后通识教育历史变迁的观察成为了本书的前奏。当时面临的第一个难题在于,究竟何为通识教育?它包含着哪些教育现象?当日本国家意识形态、教育体制以及教育的社会性质发生巨大变化时,通识教育发生了怎样的演变?通过全面搜揽和整理相关材料,我意识到通识教育的名义和实质之间存在着差异。在日本,一些没有被称作"教养教育""一般教育"(日文)的活动发挥着符合通识理想的作用,而另一些以"教养教育""一般教育"为名的大学制度安排却会在实施中背离通识理念。日本虽然是个具有东方文化传统的发达国家，但其教育体系的现代化过程却深受德国和美国等西方文明的影响。日本的通识教育同样如此。二战战败后的日本先被美国占领军改造教育体制，随后又模仿美国通识教育理念与制度，其中的进退波折与取舍得失都值得我们深思。若以比较研究的方法来解读日本和美国的通识教育，会发现包括课程论、教学论、组织管理、教学效果等诸多具体现象的差异背后，两国的教育、社会、国家和古今文明之间的系统性差异浮现出来。也就是说，通识教育和国家文明之间存在密切的关联。这些认识在拙作《教养与文明：日本通识教育小史》中未及细述。回国后，我专注于观察和思考中国大学通识教育，在此过程中，对日本的初步理解构成了我在国家与文明视野下研究大学通识教育的参照系。

一、通识教育的含义

通识教育的含义在中外学界有着大体上的共识，但要深究其具体的界定则会体现出不同的侧重。为了使本书的论述更加严谨精确，此处对本书所指"通识教育"的含义做出说明：

就目的而论，在以理性和科学为基石的现代社会，人类不可避免地走向专业分化。"通识教育"是一种现代教育理念，是每一种文明进行社会整合、塑造文化认同、推动文明演进的文教手段，也是每一个具有专业职分的个人获得其应有修养，从而实现美好生活和人生价值的途径。它在美国被称为 General Education，在日本叫作"教养教育"，在中国，它就是"通识教育"。

进一步分析通识教育的特性。首先，通识教育是现代教育理念，它产生于理性化、专业分化、机会平等的现代社会。它本身的现代性体现在教育对象的普遍性和平等性，这与古典贵族教育、少数人才有资格接受的精英教育不同。它既要保守住精英教育的目标，也要对所有人开放门径。这一点使通识教育区别于博雅教育。它是对现代性弊端的纠正，没有人类现代性问题的前提，就没有产生通识教育的土壤和前提。

其次，通识教育不仅有益于个人，是个人获得良好教养和完善人格的途径，也是国家的文化教育手段，最终将成就社会理想。在个人层面，通识的作用是健全人格，是对人性的确认、成全和反省。通识本身就是目的，是为己之学。在文明和国家层面，通识教育则是人类各种现代文明的凝合剂、团结力。

再者，通识教育所期待的学习动机并不是获取"赋能"，而是对人类所能拥有的最美好和崇高文化的"敬慕"。虽然现代人常常把提升能力当作受教育的目的，由于注重测量教育收益、学习成果的量化实证研究的兴起学术方法本身巩固了教育的这个侧面，以至于许多教育研究者也只注意到教育的片面价值。与此迥异的教育价值并不要使人通过对他人有用而换取更多财富收益，而是设法增添人生的内在丰富性，把握什么是更值得过的人生，体会自己作为文明、国家、社会一员的意义感。这就是通识教育强调的所谓"无用"，但就其能够直接对人的内在发生积极影响而言，不仅"有用"，更是至关重要的。"无用"只是对缺乏这类内在体验的人而言，"无用"的含义是不需要通过"用"的交易便能实现对自身的价值。由于价值形态不够外显，无法以货币来衡量，与其他现代教育相比，通识教育的必要性总是很难向还不具有通识素质的人去证明和推销。对初入学的大学生而言，对大学的向往，对学问的崇高感，对前辈师长人品学问的敬慕是学习通识教育应有的心态。除此之外，"营销"式诱惑或逼迫式约束只能催生不利于通识教育的学习动机。

二、中国大学通识教育课程理论面临长期挑战

本书的写作开始于十年之前，较长的时间跨度见证了十年来中国大学通识教育自身挑战的演变与外部境遇的变化。就通识教育本身而言，最关键的问题并不是制度设计和教学法，而是课程理论，也就是"什么知识最值得学习"。对此有三方面的变化值得注意。

第一，如果说经典文本应当始终居于通识教育的中心地位，那么对中国一流大学来说，中西经典应当构成怎样的教养结构呢？这个问题看似简明，实则联系着文明现代化特殊而曲折的进程。清末以来，传统经典的教化力量在现代化过程中遭遇到西方学问的多重挑战，几近湮灭断绝。今天的中国大学及其科系无不是仿照西方现代学术范式奠基，前辈学者在中西学术之间尚不能应付裕如。"孟子曰：'君子之所以教者五：有如时雨化之者，有成德者，有达财者，有答问者，有私淑艾者。'"（《孟子·尽心上》）如果我们把"君子之所以教者"引申理解为通识教育的图景，那么当代通识教育的教师和学生都体会到某种意义上"私淑艾者"的处境。我们的通识教育距离"时雨化之""成德""达财"的效果还有不小的差距，但正如孟子的感悟，文化的传承与更新在大历史周期中自然起起伏伏，要紧的是我们在其中找到自己的位置。

近年来，中国传统经史经典越来越受到推崇，对教师而言，目前中国古典相关的教学和研究比过去更有机会得到官方支持。学生可能出于某种朴素的自豪感而认同中国经典，但对中国经典承载的古代价值秩序、情感体会、生活经验却较为陌生。过去那种对西方世界的憧憬、通过解读西方经典产生的优越感正在下降。十年间，大学里从事西学研究的教师和前几代学人的研究处境不尽相同，学生的好奇心、求学心也有了明显的迁移。整体上，中学与西学在通

识内容结构、教育效力上的消长反映出大学里中、西学问的研究气候。中国大学通识教育理想恐怕不应是泥古守旧的,在彼此对照、文明互鉴的视野下学习中国经典与孤立地研习中国经典所能构成的教养格局完全不同。

第二,在通识教育兴起的前十多年里,人们通常认为其竞争者就是专业教育。随后,通过学者们的理念辨析与改革先行大学的实践磨合,多种形式的"通专结合"被实现出来。例如核心课程与经典阅读体系、分布式选修、2+x模式、以写作训练为中心等。虽然两者之间的张力将长期存在,但多数大学已经能够在实践中处理好通与专的平衡关系。

近些年,大学思想政治教育从另一个方向上对通识教育提出了挑战。在改革开放之前,思政教育曾经在"又红又专"的框架下与专业教育相互结合,它比通识教育在中国大学有着更深的根基。虽然它们在课程结构上占据着相似的位置,发挥着同向的作用,但是思政教育与通识教育的关系并不是替代性的。过去很少将两者相提并论进而开展论辨析,加上这几年政策上对思政教育的不断强化,实践中容易陷入困惑,导致本科课程方案在改革中变得叠床架屋或者顾此失彼。在本书第二章第四节提出的框架里,思政教育属于中国特色的公民教育,广义的通识教育将思政教育包涵在内,而狭义的通识教育属于与公民教育同一方向上延伸的精英教育。两者可以看作文化大传统(通识)与时政小传统(思政)的关系。大传统源远流长,涵盖了文明史上出现过的不同价值信念及其相互关联,注重凝练变迁之中文明的变与不变,其作为教育目标的正当性来自共同的祖先与代代相传的文化。大传统的内部阐释空间容纳着复杂性,在古今更替中培养学习者的贯通理解与换位反思能力。小传统的教育是当代政教权力的化身,指向对当前国家政权与社会格局的理解与认同，其教育正当性来自政治稳定与个人社会化的需要。思政教育是成为一个良好公民所必修的课程，其内容简明直白，如何达到知行合一的教育效果才是关键所在。因此，思政教育可以作为支撑大众教育层面"又红又专"的当代版本，但要培养领袖人才还远远不够。今天我们更加认识到，仅仅专业水平出类拔萃还是跛足的人才，若没有与之匹配的通识和思政教育，不免造成"人"的教育缺憾。

第三，通识教育的理想目标在高教大众化过程中正在被日益流行的能力主义所改写。具体而言，不论是可迁移技能（transferable skills）、可被雇佣能力（employability）、终身学习能力（lifelong learning ability）、可持续发展能力（sustainability）、国际/全球胜任力（international/global competence）都以令人向往的新颖能力术语来描绘教育收获。好像当今的教育如果不能用这类"营销式"话语做出许诺就会显得落伍。应该说，通识教育的结果当然体现为人的某种"能力"，但能力主义的理解方式会带来严重的误区。首先，能力本质上强调使用价值。仿佛通识教育所能给予的能力比专业教育的适用领域更广泛。但实际上，通识教育给学生提出的问题是"你是谁""你要成为什么人"而不是"你能做什么"。其次，通识教育同样不是"你能获取什么"。能力主义给教育带来一种错觉，好像只要拥有了某种能力，就能获得源源不断的回报。但事实上，任何教育都不能承诺这样的收益，通识教育更不能。在许多情况下，这类新颖的能力教育避实就虚，更像是锦上添花，而非大学教育的核心支柱。当教育者不得不拿出商业计划书般的幻灯片来解释为什么通识教育要学这些内容，能力主义的修辞就不可避免。这不仅是大众高等教育的需要，也反映出高等教育市场化的迹象。一般人容易被标新立异的能力术语所吸引，但真正重要且困难的是如何认识这些能力背后朴素的本质和难有捷径的成长规律。好的通识教育确实会提升种种能力，但教育者的功夫并不应该直接下在培养如此这般的能力上，学习者也不是仅仅通过练习能力就能收获全面的通识教育成果。教与学在知识这头努力，终会在能力那头收获，遵循由此及彼的规律才是通识教育的要义所在。

三、社会环境影响下一流大学学生的变化

当我们继续讨论通识教育的外部环境，可以看到三方面重要影响促使现在的大学生与五年前、十年前相比显著不同。

一流大学的本科应该是成功通过高考的高能力学生所经历的自我探索阶段，在学术上他可以上不封顶地学习自己最感兴趣的知识，也可以尝试拓展自己完全不了解的领域，或者灵活应付自己认为无关紧要的事务。他同样能够不以学术为重，尝试理解不同的人生理想，参与各种非学术活动，挑战自己的潜能，探索最适合的发展道路。通识教育最适合这类充满好奇、心胸广阔、勇于冒险、立志自我突破的学生。过去，这类大学生并不罕见，他们家境未必多么殷实，但对于光明前途并没有过多忧虑，尤其不会从大学一年级就开始谋算就业与生计，唯恐在哪一小步上落后于人。曾经的大学生带有自信的"光环"，这种无忧无惧、生机勃勃的心气是精英通识教育的前提。然而，高教大众化的情势下，可贵的心气正在急速消退。

当前阶段的经济形势和"学历贬值"，强化了本科生为了保研和考研的竞争烈度。一流大学的本科学历在就业市场上已经没有了绝对优势。当体制内就业普遍要求硕士学历，更使得本科阶段多姿多彩的自我发展全面收束到统一的标准化学业竞争轨道，本科阶段所有学业痕迹要全部累加到面面俱到的绩点竞争之中，不容失误差

错。更糟糕的是，这种竞争没有绝对的合格标准，只有和同辈的相对比较。"内卷"——虽然缺乏严谨的定义，却已经迅速蔓延成为一流大学本科的统治性文化，"卷"已经成为大学生日常高频使用的动词。在公平公开、选择自由的保研制度面前，学生感到没有选择，孤军奋战，前途未卜。高考的好成绩没有兑现为足够的教育庇护，反而使自己陷入对手更加强大的激烈竞争之中。于是，所有不能确定取得好成绩的探索行动都是危险的，甚至自毁的，明智的学生不得不以高度自律、自我剥削的态势来为自己谋取一个比较良好的读研机会。这样一来，学生上通识课不是为了接受通识教育，而是以较低的投入产出比取得足够好的成绩记录。当一门通识课的教师竭尽所能带学生去赏析某个人类历史上的高峰，学生掏出手机拍照留念后就要匆忙赶去"效率手册"上的下一栏目了。一切都是浮光掠影的"打卡"式收获。疫情后的外部环境强化了大学校内的这种风气。这就意味着，人为制造的竞争性赏罚制度成为绝对目的，置换了生活的热情和生命的意义，一流大学的内在活力受到压抑与削弱，通识教育的基础条件空前不利。

另一个结构性问题是社会阶层的分化。具体而言，大学生的家庭经济条件拉开了层级式的差距，这一因素对教育的影响程度超出许多大学教师自己在学生时代的个人体验。因为过去的同学之间虽然有家境差别，却没有结构性分层。

关于这个问题可以开展国际比较，在一些基尼系数较高的国家，他们的教育和选拔制度中市场化程度也较高，不论是公立大学还是私立大学，都存在更加显著的阶层分割效应。也就是说其一流大学里学生的家庭收入集中在中高收入段，不仅平均数高于社会整体，标准差也比较小。但是，中国的高等教育机会分配制度（高考）决定了经济资本并不能直接占据优势。这就意味着在中国一流大学里生源的学术能力同质性很高，而家庭经济条件和与之相关的过往人生际遇差异很大。

不同阶层学生的受教育目标不是程度的差别，而是本质的差别。不同阶层学生的教育期望首先会体现在不同的专业选择上，但他们要接受共同的通识教育。与文化修养相关的通识教育内容对那些见多识广的学生可能并不陌生，对另一些学生来说却是大开眼界。这还只是表面差异，归根到底，通识教育的核心问题——"你想要成为什么人""你能够成为什么人"——很难不受到家庭出身的影响。对于一个在学业上奋斗了十几年，期待教育改变家庭命运（经济境遇）的学生而言，通识教育、自由学习，是否会成为过于奢侈的诱惑？也有人说，现代大学代表着典型的中产阶级需求和品味。我们过去的教育观念总是倡导将学生一视同仁对待，然而大学教育、通识教育所面对的学生从未像今天这样分化。不仅如此，通识教育还要考虑构建共同的归属与文化认同。毕竟，通识教育的至高理想就是扭转和突破被经济条件所决定的品味和志趣。

外部挑战还来自日新月异的数字信息技术，它正在以超出预想的方式改变人类本身。在惊人技术进展和大规模使用数字智能工具的过程中，人类的自然本性、本真性情正受到深刻影响。在经典文本的教学中，学生理解复杂的逻辑推理和论证演绎的能力有增无减，但另一方面，他们拥有的各种人际生活经验，诸如情感起伏、交往摩擦、伦理本能等人类基本能力却在逐渐减弱。学生越来越难以理解古典文献中细腻刻画的人情世故，一些前代读书人看来不言而喻、无需特地注明的常识，今天的学生却感到陌生。通过互联网的信息传送与人与人直接交往完全不同，年轻人努力学习社交技巧却难以变得人情练达。发达的社会科学训练学生依靠技术与理性解释情感、量化意志，用量表来测度和评判人的生活得失。在一切以科技创新、生产知识为指归的现代巨型大学，教育主要致力于增强生产力、激发创造力。大学教育过于注重实用和效率，导致学生缺乏漫游、踯躅和反思的时间与空间。对于如何做出价值与道路的抉择取舍，如何涵养人的内在丰富性，如何在命运起起伏伏之中把握人生的意义，在数字智能宰制下的信息时代，这些独属于人的困惑被自动忽略或幼稚地对待了。这类沉思即使在一流大学里也显得与主流风气格格不入。发达的理智与高超的技能却被未受教育的欲望所调动驱策，潘光旦所警示的"童子操刀"现象已经成为大学内外的普遍问题。

中国大学的通识教育是一项理想主义的事业，它显然不是建设十年二十年就能完成的，势必要跨越几代人。1940年，钱穆在《改革大学制度议》中批评道："中国挽近学术，一切稗贩自欧美，传其专业较易，了其通识则难。故今日国内负时誉之大学，其拥皋比而登上座者，乃不幸通识少而专业多。如此则将使学者不见天地之大，古今之全体，而道术将为天下裂。"他道出了中国现代大学通识教育问题意识的发端。八十多年后，反观今日大学，通识教育从来没有像现在这样被迫切需要，也从来没有像现在这样如临深渊，如履薄冰。对于青年学生和我们这些大学教师来说，这不仅仅是个人成长和教育制度问题，更是关乎中国社会与文化的现代化理想。通识教育给了我们一个机会，以谨慎负责的学术态度和自我挑战性的教学工作来投身建设中华民族的现代文明。

本书的主体内容来自全国教育科学"十三五"规划课题（中国大学通识教育建设成效分类评估研究）的各阶段成果，整个写作过程得到了许许多多的帮助与支持。首先，我的丈夫、父母和公婆为我分担了大量家庭事务，是他们不辞辛劳的关爱和付出，使我拥有了安心写作的条件。复旦大学通识教育中心对本书的出版给予了最大支持，特别是中心主任孙向晨教授、副主任任军锋教授、办公室主任刘丽华老师及办公室应建庆老师、赵元老师等各位成员，在这个小集体中我得到了持久的研究助力。可以说，不断发展壮大的复旦通识中心正是我推进研究的最佳田野和可靠根基。与此同时，多年来其他一流大学的通识教育倡导者、教学管理领导也给予我十分宝贵的信任、激励和实实在在的研究帮助，北京大学强世功教授、傅绥燕教授、李猛教授、曹宇老师，清华大学杨斌教授、彭刚教授、沈晖老师，武汉大学李建中教授、彭华教授、高杨老师、黄舒老师，中国海洋大学方奇志教授、贾建媛老师，北京航空航天大学曹庆华教授、杜洋老师等。如果没有他们的大力撑持和开明包容，我就无法在许多大学展开深入实际的经验研究，本书一半以上的议题将难以开展。此外，2021年我在日本访学期间，名古屋大学夏目达也教授、广岛大学黄福涛教授、早稻田大学吉田文教授和蒋妍老师给我提供了无私的帮助，三所大学都有很好的研究与学术交流平台，这使我能够向日本学界介绍中国大学通识教育的改革历程与思考。2022年我在北京大学人文社会科学研究院访学期间完成了本书的重要章节，当时遭遇到"新冠"疫情，文研院的邓小南教授、渠敬东教授不遗余力地为我提供安全保障，教育学院的陈洪捷教授、刘云杉教授、沈文钦教授，中古史中心的陆扬教授、荣新江教授、朱玉麒教授，还有同期访学的诸位师友都对我十分关照，使我不仅顺利完成研究，更体会到独属于燕园的志趣陶冶和学问启迪。本书集成了多篇研究论文，为此感谢东南大学杨瞳博士、复旦大学方士心博士、王欣欣博士、复旦大学发展规划处林珊、上海交通大学规划发展处张蕾等科研伙伴，与她们愉快的研究合作促使本书更加丰满充实。还要特别感谢任教于中国美术学院的好友书法家丁筱博士，通识教育是我们共同的关切，她欣然为本书题写了书名。在本书入选"复旦通识文库"丛书之际，希望书中各篇论稿多少能钩廓出过去十多年来中国一流大学通识教育改革的概貌，提出一些有益的思考，为未来中国大学教育改革提供一份参考资料。

第一章

"通识教育":概念生成与实践展开

本章设法讨论究竟什么是中国大学通识教育。在早期的教改实践和有关学术讨论中,人们常常不假思索地套用或对标美国的General Education。这种粗疏的做法抹杀了美国同类教育的多样性,把它们在不同时期的变化混为一谈,更忽视了通识教育具有国家、社会与文明属性。第一节指出教育创新、教育改革中名实关系的问题,为从本土立场讨论通识教育理念打开新视角。第二节进一步通过"名"与"实"的多重分析与讨论,指出不仅"通识"之名具有本土特性,文化素质教育、通识教育、博雅教育、书院制教育等一系列相近的教育实践都是中国式的,不能脱离中国大学的历史基础和发展背景来抽象地做出定义。在前两节的基础上,第三节为中国大学通识教育建设确立自身的定位,这项教育事业并不是自上而下地被给定,也不是从发达国家引进照搬,而是在本土命名与改革实践的互动摸索之中生成的,因而这是一种更加有生命力和发展前景教育改革。

在写完前三节七年之后,中国大学通识教育的建设质量评估问题变得日益重要，促发了第四节的写作。由于这些年本科教育改革声势浩大，一旦人们开始认为"通识"是个好概念，各种名目的通识教育就容易泛滥起来。许多非专业的、甚至一些专业的教育教学活动都在"通识"的名义下实施。大学通识教育的建设难点并不在于名称、理念、制度的有无，如果不能指明什么是实质性的达成，教育改革的努力难免日渐松弛，直至倦怠停滞，名不符实。依托经验研究，第四节提出改革始终需要着眼于更高的建设目标才能约束实践质量，从评估视角展现了一所大学的通识教育如何从"形式具备"进阶到"精神生成"。

第一节 制名以指实："通识教育"的本语境辨析

20 世纪 40 年代，现代汉语语境下最早使用"通识"一词来深入讨论大学教育问题的是钱穆的《改革大学制度议》（1940 年）和梅贻琦与潘光旦的《大学一解》（1941 年）。当时中国已经参照西方模式建立了现代大学，知识分子也已具有相当的国际视野。关心高等教育的有识之士一方面体会到西式专业分科的大学体系"将使学者不见天地之大，古今之全体，而道术将为天下裂"[1]的危机，同时也觉察到美国大学正在兴起源自西方古典精神的 General Education 改革。出于对汉语的娴熟，他们自然而然地以"通"对"专"、"识"对"业"，创造性地使用"通识"这一概念，从中国古典而非西方古典中汲取思想资源来丰富现代大学理念。

---

1 钱穆：《文化与教育》，台北：东大图书公司 1976 年版，第 63—71 页。

半个多世纪后，中国高校终于有条件、有能力将这种教育理念付诸实践，并加以探索。21世纪初，在"人文教育""文化素质教育""通识教育""博雅教育"等各种名义下，中国高校陆续开启了实质上相近似的改革实践。如今，越来越多的人对这种不把教育局限在专业之内，旨在健全育人的教育理念有了基本的认知，并广泛认同。然而由于概念混淆，实践近似，人们在使用这些概念时总要借助 General Education，Liberal Education，Liberal Arts 等英文概念来比附其意义，造成了许多混淆，也导致本应内生驱动的教育改革不得不建立在外来概念之上。其中，尤为突出的是中国高校大范围实施的通识教育改革始终伴随着关于"通识"的名称及其内涵的争论。

"名闻而实喻，名之用也"（《荀子·正名》），由此可见，若不能为改革正名，改革行动在无形中将承受广泛的制约和无形的阻力。以往的通识教育研究未能给"通识教育"在中文语境下的内涵做出明晰的界定，本节试图以"循名责实"的方式，通过对"通识"一词在中国思想文献中概念史的梳理，来解释何谓"通识"，并且进一步指出"通识"是一个既能接续古今又具备世界意义的教育理念。

一、循于旧名，作于新名

"通识"一词在传统典籍中的使用很早。有指学识渊博，《魏书·儒林传·陈奇》"高允与奇雠温古籍，嘉其远致，称奇通识，非凡学所窥"，唐代刘肃云"说（张说）之通识，过於魏徵"[1]；亦有指

---

[1] 刘肃：《大唐新语·识量》，许德楠等点校，北京：中华书局1984年版，第107页。

学识渊博的人，如陶渊明诗云"即理愧通识，所保讵乃浅"[1]，唐代孟棨云"闻见非博，事多阙漏，访於通识，期复续之"[2]等。还有"通才练识""通材达识"等通识二字连用来形容学问人品的词汇自中古时期就已得到活用，唐代崔尚云"夫其通才练识，赡学多闻，翰墨之工，文章之美，皆忘其所能也"[3]，宋代曾巩云"至於通材达识，义烈节士，嘉言善状，皆见於篇，则足为后法"[4]。

那么，古已有之的"通识"二字用来命名现代大学的一种教育理念在什么意义上是合适的？为了深入解析古代文献中的"通识"与现代大学通识教育理念的关系，我们需要把握"通""识"的确切字义及其早期的运用实例，从而确认"通识"之名堪当其实。

（一）"通"是"学"的最高目标

《说文·辵部》："通，达也。""通"的基本词义为通达，引申为通晓、洞达。先秦至汉唐的文献已多有记载学问上要追求通达的思想。如《礼记·学记》"九年知类通达，强立而不反，谓之大成"，《后汉书·郑兴传》"少学《公羊春秋》，晚善《左氏传》，遂积精深思，通达其旨，同学皆师之"，唐代韩愈的《柳子厚墓志铭》"子厚少精敏，无不通达"等。

古人对于各种学问、知识，不仅求通达，更强调全部、透彻地理解，学问宏阔通达，于是有了"贯通""淹通"，如《春秋繁露·正

---

[1] 陶潜：《癸卯岁始春怀古田舍二首》，《陶渊明集》，逯钦立校注，北京：中华书局1979年版，第76页。

[2] 孟棨：《本事诗》，载丁福保（辑）：《历代诗话续编》（上册），北京：中华书局1983年版，第2页。

[3] 崔尚：《唐天台山新桐柏观颂（并序）》，《全唐文》（四），上海：上海古籍出版社1990年版，第1365页。

[4] 曾巩：《寄欧阳舍人书》，《古文观止》，北京：中华书局1978年版，第522页。

贯》"然后援天端,布流物,而贯通其理,则事变散其辞矣",韩愈《顺宗实录三》"聪明强记,历代史传,无不贯通",《文心雕龙·体性》"平子淹通,故虑周而藻密",陶弘景《许长史旧馆坛碑》"父副,字仲先,器度淹通,风格清简"等。

《易·繫辞上》中"引而伸之,触类而长之"与《易·乾》中"六爻发挥,旁通情也"的意蕴相结合,产生了后世成语"触类旁通",表示掌握了某一事物规律就能推知同类的悟性和境界,与出典《论语·述而》的"举一反三"义近。"触类旁通"和"举一反三"体现了最佳的学习能力,所谓"不愤不启,不悱不发",孔子提出教书育人就是要培养、开启这种心智品质。从"通达""贯通""淹通"到"触类旁通",在教育教学的语境下"通"意味着学习的达成——"通透""旁通"。所以"通"是"学"的最高标准。

在中国典籍中"通"也被用于修饰人格品性,具有特定的内涵。《逸周书·谥法解》中对"通"字赋予的文化含义使之完全成了一种具有正统地位的德性,"物至能应曰通;事起而辨曰通",同时还和"圣""哲"等中国文化中最高的人格理想相关联,如"通达先知曰圣""明知周通曰哲"。于是,自先秦以来,"通人""通士""通才"就成为对学识人品的褒奖。

"通人"指传统学识渊博,贯通古今的人。如《论衡·超奇》"博览古今者为通人",《史记·田敬仲完世家赞》"非通人达才,孰能注意焉"。"通才"亦指学识广博兼备多种才能的人。《六韬·王翼》"通才三人,主拾遗补过,应对宾客,议论谈语,消患解结",《宋书·孔觊传》"夫以记室之要,宜须通才敏思,加性情勤密者"等。"通士"则多指通达事理的义士。《荀子·不苟》"上则能尊君,下则能爱民,事起而辨,若是则可谓通士矣",《韩诗外传·卷一》"王子比干杀身以成其忠,尾生杀身以成其信,伯夷、叔齐杀身以成其廉,此四子者，皆天下之通士也"等。

（二）"识"是穿透表象的深入洞察

《说文·言部》"识，常也。一曰知也"，与认识论相关，"识"有三层含义，其中最基本的是知道、了解、懂得，等同于"知"。如《诗·大雅·瞻印》"如贾三倍，君子是识，妇无公事，休其蚕织"，《左传·成公二年》"苟有险，余必下推车，子岂识之？"《孟子·梁惠王上》"不识有诸？"等。

第二层含义是洞察、辨别、明辨。可以说在认识上更进一步。如《孙子·谋攻》"知可以战与不可以战者胜，识众寡之用者胜"，《资治通鉴·唐纪五十七》"弘正初得师道首，疑其非真，召夏侯澄使识之"等。

第三层含义指一个人的见识、洞见，"通识"的"识"则应实指此解。文献中可见古人对"识"的把握和运用，如《庄子·缮性篇》"道固不小行，德固不小识"，宋代苏轼《贾谊论》"贾生志大而量小，才有余而识不足也"等。它不仅超越了一般意义上的知识掌握或泛泛了解，也不仅限于辨别事物的能力。而是在充分了解和明辨的基础上，对世事进行总体上综合而深刻的洞见。这个意义上"识"不是某方面的技能或素养，而是一个人的心智品质。

古人常用智、器、才、达等代表优秀品质的字与"识"并用来表彰才俊。"智识"如《韩非子·解老》"故视强则目不明，听甚则耳不聪，思虑过度则智识乱"，《周书·齐炀王宪传》"此儿智识不凡，当成重器"等。"器识"，即器局与见识。如《晋书·张华传》"器识弘旷，时人罕能测之"，《新唐书·裴行俭传》"行俭曰：'士之致远，先器识，后文艺。'"明代张居正有云"是时公方弱冠，其器识卓异如此"¹等。"才识",如晋代葛洪《抱朴子·遐览》"既才识短浅,又年尚少壮,意思不专,俗情未尽",唐代韩愈云"臣才识浅薄,词艺荒芜,所撰碑文,不能备尽事迹"²等。"识断",即见地和决断。如《三国志·吴志·孙登传》"张休、顾谭、谢景皆通敏有识断",《宋史·张咏传》"止讹之术,在乎识断,不在乎厌胜也"。"识达",即有识见,能洞达事理。如《三国志·魏志·邓哀王冲传》"冲仁爱识达,皆此类也",《晋书·李雄载记》"每周旋乡里,识达之士皆器重之"。

"识"并不是个人化的世界观。"有识"说明一个人对当下社会或历史具有洞察力,这种洞察力源自儒家的天下关怀理念,其见解和判断是基于"士君子"的修养和品格。如《史记·季布栾布列传》"臣恐天下有识闻之,有以窥陛下也",汉代刘向的《说苑·善说》"天下有识之士无不为足下寒心酸鼻者",《后汉书·皇后纪下·灵思何皇后》"时有识之士心独怪之,后遂因何氏倾没汉祚焉",《后汉书·伏湛传》"微过斥退,久不复用,有识所惜,儒士痛心"等。通过上述文献中对"有识之士"的运用可见,不是任意的"识"都能称为"有识"。在这个意义上讲,"识"蕴藏着传统中国对"士君子"境界的追求。这种"识"最终将形成文化上的"共识"。

二、"通经"与"识史"的文化基因

中国古代学术的主体是儒学,而儒学的核心是经学³。先秦时代,中国的古典经学体系尚未完备,到了汉武帝实行独尊儒术的文治政

---

1 张居正:《敕封承德郎刑部山西司主事云谷曹公墓表》,《张江陵全集》卷三十三,国民政府军事委员会1935年版,第23—24页。
2 韩愈:《谢许受王用男人事物状》,《昌黎先生集考异》,上海:上海古籍出版社,安徽教育出版社2001年版,第214页。
3 李学勤:《"国学"的主流是儒学 儒学的核心是经学》,《中华读书报》,2010年8月4日。

策之后，儒家经典的地位大幅提升，经典体系也逐步形成。此时"通"被专门用来表示对最高学问——"五经"的研习或研习成就。它既指具体的解释经旨，如《后汉书·蔡邕传》"昔孝宣会诸儒於石渠，章帝集学士於白虎，通经释义，其事优大，文武之道，所宜从之"；也指熟习通晓一经或数经的高度成就，如《后汉书·儒林传序》"东京学者猥众，难以详载，今但录其能通经名家者，以为《儒林篇》"，《后汉书·张衡传》"因入京师，观太学，遂通五经"。于是，"通经"超越了学术文化修养的层面，成为一种超拔于各种一般能力的特殊才能，这种才能使人具备与历代圣人沟通、仿效前代贤人有所作为的可能。因此"通经"用于考察一个儒生是否具备治国能力的前提条件，也就是汉代通向国家权力核心，成为士大夫的主要途径。其后唐玄宗《〈孝经〉序》亦云："是以道隐小成，言隐浮伪，且传以通经为义，义以必当为主。"

宋明学风丕变，士人不再专以"通经"为目标，然而仍对学养深厚者许以"通经"的嘉奖。唐代韩愈云："赵德秀才，沉雅专静，颇通经，有文章。"[1] 北宋朱熹在阐释《大学》中格物致知时同样强调"至于用力之久，而一旦豁然贯通焉"，达到"众物之表里精粗无不到，而吾心之全体大用无不明矣"的境界。在宋以后的科举制度之中，经学依然具有不可替代的选举人才的作用。

清代经学复兴，经学研究的考据化倾向使经学的"致仕"面向逐步淡化。然而，朴学大宗戴震批评宋儒"目不睹全经"，也就是没有真正"通经"，只是"持胸臆为断"空谈心性道德，以至于"以礼杀人"。因此戴震提倡"平心体会经文"，"夫士不通经，则材不纯，识不纯，不足以适于化理。故用经义选士者，欲其通经，通经欲纯

---

[1] 韩愈：《潮州请置乡校牒》，《昌黎先生集考异》，第236页。

粹其材识，然后可俾之化理斯民，克敬其事，供其职"[1]。

综观传统中国，"通经"不断被重新提出。无论学术风气如何变化，每个时代对"经"的认识与学术取向虽不尽相同，"通"却始终作为学人和士人的治学追求。"通"也就成为了中国文化的一个基因。

可以与"通经"等量齐观的是"识史"。在充分把握历史的基础上产生洞见是不亚于"通经"的成就。"史识"一词能很好地体现历史材料与历史知识、历史洞见的不同。中国及世界第一部史学理论著作《史通》对史家之"识"做了高度评价："向使丘明世为史官，皆仿《左传》也，至于前汉之严君平、郑子真，后汉之郭林宗、黄叔度，晁错、董生之对策，刘向、谷永之上书，斯并德冠人伦，名驰海内，识洞幽显，言穷军国。"（二体篇）梁启超的《中国历史研究法》也指出："普遍史并非由专门史丛集而成，作普遍史者须别具一种通识，超出各专门事项之外而贯穴乎其间。"[2] 如果说"识"是对社会现实的把握，历史则是社会现实的总和，"识史"就是基于中国强大记史传统的最高智识能力。

中国人理想的"识史"是司马迁式的，所谓"究天人之际，通古今之变，成一家之言"（《汉书·报任少卿书》）。还有司马光的《资治通鉴》，宋神宗认为该书"鉴于往事，有资于治道"，堪称古典精英教育的典范。更重要的是，"识史"不是既定的刻板的历史观念，而是与时俱进、鉴故识今的创造性洞见。钱穆在《国史大纲》开篇引论中明确指出："历史知识，随时变迁，应与当身现代种种问题，有亲切之联络。历史知识，贵能鉴古而知今。……若蔑弃前人史料而空谈史识，则所谓'史'者非史，而所谓'识'者无识，生乎今

---

[1] 戴震：《凤仪书院碑》，《东原文集》卷十一，合肥：黄山书社2008年版，第295页。
[2] 梁启超：《中国历史研究法》，北京：东方出版社1996年版，第42页。

而臆古，无当于'鉴于古而知今'之任也。"[1]

至此可见，"通""识"二字，潜在对应于中国文化最重要的经史传统。循于旧名，作于新名，使用这二字概括现代的教育理念无疑具有文脉延绵的意蕴。

三、"博闻辩言"不为"通"

古典文献揭示，学问上追求"通"不等于追求"博闻"。《吕氏春秋·疑似》专门辨析道："使人迷惑者，必物之相似也。玉人之所患，患石之似玉者；相剑者之所患，患剑之似吴干者；贤主之所患，患人之博闻辩言而似通者。"这意味着"博闻辩言"的佞人与真正的通人、通士表象上十分近似，但将他们混淆对贤明君主的弊害很大。有意思的是，这一点与西方古希腊诡辩家与哲学家之辨如出一辙。针对当今通识教育常见误解，"通识"不等于"博闻"的警示尤其值得注意。

综观中国教育思想史，古人对学识的"广度"和"深度"曾做过充分讨论。孔子曰："博学于文，约之以礼"(《论语·雍也》)，孟子曰"博学而详说之，将以反说约也"(《孟子·离娄下》)，这是早期的概述，孔孟皆主张博约相济。宋代以来，究竟求学贵"博"还是贵"约"成了一组经典性议题。朱熹本人泛观博览，他认为教师对教学内容要能够博取精择，并将其总结为"大抵圣贤之教，不过博文约礼四字"[2]。吕祖谦与婺学学派皆以"泛观广接"著称，虽有

---

[1] 钱穆：《国史大纲》，北京：商务印书馆1996年版，第1—2页。
[2] 朱熹：《答章季思》，《朱子全书》第23册，上海：上海古籍出版社2002年版，第2877页。

驳杂之嫌，但他们提出抛弃门户之见"为学须推广大心"[1]也颇具积极意义。

另一方面，二程主张守约。程颐认为，"学不贵博，贵于正而已矣"[2]，"所守不约，则泛然而无功，约莫如敬"[3]，"子夏之学虽博，然不若曾子之守礼为约"[4]。程颢认为，"至如博观泛览，亦自为害"[5]。陆九渊以"发明本心"著称，也不主张博览群书的外求之道。

更多学问家和思想家将"博"和"约"有机结合，在孔子和孟子观点的基础上系统论述了求学门径。如张栻提出博约相须："非博无以致其约，而非约无以居其博。故约我以礼，必先博我以文。盖天下之事众矣，非一一而穷之，则无以极其理之著"[6]。王廷相认为，"博粗而约精，博无定而约执其要，博有过不及而约适中也。此为学为道，千古心法。世儒教人曰：在约而不在博。嗟乎！博恶乎杂者斯可矣，博而正，何害约？不自博而出，则单寡而不能以折中，执一而不能於时措"[7]。黄宗羲主张"学不患不博，患不能精"[8]。而章学诚提倡"博学强识"，他认为"学欲其精，守欲其约"才是目标。其《文史通义》有云："大抵学问文章，须成家数，博以聚之，约以收之。载籍浩博难穷，而吾力所能有限，非有专精致力之处，则如钱散于地而不可绳之以贯也。"戴震提出了治学道路上的三难：淹博难、识断难、精审难。这囊括了从博闻广见到精确辨析的为学要旨，从中

1　吕祖谦：《丽泽论说集录》卷8，《吕祖谦全集》(第二册)，杭州：浙江古籍出版社2008年版，第223页。
2　程颐：《伊川先生语十一》，《二程集》，北京：中华书局2004年版，第321页。
3　程颐：《粹言》卷第二，《二程集》，第1255页。
4　程颐：《伊川先生语八上》，《二程集》，第282页。
5　程颢：《外书》卷第十二，《二程集》，第427页。
6　张栻：《约斋记》，《张栻集》，长沙：岳麓书社2010年版，第598页。
7　王廷相：《雅述》，《王廷相集》，北京：中华书局1989年版，第837页。
8　黄宗羲：《黄梨洲文集》，陈乃乾编，北京：中华书局1959年版，第198页。

我们已能窥见现代学术精神的雏形。到了晚清，阮元高度评价顾炎武是"博学有文，行己有耻"的通儒[1]，并明确区分了"通儒之学"和"陋儒之学"。他认为，"笃信好古，实事求是，汇通前圣，微言大义而涉其藩篱"为通儒[2]，以"通天地人之道"为做学问和做人的最高境界[3]。

由此可见，单讲"博"不足以构成理想的求学目标，"博""约"相反相成，执"博"一端难免失之偏颇。"豁然贯通"是博学达至返约的途径，能够统摄"博"和"约"相反相成关系者才成为"通儒"，从而"通经致用"。当今的大学通识教育正需避免"泛然无功"，"钱散于地而不可绳之以贯"的毛病，在衡量教学成效时更要防止"博闻辩言而似通者"的误导。所以使用"通"而非"博"更适用于教育目标。

四、民国教育家使用"通识"的自觉

以"通""识"二字为载体，传统文献已经为我们准备了丰富的文辞和教育思想。古典中虽然有"通识"二字，却并不是针对现代大学教育问题的论述。近代以来，从"四部"之学演变为"七科"之学，传统知识系统和学问分类大幅革新。对大学的育人而言，现代化的挑战意味着专业分科的教学组织方式、以学术研究为志业的基本定位和科学主义、知识本位的伸张等深刻变革。就实质而言，

---

1 阮元：《京师慈善寺西新立顾亭林先生祠堂记》，《揅经室集》，邓经元点校，北京：中华书局1993年版。
2 阮元：《传经图记》，《国粹学报》，1905年第3期。
3 阮元：《里堂学算记序》，《揅经室集》。

通识教育是高等教育现代化之后的产物[1]，是相对于专业教育而言的[2]。有学者直接把中国的传统教育等同于通识教育，认为儒家的教育就是通识教育等观点[3]脱离了古今之变的历史语境，在概念的运用上也不够严谨——正如我们不应说古代书院就是大学，科举就是高考。若要指出中国古代即有与通识教育目标定位相近似的教育，应是经学教育及培养"士君子"的理想。问题是新文化运动以后，经学教育留下的空白何以填补？历史上发挥了重要文化作用的"士君子"理想如何接力？所以，中国教育现代化初期的思考与实践才是我们今天"通识教育"讨论可追溯的直接源头。丰富的史料可见，有识之士在讨论大学问题时自发地使用了"通识"一词，体现了熟习古典的近代知识分子在应对当下问题时的文化自觉。

（一）智识贵能会通

可考文献显示，最早深剖了模仿西式专业分科大学教育的弊病并提出"通识"概念者，钱穆堪称第一人。他在1940年撰文《改革大学制度议》：

> 大学教育最高任务唯在智识之传授，而今日国内大学之院系析置，课程编配，亦大有可资商榷者。夫学术本无界划，智识贵能会通。今使二十左右之青年，初入大学，茫无准则，先

---

1 现代的教育概念与传统文化必然有渊源，但不能直接混为一谈。有的通识教育具有明确的研读古典的要求，然而其目的不是复古，而是立足于现代，希望通过古典教养反思现代、回应现代性问题的教育。所以通识教育不等同于传统教育——传统教育随时代终结，而新社会、新教育产生了新问题，才有了通识教育。并且，这种教育上的古今之变是中西乃至各文明共通的。
2 李曼丽：《通识教育——一种大学教育观》，北京：清华大学出版社1999年版，第240页。
3 陈洪捷：《中国古代通识教育的传统及其问题——知识的视角》，《清华大学教育研究》2014年第35卷第4期，第22页。

从事各人之选科。若者习文学，若者习历史，若者习哲学，若者习政治、经济、教育。各筑垣墙，自为疆境。学者不察，以谓治文学者可以不修历史，治历史者可以不知哲学，治哲学者可以不问政治。如此以往，在彼目以为专门之绝业，而在世则实增一不通之愚人。而国家社会各色各门中坚领袖人物，则仍当于曾受大学教育之学者中求之。生心害事，以各不相通之人物，而相互从事于国家社会共通之事业，几乎而不见其日趋于矛盾冲突，分崩离析，而永无相与以有成之日。……概括言之，今日国家社会所需者，通人尤重于专家。而今日大学教育之智识传授，则只望人为专家，而不望人为通人。夫通方之与专门，为智识之两途，本难轩轾。[1]

虽无留学经历，但钱穆当时对西方学术界持有深刻的理解，他指出"通识"的价值不仅在育人，对专业学术大师的养成，乃至学问本身的发展都至关重要。分科建立专业只是模仿皮毛，理解其通方之学造就大师才是精髓："且就学术而论学术，一门学术之发皇滋长，固贵有专家，而尤贵有大师。大师者，仍是通方之学，超乎各部专门之上而会通其全部之大义者是也。一部门学术之有大师，如网之在纲，裘之有领，一提挈而全体举。今欧美著名大学之讲座，此等大师，往往有之。而中国挽近学术，一切稗贩自欧美，传其专业较易，了其通识则难。故今日国内负时誉之大学，其拥皋比而登上座者，乃不幸通识少而专业多。如此则将使学者不见天地之大，古今之全体，而道术将为天下裂。"[2] 健全的育人需要通识教育，然而通识教育不只是在这个意义上成为专业教育的补充或平衡，专业大

---

[1] 钱穆：《改革大学制度议》，《大公报》1940年12月1日。
[2] 钱穆：《改革大学制度议》。

师的成就更离不开通识。钱穆将通专关系置于相辅相成的地位,至今越显其远见卓识。

进而,为回应读者对《改革大学制度议》的热议,钱穆又发表文章补充论述不能误以为略具常识、泛泛了解就是"通","博而有统类而能归于约"才算"通",因而强调要实现"通识"的目标境界不可能轻易实现,中学教育难以达成,必须是大学教育的一部分:"昔人论学,每言博约。博不即是通,必博而有统类而能归于约之谓通;专不即是约,约如程不识将兵,有部勒约束,又如满地散钱,以一贯串之。故约以博为本。而今之专业,则偏寻孤搜,或不待于博。就此言之,倡导通学,毋宁是提高程度也。或主中学教育应主通,大学教育应主专,此亦不了通学难企,误谓略具常识即为通,是又浅之乎视通矣。且学校教育与私人学问,判属两事。私人学问当各就性业,毕生从事;学校教育则为青年壮年人树立一共同基础,律可由此上进。"[1]

综合以上论述,钱穆"通识"论的核心可归纳为"智识贵能汇通","博而有统类而能归于约之谓通",最终若能够"超乎各部专门之上而会通其全部之大义者"才能成为专业的大师,均为接续传统的论述。不止钱穆一人,上世纪四十年代,专业分科式大学教育的种种弊端已经成为知识界的公共议题,不少学者提出培养"通才""通人"以及"通识教育"的主张,这一潮流几乎与美国大学界同步。1941年梅贻琦主持西南联大常务工作,他撰写要点后由清华教务长潘光旦代拟文稿的《大学一解》是民国时期论述通识教育的名篇:"今人言教育者,动称通与专之二原则。故一则曰大学生应有通识,又应有专识,再则曰大学毕业之人应为一通才,亦应为一专家,

---

[1] 钱穆:《改革中等教育议》,《大公报》1941年4月20日。

故在大学期间之准备，应为通专并重。此论固甚是，然有不尽妥者，亦有未易行者"[1]。"通识为本，而专识为末，社会所需要者，通才为大，而专家次之，以无通才为基础之专家临民，其结果不为新民，而为扰民。此通专并重未为恰当之说也"。[2]

当时中美大学都在关注专业化教育的不足，而《改革大学制度议》和《大学一解》的发表先于哈佛大学《自由社会中的通识教育》[3]（下文简称哈佛报告）四五年。钱穆在批评学术一味专业化的贻害时用典《庄子·天下》的"道术将为天下裂"贯通古今，鞭辟入里。《大学一解》对"大学之道，在明明德，在亲民，在止于至善"的古训做了与时俱进的阐释，试图从中国的"四书"之《大学》中汲取思想资源来化解现代化大学教育的偏误，更是颇具独创性的思想贡献。

（二）直面哈佛报告与 General Education

哈佛报告发表不久，竺可桢、潘光旦都认真研读并做了引介与探讨。他们均赞同哈佛报告的教育思想和倡议，在翻译 General Education 时则分别采用了"通人教育"和"通达教育"。

1945 年 9 月，竺可桢在《大公报》发表《我国大学教育之前途》指出，"大学教育的内容是通才教育，还是技术教育"是最基本而急需解决的三个问题之一，并点明："这个问题，在美国目前争执颇为热烈。这是因为有少数美国教育家，如芝加哥大学校长赫青司等，要补救美国大学偏重专门知识的弊端，所以主张大学要读古代经典，课程要普通化。这虽不免矫枉过正，但其理由亦甚充足……

---

[1] 梅贻琦：《大学一解》，《清华学报》1941 年第 13 卷第 1 期，第 1—12 页。
[2] 同上。
[3] Harvard Committee, *General Education in a Free Society: Report of the Harvard Committee*, Cambridge: Harvard University Press, 1946.

纽曼主教写《大学教育之性质与范围》一书，尚说大学教育是培养理智，而非培养道德。一般的说，英国的大学教育目的，在于养成一种英国式的君子。但这所谓君子并非修己以敬，修己以安人的君子。而是仁者不忧，智者不惑，勇者不惧的君子。"[1]

1945年12月21日，竺可桢读过哈佛报告后在日记中写道："晚阅哈佛关于通人教育的报告，第二章54页谓：所谓通人教育，其目的在使民主国之国民能对于选人、择业知所取舍。在现时专门技术时代，一人不能无所不精，必须依赖专家，故生病则求医，涉讼则见律师……通人教育不能使人成为良医、大律师，但能使人与医生、律师接谈以后，知其良莠。"[2]

1947年，潘光旦在公开发表的文章中也引用了哈佛报告："前年（1945）哈佛大学的一部分教授，于经过长期探讨之后，所编印的一本报告，叫作《自由社会中的通达教育》（*General Education in a Free Society*），也作相似的主张。他们对于近代科学的养蔽，虽没有加以抨击，但一般的解蔽的重要，他们是充分承认的，因为偏蔽的反面就是通达，而偏蔽的发展与自由的发展恰好成反比例。"[3] 此文中潘光旦还对"通达教育"的译法专门做注："英文普通教育（General Education）一词时或与自由教育（Liberal Education）一词互相通用，我近来喜欢把他们都译作'通达教育'，觉得最为切合。唯有不偏蔽而通达的人才真是自由的人。"[4]

可见当时General Education尚无公认的中文翻译，这也能佐证潘光旦在此文发表六年之前执笔《大学一解》时使用"通识"的措

---

[1] 竺可桢：《我国大学教育之前途》，《大公报》1945年9月23日第二版。
[2] 竺可桢：《竺可桢日记》（第二册），北京：人民出版社1984年版，第888页。
[3] 潘光旦：《政学罪言》，上海：观察社1948年版。此文原载于《观察》1947年第2卷，第8、9期。
[4] 同上。

辞并不是 General Education 的翻译，而是基于中文语境的。

就译名来看，竺可桢与潘光旦领会哈佛报告的精髓，没有用"一般教育""普通教育"[1]等比较平庸的译法，而用"通"字把握其核心思想，两种译法大体上并无不妥。进而，结合前文的字词梳理细究，作为教育目标的"通人"与"通达"有微妙差别。"通人"正如"君子"，在古典文献中已是确有所指的常用词，它并不是宽泛表示博通各种知识的人，而特指通古今、通晓四书五经的人。又，训诂可见"通"即是"达"，"通达"连用针对的是专业教育的偏蔽，并不涉及文化、人格品性等。因此，措辞上"通人教育"体现文化属性、侧重讲人格品性，"通达教育"强调对专业化的解蔽，不凸显文化属性。

事实上，不论自由民主社会的 General Education 还是更体现西方古典传统的 Liberal Education，它们都具有深刻的西方文化内涵。哈佛报告的开篇即是伯里克利和柏拉图语录的对举，通过古希腊的经典文献揭示文明现代化变革中面临的巨大思想张力。在其 General Education 理念论述篇章，首先以很大篇幅阐明古希腊、古罗马的经典文本是西方文明的核心遗产，如何在新时代恰如其分地通过教育系统传承文明经典，关系到现代民主社会的盛衰。[2] 于是后文所有相关教育信念的展开和操作构想都在回应西方古典人文的现代化存续并贡献于民主社会这一核心问题。可见 General Education 既具有现代普世的意义，也具有明确的文化属性。正如中国君子与英国绅士虽显类似却扎根于迥异的文化土壤，"通达"在形式上解蔽，却丢失

---

[1] 日本大规模使用了"一般教育"的译名，参见陆一：《教养与文明：日本通识教育小史》，北京：生活·读书·新知三联书店 2012 年版。中国也曾使用"普通教育""一般教育"的译名，参见龚放：《现代大学通识教育之我见》，《上海高教研究》1997 年第 2 期，第 46—50 页。
[2] 哈佛委员会：《哈佛通识教育红皮书》，李曼丽译，北京：北京大学出版社 2010 年版。

了内容上的文化属性。"通人"的古典性过于鲜明,用于不以四书五经等传统学问为旨的现代大学教育时容易造成"什么专业都懂"的误解。相比之下,"识"既体现有识之士的共识、判断力,又具有"智识汇通"的意蕴,提出"通识教育"作为 General Education 的对应概念更加妥当。

(三)实践困局

民国教育家的视野不仅涉及了 Liberal Education 和 General Education 的思想史,还试图参照其具体教育实践。作为大学校长和教务长,梅贻琦和潘光旦在《大学一解》中也考虑了四年制大学实施通识教育的现实约束,并在操作上提出设想:"大学四年而已,以四年之短期间,而既须有通识之准备,又须有专识之准备,而二者之间又不能有所轩轾,即在上智,亦力有未逮,况中资以下乎?并重之说所以不易行者此也。偏重专科之弊,既在所必革,而并重之说又窒碍难行,则通重于专之原则尚矣。"[1] "通识之授受不足,为今日大学教育之一大通病,固已渐为有识者所公认,然不足者果何在,则言之者尚少。大学第一年不分院系,是根据通之原则者也,至第二年而分院系,则其所据为专之原则。通则一年,而专乃三年,此不足之最大原因则显而易见者。"[2]

哈佛大学毕业的竺可桢曾试图以通识理念开展大学改革,他认为:"在大学内通才与技术教育,理应并重。但在现行教育制度之下,大学课程实有重新厘定之必要。基本科目必须增加,而各系之必修科目必须减少,庶几能达到培养理知之目的。"[3] 1946 年 7 月,他参

---

[1] 梅贻琦:《大学一解》,第 1—12 页。
[2] 同上。
[3] 竺可桢:《我国大学教育之前途》。

与民国教育部开会讨论大学组织法时,明确提议将通识思想列入大学宗旨,却最终未能实现。其日记记载:"最要的为组织法第一条'大学宗旨以研究高深学术、养成专门人才'下,余主张把通才教育加入,即西文 Liberal Education,未得通过。"[1]

1950年钱穆的新亚书院作为私立学校草创之时通识教育得以小规模付诸实践。书院宗旨写道:"本院一切课程,主在先重通识,再求专长。为学者先立一博通之基础,然后各就其才情所近,指导以进修各种专门知识与专门技能之途径与方法,务使学者真切认识自己之专门所长在整个学术、整个人生中之地位与意义,以药近来大学教育严格分院分系分科,直线上进,各不相关,支离破碎之流弊。"[2] 其后书院搬迁并入香港中文大学。如今,通识教育改革在香港中文大学虽得以全面展开,却很少追溯钱穆的思想渊源,而更直接受西方理念影响。

总体上,近代中国大学首要的使命是培养新国民创造新世界,特别是培养足以担纲民族独立、国家富强的栋梁人才。同时在学术上以建立现代学科为要务。"势迫处此",国民教育、实利教育、职业教育、科学教育、女子教育等思想大行其道,而通识教育并未成为一种主流思想。[3] 大学内部,专业、职业教育均不发达,传统的精英教育余韵尚存。外部环境而言,烽火战乱与社会动荡、国民经济条件薄弱、职业教育需求巨大等诸多因素都制约了通识教育的实践探索。所以,民国时期通识教育仅仅被少数敏感于古今之变、熟悉海外高等教育动态的知识精英正式提出,却谈不上大规模的实施。

---

[1] 竺可桢:《竺可桢日记》(第二册),第952页。
[2] 钱穆:《新亚遗铎》,北京:生活·读书·新知三联书店2004年版,第15页。
[3] 舒新城编:《近代中国教育思想史》,上海:中华书局1928年版。

五、中文"通识教育"概念的确立

本节用概念史的方法确立中文"通识教育"的表述及其内涵，致力于说明"通识教育"的概念可以独立于外文而得到阐明——讲"通识"就言必称 General Education 是个误区。这不利于我们的深刻体认，也可能阻碍了我们从本文明传统中汲取资源面对未来挑战进行教育创新的能力。另一方面，和通识教育相关、相近的中外教育理念有各式各样的名称与做法，名实交错，经常带来混淆。"通识教育"和 General Education 是中、西大学教育在现代化过程中应对专业学科分化、支离的知识不足以育人等共通问题时运用各自古典人文思想而创制的概念。两者思想相通，可以相互对译，General Education 对民国时期通识教育理念的形成也有一定影响，却不能说通识教育就是 General Education。

每一种发达的文明体都需要一种与其社会发展阶段相适应，致力于通过培养理想的人格来塑造理想社会共同体的教育。归根到底，自古以来，不同的文明、文化便对人类社会和人格理想具有不同的观念，它们互为可参照类比的对应物，但又不可能完全等同。这种文化背景带来的差异首先体现在名称上，纽曼在《大学的理念》(the Idea of a University) 中曾经提到，英语中似乎缺少一个专门用来表示扩展心智、增强理智、头脑清明的教育目标。于是，纽曼构建的 Liberal Education、General Education 等是英语对这种教育的理解和概括。日本则称为"教养教育"，这是一个基于汉字创造的概念，其中渗透了宋明儒家修身、自我修养的含义，[1] 也有人指出它与武士道精神有深层关联[2]。

---

1 陆一：《教养与文明：日本通识教育小史》，北京：生活·读书·新知三联书店 2012 年版。
2 渡边佳代子：《近代日本の教養論：1930 年代を中心に》，京都：行路社 1997 年版。

中国自古重视名实之辩，讲究名闻而实喻。作为教育目标，与"通"相关的有"触类旁通""器度淹通""通经致用"，"物至能应曰通；事起而辨曰通"，"通达先知曰圣""明知周通曰哲"等丰富的教与学的理念，意味着能够主动地将各类知识体系化吸收的心智状态。"识"也不只是知识，还引申为洞察、辨别、明辨的判断力，以及见识、洞见等总体把握世事、道理的心智品质，与"识"相关的教育目标蕴含在"智识""器识""才识""识断"等词汇之中。同时，"通"和"识"不只是就学问而言，它们也代表了中国传统士人的人格理想，如"通人"特指传统学识渊博，贯通古今的人，"有识之士"则是传统中国对"士君子"精神境界的表彰。再者，从"通经"与"识史"的典故可见，"通""识"二字对应着中国文化最重要的经史传统，传承着文化的基因。以上述及"通识"的内涵都是 General Education 所不能表达的。

笔者注重揭示"通识教育"与 General Education 的差别，究其原因是因为两者脱胎于不同的古典传统及其经典文本体系。中西方通识教育之名实异同，隐含着中西方在政治理想、社会形态及其相应理想人格上的异同。确立并保持这种张力，有利于保留通识教育思想在世界范围内的多样性。在中西方面对高等教育现代化转型时，激活各自所能继承的独特思想资源和文化财富，从而激发通识教育持续不断、原创性的改革活力。

最后，回归人类文明的共通性，我们认为：在以理性和科学为基石的现代社会，人类不可避免地走向专业分化，有一种现代教育是每一种文明进行社会整合、塑造文化认同、推动文明演进的文教手段，也是每一个具有专业职分的个人获得其应有修养的途径。它在美国被称为 General Education，在日本叫作"教养教育"，在中国，它被称为"通识教育"。

第二节　通识教育、博雅教育、文化素质教育在教改实践中的名实互动

在当今中国大学如火如荼的发展改革现场,"通识教育"已经成为一个备受关注却又常常令人困惑的概念。许多人都在谈论它,探索实践它,但很少有人确切地界定它,尤其是和"文化素质教育""博雅教育"以及相关外文概念并举时,指称模糊,名实交错的情况更加严重。中国大学的"通识教育"不是单纯外来的、被给定的概念,而是在概念的传播和实践探索过程中逐步确立并扎根本土的。经过十多年来教育实践中的名实互动,中国大学通识教育已经生成,需要从学理上阐明。

既有研究有的直接援引相关英文概念的定义,但 General Education、Liberal Education 和"通识教育""文化素质教育""博雅教育"很难完美地一一对等,面临教育思想的跨文化不可复制困境。有的认为三者或其中两者只是实同名不同,这加剧了实践中的混淆,也可能束缚不同大学的多元探索改革创新。还有的设法判定三个概念或其中两者的意义分界,却缺乏有力依据和共识根基。理论工作要使那些重要的观念保持活泼而新鲜的特性,阻止并倒转这些广为接受的观念向着老生常谈缓慢退化。[1] 进一步澄清通识教育及其相关概念不仅有利于中国大学的教育改革行动,也同样具有推进我国高等教育学术的价值。

本节将在前人成果的基础上另辟蹊径,抓住本土教育实践中的名实互动现象,一方面依据语义场(The Theory of Semantic

---

[1] 阿尔弗莱德·怀特海:《思想方式》,韩东辉、李红泽,北京:华夏出版社1999年版,第154页。

Fields）的方法论考镜命名汉字携带的含义，另一方面以确切的教育改革实例为佐证，使概念名称和相应的实际行动共同支撑起概念的精确定义，从而对三个概念的关键差异进行结构化的澄清、比较和反思。

一、语义场中的含义分别

汉字是创造汉语概念的基本构件，新生概念往往需要借助汉字固有的含义来巩固和传播概念的内涵。虽然学者们总能够用一定篇幅对概念做出周密的学理化界定，然而关系到广大范围的教育实践，教育理念使用什么汉字表达还是会直接影响和引导人们对被建构概念的认知，所谓"名闻而实喻，名之用也"（《荀子》）。德国结构主义语言学流派提出的语义场理论也说明，概念的含义并不能被词典中孤立的解释所垄断，而要把词汇还原到词汇系统中，系统地、多维度地考证词汇的含义。一个词汇的意义不仅由它自身来决定，更由与它同一语义场里的其他词汇关系和相对位置来决定，如分类、顺序、关联、反义、两极、部分否定、同义等。[1] 这种方法特别有益于精准把握具有复杂社会文化属性，含义发生过历史变化，或容易混淆的抽象概念。据此原理，借助中国教育思想的经典语汇的语义场资源，辨析处于共同语义场中"文化素质""博雅"和"通识"的不同含义。

（一）文化与素质：文质彬彬，然后君子

"素"字本意为白色，未加染色的丝（生帛）；以及两个引申义：

---

1 Etienne Zé Amvela, Howard Jackson, "Words, Meaning and Vocabulary: An Introduction to Modern English Lexicology," *Open Linguistics* 27, no.1(2000)pp.87-89.

徒，空，白白地（《诗经·魏风·伐檀》云"彼君子兮，不素餐兮"）；器无文饰（《论语》云"绘事后素"）。"质"字本意为质朴、朴实（《诗经·小雅·天保》云"民之质矣，日用饮食"）；本（《礼记·乐记》云"中正无邪，礼之质也。"郑玄注"质，犹本也"）。可见，"素质"二字意思相近，并用表示事物的本质、质地、实质，不加人工修饰，外在装饰的状态。然而，作为教育理念，其潜在的理论矛盾在于素质是否主要是天生的、稳定的、难以改变的本性？素质教育的权威提倡者周远清、王义遒也意识到，最初专家对用"素质"二字有不同意见，因为"从字面上说，'素质'是指人先天赋予的不变的特征，好比基因"[1]。其后，周远清有意识地在下定义时做了有效的理论修正，界定"素质是在人的先天生理基础上、经过后天教育和社会环境的影响，由知识内化而形成的相对稳定的心理品质"[2]。这一定义弥补了字面含义上的不足，成为了素质教育理论界的共识，但用"素质"二字表达这一概念内涵仍显不足。

子曰："质胜文则野，文胜质则史。文质彬彬，然后君子。"（《论语·雍也》）文质彬彬不仅体现了中国传统固有的和谐、均衡的全人教育思想，而且由于文、质是高度抽象的概念，对于具体的、后世新生的教育目标和内容具有强大的概括力。作为有效的现代化转义，我们沿用复旦大学创始校长马相伯的观点，将"质"的教育内容现代化转型为科学技术，[3]实学、实用的、价值无涉的、形而下的，与人文的、文化的、价值的、形而上的内容相对立。若以追求文质均

---

[1] 王义遒：《文化素质教育与通识教育关系的再认识》，《北京大学教育评论》2009年第7卷第3期，第99—111页。

[2] 周远清：《素质·素质教育·文化素质教育——关于高等教育思想观念改革的再思考》，《清华大学教育研究》2000年第3期，第1—4页。

[3] 马相伯著，朱维铮主编：《震旦学院章程》，《马相伯集》，上海：复旦大学出版社1996年版，第41页。

衡这一中国经典的教育思想框架来衡量,"素质"二字均指向"质",这就不可避免地使"素质教育"之名倾向于"质"的育人目标,即强调质朴、实用和德性,那么在实践中,道德教育、技能训练和社会实践将成为主体,弱化文化、修养、品味等具有人文意味的教养。

在文质彬彬的意义上,"文化素质教育"的提出弥补了"素质教育"质胜于文的偏向。不仅如此,周远清、杨叔子等提倡"文化素质教育"的本意正是要批评和转变过去大学教育在人文精神和文化涵养上的薄弱[1],而教育部印发的《关于加强大学生文化素质教育的若干意见》强调的也恰恰是"文","我们所进行的加强文化素质教育工作,重点指人文素质教育"[2]。就名称而言,"文化素质教育"可以说是文质彬彬教育思想的现代化表达。

(二) 博约相须,雅属文而非质

考察"博雅"之名,一般解释为学识渊博,品行端正[3],或渊博儒雅[4]。如"博雅多通,称为任职相"(《后汉书·杜林传》),"昔淮南王安,博雅好古,招怀天下俊伟之士"(《楚辞·招隐士序》)[5];也有解释为文章内容丰富、文辞优美,如"崔骃《七依》,入博雅之巧";(刘勰《文心雕龙·杂文》)。上述词典解释作为教育理念还不够确切,其中"雅"的含义需进一步分析。

"雅"字最早见于《诗经》,包括《小雅》和《大雅》,表示其

---

[1] 杨叔子:《文化素质教育的今日再审视》,《重庆高教研究》2013年第1卷第4期,第1—6页。周远清:《大学素质教育:源头·基础·根本》,《中国大学教学》2014年第5期,第12—14页。
[2] 中华人民共和国教育部:《关于加强大学生文化素质教育的若干意见》,教高司〔1998〕2号。
[3] 罗竹风主编:《汉语大词典》,北京:汉语大词典出版社1993年版,第913页。
[4] 吕叔湘、丁声树主编:《现代汉语词典》,北京:商务印书馆2012年版,第101页。
[5] 夏征农主编:《辞海》,上海:上海辞书出版社1999年缩印珍藏本,第179页。

中的一类诗篇，都是周代朝廷上的乐歌。《诗·周南·关雎·序》："雅者，正也。言王政之所由废兴也。政有小大，故有《小雅》焉，有《大雅》焉。"孔颖达《正义》："王者政教有小大，诗人述之，亦有小大，故有《小雅》焉，有《大雅》焉。"同时，"雅"在《诗经》中也表示雅乐，即华夏相传的古乐，见于《小雅·鼓钟》四章："以雅以南，以籥不僭。"胡承珙《后笺》："诗'以雅以南'，自是以雅为王者之正乐。"《白虎通·礼乐》："雅者，古正也。"根据上述故训，郑玄对《周礼·春官·大师》《孝经·开宗明义章》《论语·述而》中的"雅"均注为："雅者，正也。"再有朱熹《集传》："雅者，正也，正乐之歌也。"

所以，用现代汉语来阐释，"雅"首先具有古典的、正统的含义，同时"雅"是周代朝廷上的乐歌，属于官方的礼乐，代表精英（朝廷庙堂）而非普罗大众的文化品味和文艺形式。就文质的区别而论，"雅"显然属"文"而非"质"。作为教育理念，"雅"意味着一种讲究古典、正统、精英、人文、审美的教育理念。

再说"博"，中国教育思想史上著名的"鹅湖之会"是关于以"渊博"为教育和为学目标的经典论述。不同于朱熹泛观博览，陆九渊强调发明本心，他不仅反对博学，而且提出为学应当"减担"。两人观点在鹅湖会上激烈交锋，朱以陆之教人为太过简易，陆以朱之教人为繁琐支离。[1] 鹅湖会后，朱熹和陆九渊都受到相互观点启发，承认各有所偏，引以为戒。其后他们各自修正了自己的看法，一方是泛观博览而后归于约，另一方是发明本心而后泛观博览，这个观念调整过程被《宋元学案》记载为殊途同归的佳话。[2] 关于博约之辩，

---

[1] 陆九渊：《陆九渊集》卷36，钟哲点校，《年谱》，北京：中华书局1980年版。
[2] 黄宗羲：《宋元学案》卷57（第一册），北京：中华书局1986年版。原文见于《梭山复斋学案》："其始之流，不碍殊途，其究朝宗于海，同归一致矣。"

胡宏的弟子也是朱熹好友的张栻虽未参加鹅湖之会,在四年后针对这场辩论发表了意见,他认为一味追求泛观博览,专于考索,有遗本溺心之患,而过于强调发明本心,骛于高远,则有躐等凭虚之忧,于是提出了"博约相须","非博无以致其约,非约无以居其博"的主张。可见,"博"与"约"作为求学的路径和目标,是一对辩证统一的关系,片面地讲求"博"或"约"都有明显的弊端。如果一定要区分途径和目标,那么张栻提出的"自博趋约"("博取之时,须长存趋约之意,庶不至溺心"),也就是以博取为途径,以趋约为目标,更符合当今大学阶段的教学常识。

(三)通识的命名优势

就名称而论,"素质教育"有质胜文的潜在风险,"文化素质教育"则相当于"文质教育"符合文质彬彬的育人思想,不过作为教育改革理念措辞略显平淡,也未凸显时代性特征。"博雅教育"具有鲜明的古典人文精英教育意味,彰显对现代性弊病的克服和超越,可谓执其一端,立意鲜明,但恐怕不属于普适大众的教育。

关于"通识"的字词含义解析,笔者已撰文详述"通识教育"在名实两方面对于当代中国通识教育都具有明确的指向性与不可替代的涵括性。[1] "通"可以表示中国人做学问的最高目标"用力之久,一旦豁然贯通","触类旁通",也能表达不受限于现代学科专业的细分,达到"通达"的学问境界。"通"也用于修饰人格品性,如,"物至能应曰通;事起而辨曰通""通达先知曰圣",以及后世用"通人"专指学识渊博,贯通古今的人。"通识"的"识"代表了对一般知识、信息的综合判断、明辨与洞见,获得"识见"也是中国自古

---

[1] 陆一,徐渊:《制名以指实:"通识教育"概念的本语境辨析》,《清华大学教育研究》2016年第37卷第3期,第30—39页。

推崇的治学目标,其中就意味着反对机械物化的学习,体现人的心智对知识、事物的主体性。并且,在以经史为主轴的中国人文传统背景下,"通经"和"史识"是历来知识分子的最高追求,而且"有识之士"也成为常用成语。可以说"通识"二字不仅能够表达不受限于专业、突出人对知识的主体性、博学而后通达的心智结构等现代大学教育目标,还承载了中国文化传统的基因。文章还特别指出,"通"所代表的为学与为人境界高于"博",即"豁然贯通"是博学而返约的途径,能够统摄"博"和"约"相反相成关系者才成为通儒,从而通经致用。当今的大学通识教育正需避免"泛然无功","钱散于地而不可绳之以贯"的弊端,在衡量教学成效时更要防止"博闻辩言而似通者"(《吕氏春秋·疑似》)。

二、实践行动锚定概念异同

回到国内高等教育学科的语境,在理论引介与建构的早期,李曼丽和汪永铨对"通识教育"的含义做了初步建构:"就性质而言,通识教育是高等教育的组成部分,是所有大学生都应接受的非专业性教育;就目的而言,通识教育旨在培养积极参与社会生活的、有社会责任感的、全面发展的社会的人和国家的公民;就内容而言,通识教育是一种广泛的、非专业性的、非功利性的基本知识、技能和态度的教育。"[1]根据以上三点限定,我们发现"通识教育""文化素质教育""博雅教育"几乎同样符合,换言之,上述定义道出了三者的共通之处。其后十余年,此类教育改革在中国大陆大学兴起,面对名称不同但内容相似的教育改革,尤其是"通识教育"和"文

---

[1] 李曼丽,汪永铨:《关于"通识教育"概念内涵的讨论》,《清华大学教育研究》1999年第1期,第96—101页。

化素质教育",诸多学者都认为两者目的一致,内容相似,本质上没有太大区别,只是做法上各具特色。[1] 另一方面,鲜明反对视同混用的观点提出"文化素质教育是中国的,通识教育是美国的"[2],然而该论断将两个概念都视作特定历史时期教育改革的具体策略,而忽视了一个可靠的教育概念应具有超文化、超语境、超实践的哲学面向,即"通识教育"并不能被美国大学所垄断。

作为生成性的概念[3],十余年来的实践案例为循名责实提供了条件。不仅命名会引导人们对此类教育概念的理解,以之为名的教育改革行动也在很大程度上形塑人们的认知。已知文献很少采取这一视角,本部分设法将概念还原到历史形成过程和实际行动之中,用事实根据来揭示它们存在的质的不同。

(一)文化素质教育与通识教育的实质差异

1. 理念立足点不同:纠偏·重构

提出"文化素质教育"是对"素质教育"改革在高等教育领域的推进。最初,素质教育针对的是基础教育应试化、高等教育专业偏狭化和严重的重理轻文的弊病[4]。提出"素质"一词,一是要强调

---

[1] 李曼丽:《中国大学通识教育理念及制度的构建反思:1995~2005》,《北京大学教育评论》2006年第4卷第3期,第86—99页。曹莉:《关于文化素质教育与通识教育的辩证思考》,《清华大学教育研究》2007年第2期,第24—33页。王义遒:《文化素质教育与通识教育关系的再认识》。庞海芍:《通识教育与文化素质教育的发展路径分析》,《大学(学术版)》2012年第7期,第39—46页。

[2] 杨叔子、余东升:《文化素质教育与通识教育之比较》,《高等教育研究》2007年第6期,第1—7页。

[3] 周作宇:《素质教育:主体对话与价值表达》,《清华大学教育研究》2001年第2期,第24—28页。

[4] 陈向明:《对通识教育有关概念的辨析》,《高等教育研究》2006年第3期,第64—68页。

以"人"为中心，教育是育人而非制器[1]。其二是提倡教育应追求全面素质的提升而非分数的提高，并以马克思、恩格斯关于"人的自由全面发展"为理论来源[2]。既以人的全面和谐发展目标[3]，"素质"的内涵非常宽泛，知识、能力、道德、行为、性情等包罗万象，不排除任何属"人"的，值得教育养成的能力与品质。[4]于是广义的"素质教育"几乎等同于"教育"，这就使其作为改革主张不够明确，落实得不够理想。

提出"文化素质教育"同样是为了缓解教育应试化、专业偏狭化和重理轻文的问题，并进一步提出加强大学人文教育（特别是对理工科学生）是解决问题的有效抓手。[5]文化素质教育最初的倡导者多为新中国成立前出生的关心教育事业的科学家，他们希望纠正苏联式大学教育的偏弊。为了纠偏，人文教育在其中被或多或少工具化，通常以"文化素质教育讲座"的形式出现，即使没有被矮化为"吹拉弹唱"，也不过是营养补充剂的地位。

决定性的不同在于，通识教育不仅作为一种补缺性质的课程、讲座或课外活动，通识教育还代表了一种完全不同的本科教育理念。文化素质教育从未撼动既有的本科培养方案和本科教育结构，通识教育的提出却是革命性的——它建构性地要求全面重审本科教育。

---

1 杨叔子：《是"育人"，并非"制器"——再谈人文教育的基础地位》，《高等教育研究》2001年第2期，第7—10页。
2 张岂之：《纪念大学文化素质教育十周年——我对大学文化素质教育的体会》，《清华大学教育研究》2005年第6期，第1—3页。
3 李岚清：《李岚清教育访谈录》，北京：人民教育出版社2003年版，第304页。
4 李林法，生云龙：《素质教育是时代的呼唤》，《清华大学教育研究》2005年第1期，第15—18页。
5 张岂之：《高校文化素质教育与教育理论》，《清华大学教育研究》1999年第2期，第11—14页。杨叔子：《文化素质教育的再认识与再出发》，《中国高教研究》2015年第6期，第7—11页。

这就是为什么文化素质教育基地在理工科为主的大学比较繁荣，往往是文理学科均衡的综合性大学更有条件推动通识教育，大学的理工科、医科等专业化程度较高的院系接受并欢迎文化素质教育（讲座），却与通识教育改革关系紧张。

2. 改革推动方式不同：行政的·思想的

"文化素质教育"是由政府发起推动的"自上而下"的改革。1998年教育部印发了《关于加强大学生文化素质教育的若干意见》，同年，教育部成立了高等学校文化素质教育指导委员会，翌年初在试点基础上批准清华大学等53所院校成立了32个（含合建）国家大学生文化素质教育基地。教育部层面通过发文件和成立指导委员会来倡导、管理和提供资源，并在一系列高水平大学设立基地的做法是典型的行政推动建设思路。强行政的建设优势在于使"文化素质教育"立即获得官方正统地位，起步有力、见效迅速。另一面，相对而言这项改革缺乏讨论、争鸣、内化的过程，以官方文件为主的理念传达方式对年轻人和一线教师感染力欠缺。

"通识教育"是由大学校长（书记）及人文学者立足本校发起的"自下而上"的改革。一方面，复旦大学2005年全面推行通识教育改革，当时复旦大学书记秦绍德意识到本科教育改革势在必行，创造性地从寄宿制书院和结构化的通识核心课程两方面在本科全面推行"通识教育"。同一时期，北京大学[1]、武汉大学、南京大学、厦门大学等文理均衡的综合性大学也先后因地制宜地推动了本科通识教育，提出的育人理念和制度设计都具有鲜明的本校特色。虽然教育体系不同，类比行动更早的我国台湾地区，1984年台湾大学等促发的"大学共同科目规划研究项目小组"提出《关于大学通识教育

---

[1] 1999年，北京大学确定了"在低年级实行基础教育、通识教育，在高年级实行宽口径的专业教育"的改革思路。

及共同科目之综合建议》也是非政府部门开启的改革先声。[1]

另一方面,"2004年首届中国文化论坛"以"中国大学的人文教育"为题召开。此后,以甘阳为首的一批国内最有影响力的人文学者共同组织每年暑假举办通识教育讲习班,宣传通识教育理念,对大学通识课应该怎么上、如何研读经典、小班讨论等,做了直接的示范性展示,十分有力地推广了通识教育。许多参加讲习班的大学教务处老师受此影响感召,在实务层面打开了一所所大学通识教育的局面。除了文化论坛、讲习班,还有《文明·国家·大学》《通三统》《通识教育纲与目》《大学通识教育的两个中心环节》等[2] 大量书籍、文章面世,为大范围的大学生、一线教师和教务部门的工作人员提供了富有感染力的学习资料。

于是我们看到,当一所大学最高领导下决心启动通识教育改革,校内又有了一批通过各种渠道领受到关于通识教育讨论的师生,再加上兄弟院校的示范效应,一所大学自发的通识教育改革就能初具规模。这种各校陆陆续续的兴起过程比较缓慢而不均一,但具有土生土长的优势。

3. 人文学者卷入程度不同:"补丁"·主导者

人文教育不是无用的负担,只要接受过真正人文教育的人都会感受到巨大的魅力。文化素质教育和通识教育都十分注重人文教育,都要为学生的灵魂注入人文精神,培育文化修养。不过,早已有学

---

[1] 黄俊杰:《大学通识教育中的主体觉醒与群体意识:教学理念与实践》,《高教发展与评估》2005年第21卷第3期,第4—11页。

[2] 甘阳:《文明·国家·大学》,北京:生活·读书·新知三联书店2012年版。甘阳:《大学通识教育的两个中心环节》,《读书》2006年第4期,第3—12页。甘阳:《大学通识教育的纲与目》,《同济大学学报(社会科学版)》2007年第2期,第1—6页。甘阳:《通三统》,北京:生活·读书·新知三联书店2014年版。甘阳:《通识教育:美国与中国》,《复旦教育论坛》2007年第5卷第5期,第22—29页。刘小枫,甘阳:《大学改革与通识教育》,《开放时代》2005年第1期,第1—6页。

者注意到了文化素质教育改革远不如通识课程建设那样有深度[1]，课程是"素质教育的薄弱环节"[2]。这个现象背后是人文学者卷入程度的不同。虽然文化素质教育很早就提出师资培养问题，但由于上述改革立足点存在质的不同，文化素质教育改革的领袖人物多为关系理工科人才培养的著名科学家，而中国大学通识教育改革的实际主导者往往是哲学、政治学、法学、历史、中文及古典文化相关的知名教授。所以，总体上人文学者被激发、动员的效果显然不同。因此，相比之下，文化素质教育内容就显得泛而不精，深度、挑战度不如通识教育那样高。本部分指出上述差异并非贬低文化素质教育改革，从当前实际来看，很可能文化素质教育恰恰更适合广大的理工类大学。

（二）博雅教育与通识教育的实质差异

博雅教育在中国大学的实践虽不广大，却比较名副其实。前文已经阐明，"博雅"二字作为教育理念，表示一种古典人文精英教育。以中山大学和重庆大学的博雅学院为典型案例发现：首先，他们都是小规模精英教育模式，体现在入学需经专门选拔，较高的师生比，不以就业率和实用知识与技能为教育目标等。其次，他们的培养方案中古典人文内容占了必修课程的主体，前两年不分专业，贯通式地学习《左传》《诗经》《史记》《汉书》"四书"等中国经史传统典籍，也研读大量柏拉图、亚里士多德、但丁、维吉尔等西方古典巨匠的作品，还包括学习古汉语、拉丁文、古希腊文等语言文字类课程。再者，2013年迎来了第一届毕业生，这批为数不多的毕业生90%

---

1 庞海芍，郇秀红：《中国高校通识教育：回顾与展望》，《高校教育管理》2016年第10卷第1期，第12—19页。
2 潘懋元，高新发：《高等学校的素质教育与通识教育》，《煤炭高等教育》2002年第1期，第1—5页。

以上进入了国内外大学文科专业攻读更高学位，可以说博雅学院的实践是当前中国大学最彻底的中西古典人文教育。

博雅教育和通识教育最大的共同点是不以具体专业为教育导向和注重人文教育。但两者实质上又有很大不同。

1. 教育对象范围不同：精英·大众

博雅教育在大学中通常以特区的模式开展，仅针对少数经过遴选的学生。他们所受的教育内容、共同学习生活的师生集体、软硬件资源、高年级选择专业的灵活性等，都具有精英特权性。博雅的小集体会形成独特的文化氛围，这种对博雅的精神和文化归属意识往往强过学生对所在大学的归属意识。博雅学院的学生常感觉自己和这所大学其他学生很不同。通识教育的对象是一所大学所有本科学生，不仅非特权，而且有义务。由于一所大学的学生既具有各不相同的专业归属，也有共同的通识教育，于是通识教育能够培养不同专业学生对大学的归属意识，加强学生对大学的认同。

2. 教育内容不同：古典人文·现代通识

当前中国大学实践中的博雅教育内容核心是中西古典人文经典，在通过古典文明的精神养料开启并激发学生的心智，超克现代性弊端等方面的教育价值上，博雅教育和通识教育并无二致，但通识教育实践中古典人文经典只是其中一部分，不占据绝对核心地位。另一方面，实践中的博雅教育几乎不涉及自然科学（物质和生命科学）以及现代科学技术，这在通识教育实践中不可或缺。相比通识教育的内容试图囊括当前人类文明成就的方方面面，古今并重，与时俱进，博雅教育的内容显然厚古薄今，体现出文化保守主义立场。于是，对于现代性弊端的反省，博雅教育更彻底，但对于现代性积极面向的理解和接受，博雅教育却显不足。如果不陷于对教育内容无原则的折中，通识教育反思现代之余仍面向现代和未来。

3. 与专业教育的关系不同：文科的宽厚基础·与各专业有机结合

通识教育起源于19世纪后专业教育高度发达所衍生的弊端[1]，如果没有现代大学中高度细分、狭窄化的专业教育，就没有提出通识教育的前提。[2] 术业有专攻是现代社会的本质属性，作为现代大学的教育理念，通识教育承认专业教育的重要性和必要性。通识教育试图与专业教育在大学本科阶段达成某种形式的有机结合，两者的并存既有显而易见的张力，又相辅相成，缺一不可。

现实中，博雅教育与专业院系不存在冲突和张力，反而可以说博雅教育是一种特殊的文科专业教育门径。从培养方案来看，国内大学的博雅学院不学习理工医等科学技术学科，而贯通地学习文史哲，进而选修一些政治学、法学、社会学等科目，最后通过学位论文授予专业学位。从毕业生去向来看，绝大多数学生继续在上述文科领域深造。如果进入本身规训较严格的学科如历史学、语言文字学等，博雅毕业生一开始在专业训练上和本科同专业的同学比起来会略感不足，但他们具有更宽厚的文科学识基础，更强的贯通性思辨能力等优势。长远计，他们有可能在学术道路上走得更高远。可见，国内大学践行的博雅教育与曾在全国大范围推广的"文科基地班"非常接近。如果说通识教育在为各行各业培养人才，博雅教育则是为文科学术界培养人才。

需要补充说明的是，为什么中国大学成熟的博雅教育模式往往近似"文科基地班"而非更理想化的文理兼强？考虑到教育成本、师资条件、生源质量、毕业出路和社会教育需求等现实因素，这种彻底非专业的高等文理教育缺乏可行性，目前只是一种理想形态，

---

[1] 连进军，解德渤：《作为概念体系的自由教育及其发展脉络——兼与博雅教育、通识教育辨析》，《高等教育研究》2013年第1期，第25—31页。
[2] 金耀基：《大学之理念》，北京：生活·读书·新知三联书店2001年版，第145页。

作为一种为通识教育立极的精神而存在。

三、中国大学"通识教育"的确立

(一)"通识教育"概念的精确刻画

究竟什么是通识教育?这个问题就好像"什么是数学"一样,我们能举出很多例子,却很难形成一个公认的标准化概括,甚至有人认为通识教育就是教育,但通识教育毕竟不可能包罗万象。一个概念一旦泛化无边,就失去了存在价值。既有的通识教育定义指明了大体方向,却还不足以确立自身的独特性,根据前文的讨论,我们能够进一步精确界定"通识教育"。

首先,通识教育的目标与功能既有经典的哲学性层面,也有历史的时代性层面。前者指通识教育继承了古典人文教育的目标,即培养学识渊博而通达,头脑清明而有远见卓识,人格健全举止得当,道德良善且具有社会担当的人。它是人锻造自己心性、品格、学养、智识的"为己之学",而不是为了专业进步、职业技能或者获取功名利禄之学。或者说,培养文质彬彬,知行合一的士君子是永恒的教育目标。通识教育概念的时代性侧面意味着对现代性弊端的超克,具体指:注重通过古典人文教育来反思现代性问题;在承认专业教育的基础上,构建一种动态均衡的、可自我生长的知识体系,防止过度专业化教育闭塞心智危险;通过其教育跨专业领域的共通性,促进文明进行社会整合、塑造文化认同,从而推动文明演进;对现代原子化的个人而言,通识教育提供一种基于理性而非宗教在文化土壤中获得安生立命的途径。

其次,为了区别于中西古典教育理念,有必要突出以下四个特征来说明通识教育是一种现代教育理念:1)强调祛魅、理性和科学;2)不承认先天决定的精英、贵族阶层,教育对象不限于特定阶层;3)其内容包括人类现代文明的各个方面,主要是人文与科学教育;4)注重反思、批评现代性弊端。

除了上述界定,通识教育不指定手段、模式和具体内容。从其对社会和个人的价值的角度可以说,通识教育是在以理性和科学为基石而又必然走向专业分化的现代社会,每一种文明进行社会整合、塑造文化认同、推动文明演进的文教手段,也是每一个具有专业职分的个人通过学习努力获得人应有之修养的途径。它在中国被称为"通识教育",在美国叫作 General Education,在日本叫作"教养教育"。不同的语言文化孕育出不同的名称,它们具有可类比的目标和属性,又为这种教育哲学注入了不完全相同的具体内涵和教育方式(approach)。

作为中国的教育思想和概念,"通识"二字点出了中国传统治学与为人最高的追求,既带有文化基因,又契合现代大学教育思想。实践中,与"文化素质教育"比较可见,通识教育要求重构本科教育,由学术思想界先导、院校自我发动,人文学者高度卷入;与"博雅教育"实践比较可见,通识教育对象广泛,内容立足现代,人文与科学并重,定位在与各种专业发展有机结合。

(二)教育理念的跨文化不可移植性

最后,"通识教育""博雅教育"不仅用以指称中国当代教育改革的理念和实践,也经常被用作英语世界相应教育理念和实践的汉语翻译,前者通常与 General Education 对应,后者与 Liberal Education 对应。这种一一对应的相互转译得到了广泛使用。根据语义场理论,一方面,它们大体含义是相当接近的,比如,通识教育和 General Education 都具有非专业的含义，其内涵相对现代化，普遍适用于广大范围的学生，带有高等教育大众化的属性；博雅教育和 liberal education 都体现人文主义的倾向，其内涵相对古典，适用于较小范围的学生，带有精英教育意味等。另一方面，语义场也揭示出它们之间无法完全一一对等。

General Education 的 general 体现对普遍知识的学习，又继承了来自 Liberal Education 的拓展心智、理智训练的教育目标，但与"通识教育"相对照，它没有说出"豁然贯通""通达""通透"等通过持久用功获得的最高认知境界，更不用说它无法体现通经、史识、通儒等中国文化基因。

Liberal Education 在其本语境中语义发生过此消彼长的历史转变，一是博学的[1]、高贵的[2]、绅士的[3]、文雅风范的教养[4]，古典人文主义居于学习的核心地位；二是自由、解放[5]，与自由主义意识形态明确联系在一起[6]的教育，目标是塑造自由心灵（free mind）[7]与自由精

---

1 William Whewell, *Of a Liberal Education in General; and with Particular Reference to the Leading Studies of the University of Cambridge*, London: Cambridge Press, 1850, p. 18.
2 George Crabb, *Universal Technological Dictionary*, London: Baldwin, Cradock & Joy, 1823.
3 M. Arnold, L. Huxley, *Thoughts on Education: Chosen from the Writings of Matthew Arnold*, London: John Murray, 1912.
4 William Parsons Atkinson, *The Liberal Education of the Nineteenth Century*, New York: Appleton, 1873.
5 Andrew West, *Short Papers on Liberal Education,* New York: Charles Scribner's Sons, 1907, p. 65. 另参见本世纪的文献 K. Gary, "Leisure, Freedom, and Liberal Education," Education Theory 56, no.2 (2006), pp. 121-136.
6 Harvard Committee, *General Education in a Free Society*, Cambridge: Harvard University Press, 1945, p. 57.
7 George Trumbull Ladd, *Essays on the Higher Education*, Montana: Kessinger Publishing, 2008, p. 114.

神（free spirit）[1]，培养理智、明智的自由人[2]。第一种阐释路径多出于18至19世纪贵族主义传统的英国，第二种则多见于20至21世纪崇尚民主主义的美国，正如18至21世纪英美在思想文化上的承袭关系，Liberal Education的两条阐释路径同样具有内在的传承演进关系。更重要的是，20世纪以来绝大多数英美学者对Liberal Education的阐释确实为上述第二条路径[3]。作为翻译的话，"博雅"一方面和Liberal Education共享对古典人文主义的推崇，却完全不体现liberal、free（自由、解放、自由主义）的色彩。"雅者，正也。""雅"反而彰显官方正统的文化，意味着传承道统，而非自由解放。

正是意识到教育概念无法实现彻底翻译的困境，为了突出中国特色[4]，2017年3月中国高等教育学会大学素质教育研究分会倡议，将素质教育英文翻译为Suzhi Education，同时将大学素质教育研究会英文名称更改为Chinese Association for Suzhi Education。[5]

笔者建议，当我们在表述中要突出概念跨文化的共通面向，即其教育哲学时，可以说"通识教育""博雅教育"。当我们指称特定某一种国家或大学对这种教育理念的实践（包括特定目标、建制、教育方式、内容等），就不应该用同一个概念来表述本质上不可复制的嵌入特定政体、社会、文化和历史背景的种种实践，可以直接

1　John Grier, *The Essentials of Liberal Education: The Inaugural Address*, New Jersey: Princeton University, 1912, pp. 5-6.
2　R. M. Hutchins, "The Issue in the Higher Learning," *International Journal of Ethics* 44, no.2 (1934), pp. 175-184.
3　沈文钦：《西方博雅教育思想的起源、发展和现代转型：概念史的视角》，广州：广东高等教育出版社2011年版，第290页。
4　张岂之：《关于深化大学文化素质教育的几点建议》，《清华大学教育研究》2008年第2期，第1—3页，另19页。
5　中国高等教育学会大学素质教育研究分会：《关于素质教育英文翻译为Suzhi Education的倡议书》，2017年3月。

用该国或该校的本语言专用名词，如教养教育、General Education、Liberal Arts & Sciences、Core Courses、文化素质教育等，也可以加上明确的定语，如日本的通识教育、美国的通识教育、圣约翰学院的博雅教育等。

总之，中国大学的通识教育不是单纯外来的、被给定的概念，而是在教育实践中通过名实互动逐渐生成的。通识教育与文化素质教育、博雅教育在中国大学的语境中相近却不完全相同，在此希望通过命名分析和十余年来教育实践两方面交叉印证，更精确地辨析这些概念，进而在差异中厘清发展方向。

第三节　从"通识教育在中国"到"中国大学的通识教育"

自从"通识教育和专业教育相结合的培养制度"被写入国家十三五规划纲要[1]以来，越来越多的中国大学意识到仅有专业培养的本科教育的不足，开始转变教育思想，探索模式转型。在许多人眼中"通识教育"是一个外来的概念，它的理想在亨利·纽曼、罗伯特·赫钦斯、艾伦·布鲁姆等西方教育思想家那里得到了最佳表述，《哈佛通识教育红皮书》更是从理念到实践系统论述美国通识教育的经典文献。现实中，哈佛大学、哥伦比亚大学、芝加哥大学以及圣约翰学院等美国文理学院被视作本科通识教育几种不同模式的典

1　新华社：《十三五规划纲要（全文）》，"第五十九章 推进教育现代化·第三节 提升大学创新人才培养能力"，2015 年 7 月 15 日，http://sh.xinhuanet.com/2016-03/18/c_135200400_15.htm，2016 年 3 月 18 日。

范。然而，以美国为典范的同时，仅从表象我们也会发现，英国、德国、法国、日本、印度、俄罗斯等诸多国家虽然都有类似的教育理念与做法，却和美国的通识教育多多少少存在质的不同。另一方面，一些学者认为中国两千多年前早有这种教育，孔子曰"君子不器"，庄子曰"后世之学者，不幸不见天地之纯，古人之大体，道术将为天下裂"便是明证。这类教育思想的复杂性和实践的多样性往往令中国大学的改革者难以确切把握。我们称之为"通识教育"的改革，究竟是美国的，世界的，还是中国传统的？

在国家战略规划的指引下，通识教育改革即将在中国开辟更大局面。本节试图提出从"通识教育在中国"到"中国大学的通识教育"命题，首先在理论上探讨确立中国本土通识教育的必要性和可能性，特别是当代大学通识教育对于文化自觉与文化自信的贡献，进而指出要为大学通识教育构建中国话语、中国内容、中国路径与方法的挑战所在，并例举先驱大学改革实践中初现端倪的本土化实例。

一、现代大学的通识教育

任何一种成熟的教育思想，都以实现人的某种发展为目标，又同时关照与育人目标相适应的理想政治与社会。国家层面推行某种教育理念与制度归根到底是对未来社会的建构。教育理念又总是具有文化属性,只有在一定的文化传统中才能得到恰当而充分的理解。[1] 孔子通过培养士君子以期盼达到礼乐和谐的太平盛世；柏拉图企图养成哲人王来实现理想国；卢梭意识到古典世界崩溃之后的教育哲学将彻底转折，基于对即将到来的现代社会的构想，要把爱弥儿培

---

1 石中英：《论教育学的文化性格》，《教育研究》2002年第3期，第19—23页。

养成现代的个人与公民的典范。同理,《哈佛通识教育红皮书》提出的目标即"负责任的人和公民"并不是架空的道德良善的意味,而是肩负着西方古典文明传承和发扬的使命,成为美国政体所理想的现代自由民主社会的公民。[1] 列奥·施特劳斯的阐述更直截了当:"自由教育的最终产物是一个人文化成的人……自由教育是我们可以借着它从大众民主攀升至原义民主的阶梯。"[2] 所以,我们所提倡的教育思想植根于什么传统,也就意味着对未来社会的责任系统、信念系统及其文化脉络带有某种指向的塑造。在这个意义上,当今中国大学的通识教育改革绝不仅仅是对过度专业分化、过度应试的缓和性策略,而是联系着激活文化自觉、再造中国现代文明的使命。反之,大学通识教育的美国化、把通识教育简单等同于 General Education,以及大学教育改革单纯地依赖所谓国际模式、国际标准的现象中透露出中国文明的危机。

在展开进一步讨论之前,对"通识教育"这个内涵丰富、众说纷纭的概念做一界定是必要的。之所以没有在此直接使用既有文献中的定义,主要是因为所述内容的跨文明论述视角需要在概念的表述中突出不同文明的同与异。笔者对通识教育的界定是:在以理性和科学为基石的现代社会,人类不可避免地走向专业分化,有一种现代教育是每一种文明进行社会整合、塑造文化认同、推动文明演进的文教手段,也是每一个具有专业职分的个人获得其应有修养,从而实现美好生活和人生价值的途径,它在美国被称为 General Education,在日本叫作"教养教育",在中国,它就是"通识教育"。[3]

---

1 哈佛委员会:《哈佛通识教育红皮书》,北京:北京大学出版社 2010 年版。
2 列奥·施特劳斯:《什么是自由教育》,载《古典传统与自由教育》,北京:华夏出版社 2005 年版,第 8—13 页。
3 陆一、徐渊:《制名以指实:"通识教育"概念的本语境辨析》,第 30—39 页。

首先，通识教育是现代教育理念，它产生于理性化、专业分化、推崇人人平等的现代社会。它本身的现代性体现在教育对象的普遍性和平等性，这与古典贵族教育、少数人才有资格接受的精英教育不同，它既要守住精英教育的目标，也要对所有人开放门径。这一点使通识教育区别于博雅教育。进而针对过度祛魅造成人的虚无和过度专业分化造成人的疏离而言，它是对现代性弊端的纠正。所以，没有人类现代性问题的前提，就没有产生通识教育的问题意识。辨析古今可见，各文明的古典教育虽然都能找到一些与通识教育相关的渊源，但不能由于古代教育是非专业的就混淆认为通识教育自古存在，或者说通识教育是古代的教育、复古的教育。正如我们不能说古代书院就是大学，科举就是高考。

其次，通识教育不仅有益于个人，是个人获得教养和完善人格的途径，也是国家的文化教育手段，最终成就社会理想。在个人层面，通识的作用是健全人格，是对人性的确认、成全和反省。通识本身就是目的，是为己之学，因而对于其他功利性目标而言，它是无用的。或许具有通识的人表现出在现代社会通用的种种技能，但通识教育并非技能训练，它直指人心，塑造灵魂，而技能、知识只是副产品。在文明和国家层面，通识教育是人类各种现代文明的凝合剂、团结力。现代文明尊重每一个个体的独特性，而通识教育让人们真正成为文明的共同体。通过深刻地展示一种文明从何而来，立体地呈现该文明在世界中的处境，通识教育支持人们探索前路。这需要对文明传统中各式各样的思想和立场全面包容，因而通识教育内部充满张力。它尤其不是意识形态教条，而是为人们的深层交流对话提供共同的语境和基于传统的共识——只有依靠既有共识，才有可能改变、推进共识。这种核心凝聚力越强大，社会呈现出来的多元性反而越丰富繁荣，也就是"和而不同"。所以，通识教育的水平拷问着每一个现存文明返本开新的活力。

以上两层含义是通识教育作为现代教育理念举世共通的属性，然而我们仍要强调作为不同文明的重要文教手段，它在形式和内容上是存在差别的。因为不同文明有不同的传统观念、社会形态，对人性的理解和对完善人格的想象也不同，所以通识教育应当具有不同的内容和形式。这种异同关系就好比人类生存所需要的营养素在科学上讲是一致的，但是人类的饮食文化异彩纷呈，不同文明和文化发展出了不同的菜系，它们材料不同、风味不同、制作和享用方式都不同。通识教育、教养教育、General Education……当我们处理这些概念时对其文明背景加以区分，不仅出于中国文化的自觉，也有益于这类教育在全球范围的多元探索与整体繁荣。

二、通识教育在中国

20世纪末开始进入中国大学教育界视野的"通识教育"概念几乎被认为是来自英美传统的、外来的教育理念。李曼丽和汪永铨开启了大学通识教育研究的先声，他们1999年发表论文讨论通识教育的概念，开篇首句即为"'通识教育'（General Education，亦译'普通教育''一般教育'）"。全文围绕这个概念在英美的发展与分类展开讨论，中文"通识教育"仅作为翻译词，在文末介绍了我国台湾地区学者高明士的译法缘由。[1] 在陈向明2006年发表的论文中，对通识教育定义的表述也是译介性的："通识教育（General Education，又译为'普通教育''一般教育'），既是大学的一种理念，也是一种人才培养模式。"2007年，杨叔子和余东升在辨析文化素质教育

---

1 李曼丽，汪永铨：《关于"通识教育"概念内涵的讨论》。

和通识教育的异同时,直接指出"通识教育(General Education)是美国高等教育在其历史发展中,将西欧的自由教育与美国的本土实践相结合而产生的一种高等教育思想和实践。它是美国高等教育的创新之举。"此后,《哈佛通识教育红皮书》《失去灵魂的卓越》《回归大学之道》等几本当红著作翻译出版后得到广泛接受,纷纷再版,哈佛大学、哥伦比亚大学、芝加哥大学的通识教育实践模式受到空前关注和讨论。跟随着美国学术思想界的讨论语境,我们将通识教育思想追溯到英国红衣主教亨利·纽曼的自由教育,乃至一步步溯源至古希腊的亚里士多德。[1] 不可否认,当代中国高等教育界对通识教育最初的理解和想象是由美国所塑造的。

在世纪之交,这种外来的变革性教育理念被中国大学自觉自愿地接纳有其现实条件。众所周知,1952年以后中国大学采取苏联体系完备的专业化教育模式,理工科大学崛起,科学技术的教育和科研得到提倡,而人文与社科式微。这种与发达国家接轨的方式有力推进了中国高等教育的初级现代化,为国家工业体系建设和科技发展打下了坚实基础。然而,旨在快出有用人才而使人才培养过度专业化的弊端也很明显,和上一辈受过传统人文教育熏陶的科学家相比,建国后培养的科技人才在人文素养上存在系统性的缺憾。人们开始担忧教育体系的失衡将从整体上使得我国产生丰富灵活的创造性人才的土壤板结。同时,世界局势变革,中国大学对苏联道路的信仰和依赖已经淡薄,高等教育脱离苏联模式成为大势所趋。

另一方面,高等教育大众化和市场化也动摇了过去高等教育的

---

[1] 在知网检索文献,主题含有"通识"和"美国"的论文有965篇,把"美国"分别替换成"西方"(361篇)、"哈佛"(228篇)、"纽曼"(128篇)、"芝加哥大学"、"耶鲁""哥伦比亚大学"、"博耶"、"中美"、"欧美"、"英美"等词后得到通识教育相关论文有2125篇之多。

定位，为专业培养精英人才不再是大学教育的全部目标，学生毕业后分配进入专业对口工作岗位的制度也成为历史。上大学和职业定向脱钩，如何培养人的综合素质而非专业知识与技能越来越受到有识之士的关注。更重要的是，得益于国家经济建设的成就和社会环境的稳定，经过一段时间持续的财政投入，中国大学从本世纪初逐渐进入了稳步发展的轨道，开始有更大的余力探索本科教育改革，从根本上思考 21 世纪人才培养的问题。

在上述教育改革的背景下，两种异曲同工的教育理念被接连提出。一方面，1999 年教育部主导在清华大学、华中科技大学等当时顶尖理工科大学设立一批国家大学生文化素质教育基地[1]，其理念的倡导者多为建国前出生的关心教育事业的科学家。另一方面，2005年前后北京大学、复旦大学、武汉大学等文理兼长的综合性大学自发地开始通识教育改革，甘阳等知青一代的人文学者是其最有力的倡导者。笔者认为，文化素质教育产生于对应试教育、大学教育过度专业分化和重理工轻人文的自我反省，是对苏联大学教育弊端的纠偏。通识教育的提出则预示着以综合性大学为先导的中国高等教育朝着美国模式的转向，特别包括了人文主义的回归。从纠偏到建构，文化素质教育和通识教育在中国高等教育改革的道路上接力推进。

三、中国大学的通识教育

实际上，从 20 世纪九十年代开始的梳理并不充分，现代中国大学教育的语境下首次提出"通识"的是具有深厚中国传统学问修养且并无海外留学经历的钱穆。他于 1940 年撰文《改革大学制度

---

[1] 虽然北京大学、复旦大学等综合性大学也位列首批文化素质教育基地，但基地在校内的影响力并不如理工科大学那样持久、深远。

议》提出"智识贵能汇通",并警示中国大学"一门学术之发皇滋长,固贵有专家,而尤贵有大师。……今日国内负时誉之大学,其拥皋比而登上座者,乃不幸通识少而专业多。如此则将使学者不见天地之大,古今之全体,而道术将为天下裂"[1]。1941年,具有海外经历的梅贻琦和潘光旦在《大学一解》中提出了"通识为本,而专识为末,社会所需要者,通才为大,而专家次之,以无通才为基础之专家临民,其结果不为新民,而为扰民"的著名论断。我们还知道,奠定当代美国大学 General Education 的标志性文本《哈佛通识教育红皮书》下文简称《哈佛红皮书》于1945年面世,《大学一解》的执笔者潘光旦在1947年读到这个英文文本时专门讨论了 General Education 的翻译问题:"英文普通教育（General Education）一词时或与自由教育（Liberal Education）一词互相通用,我近来喜欢把他们都译作'通达教育',觉得最为切合。唯有不偏蔽而通达的人才真是自由的人。"[2] 潘光旦明确意识到《哈佛红皮书》所确立的 General Education 与西方古典的自由教育有渊源,而中国并没有自由教育的传统。可见《改革大学制度议》和《大学一解》的立论不仅没有受到《哈佛红皮书》的影响,而且行文活用四书、庄子等中国传统经典和教育思想,以古鉴今。虽然通识教育在民国时期并没有形成大气候,但我们至少可以说,在"通识教育"一词被高明士等学者指定为 General Education 的翻译之前,它作为土生土长的概念已然成立。"通识教育"不仅是 General Education 在中国的翻译,更是植根于中国文明传统的概念名词,这一点笔者在《制名以指实:"通识教育"概念的本语境辨析》文中已经详细举证和讨论。下文将进一步从实质上探讨作为中国文明载体的通识教育何以成立。

---

1 钱穆:《改革大学制度议》。
2 同上。

民国时期大学草创，在特殊的社会与历史条件下，虽然许多大学推行欧美模式，对通识教育的提倡也仅仅停留在少数具有先见之明的教育家的文字中。本质上，构成通识教育问题意识的现代性问题在当时的中国社会和大学还远远没有发育成形。如今，中国社会和大学经过数十年高歌猛进的现代化建设，通识教育的现实基础已经具备。中国大学的通识教育能否真正成立，需要我们创造性地回应育人目标、制度模式、教育内容、教育形式和效果评价等方面的挑战。

（一）大学能否提出现代中国的人才培养目标

中国大学通识教育的成立，首先取决于我们能否提出现代中国的人才培养目标。这个命题的挑战性在于，它必须既是中国的又是现代的。

中国现代大学的开端并没有植根于中国文明传统之中，反而以与传统文明断裂，转而模仿西方大学为标志。人类进入现代社会以来，西方主导的文化和价值观念已经渗透到生活的方方面面，如何通过教育塑造一个具有高度文化自觉和自信的有教养的现代中国人，既不能照搬西方已有的观念，也不能依赖中国古代的思想，简单复原到科举时代的文人士大夫教育。这需要当代大学主动创造。

目前，复旦大学和北京大学的通识教育目标体现出了既中国又现代的构想，值得一观。复旦大学推行全校通识教育已超过十年，其育人目标的官方表述为四种能力及相应心智状态的养成：

1. 对人类文明丰富性和多样性理解的能力，直面人类世界所面临的发展与挑战；

2. 对现代性社会基础性框架认识的能力，充分体会个体尊严、社会价值与全球化时代之间错综复杂的相互关系；

3. 对中国文化与智慧有独到生命体认的能力，从宝贵的传统中汲取人生的滋养；

4.对科学方法论和批判性思维把握的能力，认同思想独立和学术自由的大学精神。[1]

其中第 2、4 点体现了人类现代文明的精华，是塑造一个优秀的现代人必要的素养和能力，第 3 点希望学生在中国传统中安身立命，获得精神上的滋养，文化上的归属感，而第 1 点横跨不同文明和古今，作为最高目标被提出，意图使有的学生能够在未来担当起文明演进的重大责任。

北京大学校长林建华 2014 年底在全校公开讲座"通识教育大讲堂"启动仪式上提出"我们不应该沾沾自喜地停留在过去，也不要一味地去模仿美国的博雅教育，我们要走出一条'通识教育与专业教育相结合'的道路"，并且将"懂得社会、懂得自己、懂得中国、懂得世界"设置为北大通识教育目标。[2] 在关于中国与世界文明的理解方面，他提出"要让学生真正懂得中国，认识和理解几千年形成的中国古典文明、近代现代传统和中国特色的社会主义。要将思政课纳入通识教育核心课程的范畴内，通过经典阅读、小班讨论、反思性思维训练，真正确立人生观、价值观，不盲目模仿西方，建立理论自信、走一条中国之路。我们也要让学生真正懂得世界，要以开放的心态学习和借鉴其他一切文明的优秀成果，了解现实存在的世界，了解人类文明发展的过程，了解世界格局，了解为什么世界会是今天这个样子"[3]。在林建华发言的基础上，北京大学通识核心课程围绕中西文明及现代社会，设置了中国文明及其传统、西方文明及其传统、现代社会及其问题、人文艺术与自然四大系列。其中，

---

1 复旦大学通识教育核心课程委员会内部资料。
2 林建华：《什么是成功的大学教育》，《光明日报》2015 年 12 月 25 日。
3 同上。

中国文明及其传统被置于首位。

（二）大学能否确立与其人才培养目标相适应的通识与专业结合的教育模式

中国大学类别多样，层次各异，不应当追求划一的人才培养目标。综合性大学的基础条件更接近通识教育理想，然而那些不具备提供综合性教育资源的高校（如在专业人才培养上效率突出的理工科大学、行业性大学等），也需要相应的通识教育。同时，以专业院系为基本组织单位来实现培养学生和开展科研等各项大学职能是中国大学长期以来行之有效的组织规范和固有观念。国家十三五规划纲要中提出"通识教育与专业教育相结合的培养制度"，究竟在建制上如何实现？多重条件下，通识教育的模式一定不是唯一的。

首先，是需要成规模地专门开设通识课程，还是通过提升专业课程质量，使专业教育能够传达一定的通识精神、有教养的职业人精神？后者实际上对专业教学提出更高的要求：不能局限在偏狭孤立的知识点上，要把知识讲得更通透，更注重能力的培养，还要使专业课程更加系统化、易于触类旁通，活学活用。其次，假设成规模地开设通识课程，对于条件较成熟的综合性大学而言，在本科阶段通识与专业区分为 1+3、2+2、3+1 等学制上有明确侧重的两阶段，还是两类课程穿插在四年中同时推进？分两阶段的做法注重通识教育的系统性和完整性，这要求第一阶段通识课程能够充沛供给，从根本上调整师资结构，还要考虑招生改革和相应的在前一阶段通识教育结束后以何种双向选择机制引导学生进入专业的问题。不分阶段的做法相对折中，开课压力分摊到四年，似乎赋予学生更多选择权，也不必然影响招生和二次专业选择，比较容易实现，但会损失教育的统整性。再者，假设不分阶段穿插修读通识课，学生的选修应当以远离专业为原则还是就近专业为原则？远离原则有利于学生形成全面的知识框架，得到健全的能力锻炼，从而获得从整体上对文明和社会的重大问题、对人生道路和生活的判断力。就近原则有利于对学生所学专业形成有效的支撑，从而拓展其掌握专业知识与能力的透彻性和灵活性，增进与专业相关的人文素养（比如工业上有用的人因设计、医学中有用的道德哲学与心理学等）。远离原则和就近原则都是通识教育的途径，前者的目标适合在专业上学有余力的学生，可以被解读为培养领袖、精英的教育，后者更符合大众的、以实用目的或专业化就业为目标的教育定位。重要的是，两者理论上是连续可迁移的，并没有对学生个人预设精英／大众截然两分的限制，主要取决于学生对自己的期许和是否学有余力。

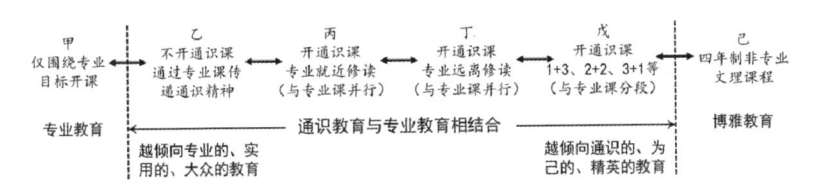

```
┌─────┐  ┌─────┐  ┌─────┐  ┌─────┐  ┌─────┐  ┌─────┐  ┌─────┐
│ 甲  │←→│ 乙  │←→│ 丙  │←→│ 丁  │←→│ 戊  │←→│ 己  │
│仅围绕│  │不开通│  │开通识│  │开通识│  │开通识│  │四年制│
│专业目│  │识课  │  │课    │  │课    │  │课    │  │非专业│
│标开课│  │通过专│  │专业就│  │专业远│  │1+3、 │  │文理课│
│      │  │业课传│  │近修读│  │离修读│  │2+2、 │  │程    │
│      │  │递通识│  │(与专业│  │(与专业│  │3+1等 │  │      │
│      │  │精神  │  │课并行)│  │课并行)│  │(与专业│  │      │
│      │  │      │  │      │  │      │  │课分段)│  │      │
└─────┘  └─────┘  └─────┘  └─────┘  └─────┘  └─────┘  └─────┘
 专业教育         通识教育与专业教育相结合              博雅教育
       越倾向专业的、实                越倾向通识的、为
       用的、大众的教育                己的、精英的教育
```

图 1　通识教育与专业教育相结合的课程模式推演

基于中国大学现实，笔者将几种可能的课程建设模式按序列出如图 1，其中甲、己分别代表本科仅实施专业教育和仅实施通识教育（即博雅教育）的两种极端，乙、丙、丁、戊则是通识教育与专业教育结合的四种本科课程模式，依次从倾向专业的、实用的、大众的教育到倾向通识的、为己的、精英的教育排列。目前中国大学通识教育联盟的十所大学[1]多采取丁模式[2]，而中山大学和重庆大学

---

[1] 2015 年复旦大学、北京大学、清华大学和中山大学成立"大学通识教育联盟"，2016 年香港中文大学、南京大学、武汉大学、重庆大学、厦门大学、浙江大学加入联盟。
[2] 同样采取丁模式，课程建设的路径还有区别，参见论文史静寰、陆一：《不断逼近理想：中国大学通识教育课程建设的路径分析》，《通识教育研究》2015 年第 1 期。

的博雅学院作为小规模实验区[1]采取了戊模式（3+1）。复旦大学在2016年本科教育工作会议上提出了全校2+x育人的重大构想，[2]预示着通识教育改革将从丁向戊的进一步深化。中国不同类别和层次的大学，应当探索实现不同成色的"通识教育与专业教育结合"，图1所示，应用型理工科大学、行业性大学和职业定位的大学不应当都向丁、戊模式看齐，而乙、丙模式可能是更符合实际的妥当定位。

（三）大学能否从中国书院传统出发第二课堂和寄宿制共同生活的教育方面与既有学工系统理顺关系

在课程之外，寄宿方式和第二课堂活动是大学通识教育的另一支柱。[3] 2005年9月复旦大学在中国内地高校中率先以"书院"之名建设共同生活的混合寄宿制度，[4]随后不断充实其教育内涵，试图与中国传统书院精神相承接。如今，越来越多的大学将课外活动与寄宿纳入通识教育的建设范围，并以"书院"之名来对应英文residential college。师生从游，同辈共学，自主探究，自律自治的古典书院传统在中国现代大学或许就此得以焕然新生。

不过，从复旦大学的经验来看，书院制度改革涉及深层结构性变化，会对原有体系带来很大压力。其关键在于是否要从原来按专业区隔住宿、学生工作部门归属专业性学院的模式，变为混合住宿，学生工作部门脱离学院，从而成立以书院为单位的管理方式。实践证明，混合住宿既具有一定的人际教育价值，也可能影响专业学习

---

1 两校每年进入博雅学院的学生仅30名左右，不到全校每届学生数的0.5%。
2 复旦大学"2016本科教育工作会议"文件。
3 香港中文大学官方将课程与寄宿两方面的通识教育称为"大学通识"与"书院通识"，可见其对落实大学通识教育的框架性认识。
4 香港中文大学自1963年由新亚书院、崇基学院、联合书院合并组成之时就在现代大学的制度中使用了"书院"来命名学生住宿单位，然而其特殊的成立背景和与内地全然不同的办学体制使这种做法成为孤立个案，对内地的大学没有产生引领性的影响。

的卷入，如何才能扬长避短？混合住宿还能精细地区分为房间内混住与邻居式混住（房间内同专业而邻居房间是其他专业），房间内混合又可以是跨文理大类的混住、相关相近专业混住（如数学和金融、化学和生物）也可以是同院系内跨专业的混住（如中国哲学与西方哲学）等。同样从中国大学现实出发，图2列出了几种可能的住宿模式及相应的学生工作管理归属，但没有加入时间变量，也就是A—F的模式可以做一年、两年、三年或全部本科四年，也可以在本科阶段进行一定的组合，当然决策中还要考虑通识课程的设置方式以及与学生进入专业的时间相匹配等。出于对当前学生工作的把握，我们在列举时确定了一项原则：一个宿舍房间必须只有一名辅导员或负责学生工作的教师。[1] 这就使得D、E、F三种住宿情况下学工系统有必要脱离院系。复旦大学2005年至2011年间曾在本科一年级全面实施过E模式和D模式，本科后三年则为A模式。2011年后在"四年制通识教育"的理念指导下，并且配合"大类招生"，改革成为第一年C模式，后三年A模式。总的来说，目前中国大学的学生工作系统在人才培养中发挥着举足轻重的作用，而传统的学工队伍具有高度的专业教育背景，是以院系为单位落实专业教育的一大支柱，过于剧烈的组织变革（如使学工系统完全隶属于书院）可能遭致诸多矛盾与混乱。相对而言，A、B、C、D模式比较适合眼下在全校层面推行，而E、F则可以做小规模的实验区。

---

[1] 因为当同房间学生之间发生矛盾时，如果他们分属于不同辅导员管理将很难调停。还包括许多书院活动都要求以宿舍为单位来管理。

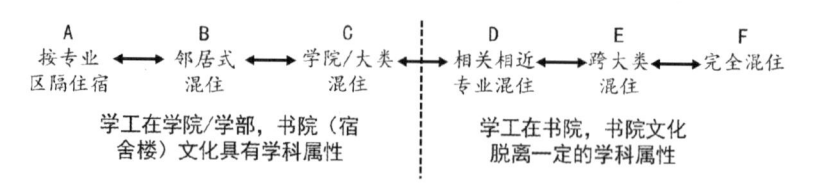

```
A           B          C     |    D          E         F
按专业  ←→ 邻居式 ←→ 学院/大类 | 相关相近 ←→ 跨大类 ←→ 完全混住
区隔住宿    混住      混住   | 专业混住    混住
```

学工在学院/学部，书院（宿舍楼）文化具有学科属性　｜　学工在书院，书院文化脱离一定的学科属性

图 2　通识教育与专业教育相结合的寄宿书院模式推演

（四）知识精英能否在必读经典上达成一定共识

什么是高等教育必须传授的内容、是区分是否受过高等教育的标志？什么是某所大学毕业生必须具备的知识、能力或素养？21世纪的社会变革和高等教育发展使这类问题的答案变得越来越模糊，但只要这个问题仍被追问（历史上这个问题从未像今天这样重要而又难以回答），就需要在通识教育的内容上做出回应。通识教育具有文明传承与凝聚人心的使命，其教育素材首先应当代表着本文明历代相传的最有价值的内容。

能否在必读经典上达成一定共识是决定中国大学通识教育落地生根的本质。经典文本作为思想内容和修辞表达浑然一体的最高典范，既是思想与心智训练的好材料，也是表达风格的好范例。挑战在于经历了传统的断裂与蜕变的现代中国已然糅杂了多种传统，先秦以来以儒家为主的古典传统，指引了中国现代革命的马克思主义传统及当代社会主义传统等，正因为多种本质上不一致的传统在当今中国同时发挥着作用，而每一种传统内部还存在不同立场之间的张力，这就使得我们哪怕在最低程度上达成何为经典的共识也很困难。目前，我们看到香港中文大学和南京大学在大学内部经过讨论而列出的通识教育必读经典书目。香港中文大学自2009年创建了"与人文对话"和"与自然对话"两门所有本科生在一二年级必修的通识教育基础课,这两门课程的教材便是必读经典篇章的文集。[1]其中"与人文对话"的选篇包括三部分中西经典共12部的节选[2],体现了高度凝练的共识。[3]南京大学自2015年推行全校"经典悦读计划",编纂了6方面共60本经典书目的导读教材[4]。哪怕不具有普遍性,要能够在全校层面达成高度精炼的读书共识也是了不起的。当然,这些工作离真正的共识还有距离。当上一代各种专业的学者教师都亲自研读过,他们的思想意识都受其影响熏染,都认为某些书对年轻一代很重要,并且多数都能够教授、带领学生研习这些文本,这种共识才会自然地产生、延续。最终,中国大学通识课程应该上什么内容,不取决于领导的决断力、行政督促教师开课的执行力——尤其不在于开出多么五花八门的课程,而取决于这些来自不同专业的教师都读过什么重要的书,取决于上一代人的共同修养和识见。或许当下正是知识分子从我做起通过读书和交往努力成为有共识的"上一代"的开端。

(五)能否切实吸收国外有效教学方法

为了确立本土的大学通识教育,并非一味地排斥西方经验。在课程教学,特别是以学习为中心的有效教学方式上,西方大学的种

---

[1] 梁美仪:《经典阅读与人文素质香港中文大学通识基础课程建设的思考》,大学素质教育研究会2012年会暨高层论坛论文集,2012年11月9日。
[2] "与人文对话简介",http://www5.cuhk.edu.hk/oge/oge_media/gef/doc/sample_of_coursebook/Humanity_Intro_Course.pdf,2015年7月15日。
[3] 从其核心关切的设置到篇章选取都透露出香港的地域文化特征。第一部分,自我与人的潜力:荷马《奥德赛》节录;柏拉图《会饮》;亚里士多德《尼各马可伦理学》节录;《论语》节录;《庄子》节录。第二部分,信仰与人的限制:一行禅师《般若之心》;《圣经》节录;《古兰经》节录。第三部分,建制中的自我:黄宗羲《明夷待访录》节录;卢梭《社会契约论》节录;亚当·斯密《国富论》节录;马克思《1844年经济学哲学手稿》节录。
[4] 《南大读本》的六部分为:文学与艺术、历史与文明、哲学与宗教、经济与社会、自然与生命、全球化与领导力。

种经验是值得借鉴的。好比假设西方率先创造了圆形的车轮,我们没有必要为了标新立异而非得重新创造出不同形状的车轮。教学手段的有效性和效率通常是能够得到科学实证的问题,并不存在较大的文化差异。国内通识教育先驱大学已经引入了许多旨在促进学习投入的教学方法,最常见的是借助助教开展大班授课小班讨论以及全面规范课程大纲（syllabus）,还有强调及时的作业反馈,推行合作学习、随堂小测试等教学技巧,也有的设置 office hour,制度化地促进师生互动,严格作业与考核管理,在保证助教数量的基础上通过专门培训提升工作能力等。

在实际操作中所有教学手段都有其使用前提和成本,"拿来主义"式的学习借鉴不能浅尝辄止,否则难以达到预期效果。比如在开展小班讨论时中国学生在基础教育阶段缺少理性研讨和口头表达的训练,助教则更加缺乏主持十多人有效开展讨论的能力,小班讨论结果往往变成各自宣读准备好的讲稿。在加大课后阅读量和作业训练强度时也遇到现实阻力,由于中国大学通识课程通常为 2 学分,而学生每学期必须选修较多课程（一般十门以上）才能达到毕业要求,这使得学生不可能在每一门课上投入充分的精力。由于我们传统的课程教学侧重如何"教",而很少专门关注如何"学"的问题,在使用了 mooc 或翻转课堂等新技术后,教师的教学工作量减轻了,学生的学习投入和学习收获却并没有提升——美国大学在推行 mooc 与翻转课堂之前已经进行了以"学习"为中心、以切实的"学习投入"为目标的深度教学范式改革。在这些方面不能退却,为了提升学习效果,对国外的先进教学经验的学习必须更加全面和深入。

（六）能否从中国大学实际出发构建管理和质量评估体系

随着建设工作的全面展开,为避免通识教育背负"水课"之名,教育质量评估与保障迫在眉睫。通识教育效果的全面的评价应当包括四个步骤：第一，对特定大学所提出的通识教育理念与目标的评价，也就是衡量特定大学的理念与目标是否与本文明国家的通识教育理念同向且符合大学自身的人才培养定位。[1]第二，对大学的课程设置的架构是否能够承载其通识教育理念与目标进行评价。比如2015年哈佛大学的自我评估报告就明确指出2009年以来新的分布式选修课程与其宣称的通识理念只有名义上的关系，盛名之下其实难副。[2]第三，对大学的通识课程、课程组或模块等课程管理单位的具体教学目标做评价，衡量课程目标之间是否相互关照构成体系，而非杂多泛漫。和专业课程建设不同，通识课程的开设非常容易散漫、无边无际，所以衡量大学通识课程建设水平并不宜以门次数量观，而要评价其精炼程度，要追问每一门课程的必要性以及这门课程在通识教育总目标中起到何种作用。第四，才是对教学实施有效性的评价。这部分有不少先行研究和量表可供借鉴。大体思路不外乎通过教学行为影响学生的学习投入，乃至达到预设的教育目标（学习效果）。视课程内容具体情况，既可以采用标准化测试的方式得到直接结果，也可以通过问卷、访谈等得到更全面的间接结果。最终的学习效果指标还应当回归到通识教育的育人目标，与第一部分相呼应，评价由此形成闭环。

以上步骤中，第一、二、三部分的内容环环相扣，其评价标准应当本土化、本校化，第四部分教学评价方法论和测评统计的方法则具有普遍的标准，应当注重科学性、客观性和可比性。在兼顾本

---

[1] 从本节对通识教育的定义出发，评价标准建议设置为是否符合"现代的""与专业教育相辅相成的""有利于社会整合、塑造文化认同、推动文明演进"和"有利于个人获得其应有修养，从而实现美好生活和人生价值"四个维度。

[2] "General Education under the Microscope", http://harvardmagazine.com/2015/05/harvard-college-general-education-criticized, 2015年6月5日。

土意识和科学方法的通识教育效果评价方面，笔者曾以复旦大学和北京大学的通识核心课程为对象做了初步探索，提出了基于中国经典教育思想的"文质-知行"的通识教育目标理论框架，使用国际主流的大学生学习效果的"增值"测评方法，研制出"大学通识教育学生调查"工具并实施评价，参见相关论文。[1] 目前这项工作才刚迈出了第一步，工具设计和分析方法还需要不断优化提升，希望未来有更多同仁致力于开展立足于本土、本校而运用科学方法对通识教育进行院校研究和监测评估。

四、殊途而同归

香港中文大学创校校长李卓敏曾提出，通识教育"不必然是外来的概念，它植根于中国文化，从来都是中国教育哲学的一部分"[2]。由于话语体系和体制隔阂，其倡议未能实现广泛的影响。如果说"通识教育在中国"的阶段是借助相对发达的西方经验来缩小差距，那么随着中国建设世界一流大学事业的临近，"中国大学的通识教育"就将成为必然的主流命题——亦步亦趋的教育模式不可能成为一流，况且美国大学的通识教育也在大量的批评和自我反省中不断探索前路。

中国大学的通识教育能否成立还关系到中华文明的现代命运与前途。"文化自信，是更基础、更广泛、更深厚的自信"，通识教育将成为构建这种自信和认同的制度化载体，进而奠定中国现代社会的共同文化根基。

---

1 陆一：《把握通识教育的真实效果："复旦大学通识教育学生调查"工具的研制与信度、效度检证》，《复旦教育论坛》2016年第14卷第1期，第23—30页。
2 The Chinese University of Hong Kong, *The First Six Years 1963-1969: The Vice-Chancellor's Report*, Hong Kong: The Chinese University of Hong Kong, p. 5.

通识教育也是世界性的课题，如今西欧、俄罗斯、印度、日本等世界上不同的地区和国家都在其高等教育阶段越来越重视通识教育，这并不能简单地归因于美国的主导。作为大学教育对现代性问题的反省，通识教育的理念隐含着人类文明的"第二次启蒙"。为此，每一个具有活力的文明都应当逐步发展出各自的途径，从各自的传统积淀与文化资源出发为现代问题探求各不相同的方案。

第四节　形具而神生：大学通识教育课程建设的两个阶段及其质量评估要点

在新时期，重建中国大学的通识教育是一项艰巨的事业，这是我国高等教育走出"苏联模式"后建立中国特色现代大学理念与制度的必要环节。对所有追求"一流大学"建设或注重本科教育的中国高校来说，如何理解和实践通识教育都是绕不开的问题。通识教育没有统一的规格、方案与模式，每一所大学都要摸索自身通识教育的出发点、改革目标和路径。当我们观察和评估一所大学的通识教育改革过程与成效时，既要鉴别其改革的深度和力度，优长与不足，也要尊重大学的独特性与差异化的类型定位。通识教育不只是某些非专业教育要素的集合，其教育质量也不能被课程量和学分量所界定，大学通识教育评价的难点在于如何突破形式评价而深入到实质评价。

美国教育历史学家亚瑟·科恩曾说："在大多数美国高等教育中，通识教育是一个崇高的理想，但实际上却停滞不前。"[1] 我国大学

1　A. M. Cohen and F. B. Brawer, *The American Community College*, San Francisco: Jossey-Bass, 2008, p. 374.

轰轰烈烈的通识教育改革也同样存在搁浅的危机。在早期阶段，由于过去的本科教育存在结构性缺陷，只要大学领导层拿出改革决心，通过设置课程与学程、更新培养方案、提出学分要求、开办讲座、出版读本教材等，通识教育就可以达到形式上的完备，这是多数院校都能做到的，所取得的成绩也容易为外界所认知。但其面临的挑战在于，如何在看似相同的通识教育教学形式之下深化内涵、实现整合、变换面貌、形成积淀。只有真正促进学生精神气质的转变，使本科教育面貌焕然一新并形成新的传统，才能说通识教育产生了效果。我国大学的通识教育改革都会经历一个"从形具到神生"的过程，这就要求我们的评估必须设法识别出其不同的阶段及其层次差异。

一、通识教育改革的院校评估框架

在学术界，通识教育已经得到了大量讨论，我们吸收了诸多前期学术成果，试图使这些学术成果更具有实践应用价值。具体而言，针对一所院校的通识教育改革，我们设计了从"形具"（形式具备）到"神生"（精神生成）两个阶段的评估框架和观测要点。

形式具备阶段的评估可以通过院校的相关文本资料与管理层访谈来实施。文本资料包括通识教育改革方案、行政文件、典型的本科培养方案、课程与学分设置、师资情况、教学大纲与相关教材等。管理层访谈能够在上述文本资料之外提供更多院校层面的教育理念、改革力度与推行过程等信息。这一阶段的评估点有四个方面，每个方面根据实际情况还可以区分出水平高低，相应的具体观察要点与评价理由将在下文详述。

精神生成阶段的评估则要关注到"人"，主要是教师与学生，因此，开展较大量的学生调查与师生访谈是比较可靠的途径。同时，学校的改革历程也值得留意。精神生成主要体现在融合了通识教育的本科教育目标是否深入人心，以及师资队伍的整体风貌与教学水准。归根结底，通识教育必须使学生的内在精神发生质的转变。对此，我们可以运用相应的教育测量手段和访谈来揭示。

两阶段的划分并不意味着只有在形式具备阶段做得面面俱到后才能进阶到较高阶段，大学通识精神的凝聚，可能在较早阶段就已经开始。在个别大学，尽管形式上、制度上的条件还不能充分满足，但大学通识精神已经在部分师生身上以及大学的文化氛围中显露出来。因此，我们认为形式上、制度上的保障仍有必要，作为现代大学制度的一环，尤其是在进入高等教育大众化和普及化阶段后，在大学越来越融入社会的背景下，那些人文理想更需要得到制度的维护和传承。当然，更多大学的通识教育建设过程还是沿着"形具而神生"的路径展开。目前，我国绝大多数大学的通识教育都处于前期阶段。

下文列出的评估观测点来自对先驱大学经验的提炼，它既能作为评估工作的依据，也能对大学通识教育的建设过程起到提示和预警作用。这些观测点并没有覆盖大学通识教育的所有方面，我们仅择要取之，以尽可能避免因评价导向而使院校通识教育失去个性特色，也不希望给高校造成评价性负担。出于这一考虑，我们将评估框架的主体落实在通识课程上，不涉及非正式课程或书院寄宿制生活与活动等。我们认为正式课程仍然是大学教育中最具力度的环节，通识教育从"形具"到"神生"之间存在丰富多样的教育活动空间，课程之外的各种环节所起的作用终究会体现在"神生"之中。

二、"形式具备"阶段的评估观测要点

（一）领导人物的推动力

大学的通识教育改革通常由注重本科教育的校级主要领导发起。由于改革牵涉到全校各专业院系、学制与培养方案乃至学生工作，并且会遇到种种阻力，若仅依靠行政中层的力量，往往很难推动。校级主要领导不仅要倡导通识教育理念，而且要给予充分的通识教育行政资源，并物色合适的项目领导。

通识教育改革的项目领导通常有两类：第一类是从事人文学术教学和研究并具有超学科人望的资深教授；第二类是熟悉校情，具有丰富行政经验的中层管理人员。一般情况下，前者的工作会得到行政人员的支持，如果前者同时也具备后者的履历和素质，那就是更理想的情况；如果后者没有过硬的学术背景，则还要物色一位或多位学者形成团队或委员会，才能在推动通识教育改革时更有底气。

除了领导人物，行政制度的支持也是重要的助推力。大学管理有两个层级，教师的人事关系和绩效评价总是由二级单位来具体落实，通识课程教学管理工作必须考虑到这一特点。尤其是通识课程的建设或启动经费以及日常教学经费，虽然它不是决定性资源，但其总量会与其他课程形成对比，折射出大学管理层的意志，其分配方式又会牵连到二级单位和院系的态度。有的大学会将通识课程教学工作量加倍计算，有的则会打折；有的大学将工作量绩效直接分配到教师个人，有的则分配到院系后，再由院系自行决定具体分配方案。这些管理细节都会直接影响到教师教学的态度，因而也是评价中的要点。

（二）课程结构与学分制度

第一个问题是大学对通识教育课程的范围设置和质量定义。在最宽泛的界定下，所有非专业课程都被纳入通识教育课程之中，如体育课、外语课等。第二个问题是思政课程是否归属于通识教育课程，对此往往存在不同的做法。宽泛的通识教育课程界定将使形成中的通识教育理念趋于松散和模糊，较精细的范围划分则有利于树立通识教育的严格标准。更重要的是大学是否推出通识教育的标杆性课程，并且每位学生都会修读。复旦大学的核心课程、武汉大学的经典导读课程，这类课程的长期存在与优良口碑将给学生留下"通识教育"应该是什么样的范本，并在校内师生之间形成维护通识教育质量的共识。

在确认通识课程质量标准的前提下，符合质量标准的通识课程在本科学习中的结构，如学分数占比、课程之间的关联、课程群所构成的整体，以及学生修读课程的选择自由度等，是一个必须关注的重要问题。

学分数占比的多寡一目了然，多数大学在4—6门或8—12学分的通识课程量上找到了平衡。我们注意到了不同专业教育在学分数上的差异，大多数工科、医科的专业学分数要求高于人文社科类专业。通识课程的学习内容通常与人文社科更相近或相通，很少能对工程技术类的学习产生直接助益。在实践中，专业教育与通识教育的紧张关系将持续存在，但通识课程不能以质量或数量上的妥协来缓和两者的紧张关系，而必须以扎实健全的通识课程与教学来赢得尊重。

通识教育的课程结构十分重要。我们曾归纳提炼了理念主义和经验主义这两种课程建设路径，它们在实践中往往以其一为主而相互结合。从理念出发的通识课程构建将更具有体系性，更符合通识教育理想，但大学不可能脱离现有的资源条件。从评价的眼光来看，课程群是否体现了本校通识教育的思想理念是第一个观察点，在理念支撑下的课程内容及其结构统整性则是第二个观察点。

通识课程并不是通过与专业课程等量齐观的教学效果来发挥作用的，而要以点带面，触类旁通，具有启发性。在理想的通识课程结构中，学生修读每一门课程都能开辟全新视野，课程之间又能互相支持，帮助学生构成某种稳健的整体性认识。课程结构要让学生既有"获得感"又有"未知感"。随着已知边界的拓展，学生所能感受到的未知空间也会同步扩大。对未知的自觉，不仅为学生进一步求知提供内驱力，而且能使他们更好地将涌现的新知纳入自己的思想体系，从而恰如其分地把握已知内容。

通识课程的统整性、修读的规定性具有不可取代的教育价值，它能为学生群体打下共同的阅读与思想基础，有助于同辈之间相互学习，深入切磋。在此前提下，要尊重学生的个性与兴趣差异，给学生一定的选修自由，但是要注意避免由此带来的消极影响。有时候学生会出于回避困难挑战、贪图给分高等去选择一些"水课"。针对这种情况，一是要扎实建好每一门课程，使学生可选范围内的通识课程没有"水课"，二是在课程管理与评价中，要弱化学生偏好与否、选修人数多寡等因素的权重，以规避通识教育中易发的"劣币驱逐良币"效应。

（三）师资队伍的形成

相对于本科生规模与大学体量而言，缺乏足够的通识教育师资是我国高校普遍存在的问题。一般来说，通识教育师资的专业背景主要是文科基础学科。目前，除了国内极少数人文学科比较发达的综合性大学外，几乎所有高校通识教育的授课教师都明显不足。不少理工科见长的高校虽然拥有一定数量的社科类教师（如经济、管理、公共管理），但他们仍不足以成为通识课程的最主要师资。同样的情况也发生在行业特色鲜明的高校和应用型高校之中。如何解决这一问题？通过调查，我们发现了以下几种解决途径。

一是新办或扩建现有人文学科。有些高校为了及早组建通识教育师资队伍，往往在人才选聘时侧重于教学和授课，特别是给外专业学生讲授通识课程，而不那么强调教师的科研成果。目前，这虽然是一个积极有效的办法，但从长期来看，还需要进一步的改革以调整定位。因为对人文学科院系来说，其专业研究实力仍然是非常重要的，否则，它在校内就会沦为非科研的教学型院系，其地位会与"大学英语教学部"之类的纯教学组织趋同，日本大学的"教养部"便是前车之鉴。对于优秀的青年教师来说，其专业化发展也需要得到学术共同体的承认，承担过多的通识教育课程授课任务可能对其专业发展带来一定的制约，从而导致教师的流动性增加。

二是诉诸校外聘用教师，或者使用从外部购买的在线课程。这一做法常见于新建的小规模理工科高校，能够促进这类高校的通识教育快速起步。但外包的教学会使通识教育效果大打折扣，它只能在形式上满足开课需求，增加学生的一些知识涉猎，而无法实现改变学生心智和习惯的教育目的。一种现实可行的办法是，通过先期外包来培育自己的教师，使本校教师通过学习既有的外来课程，打磨教学质量，最终接手。如果一所大学通识教育的主体部分长期外包，就很难谈及质量。

三是通识课程的轻量化。其实，那些以理工科见长或行业特色的大学，并不需要达成与综合性大学同样规模和力度的通识教育。如果接受这一点，这些大学便可以立足自身人才培养定位来重新设计课程结构。我们看到，有些大学已做出了有效尝试，如在通识教育内容宽度上做出取舍，精心打磨一两门全校通识课程，这些通识课程通常以中国或西方文明为核心，并不提供系列选项；又如在能力训练上做集成，将原本要通过多门课程开展的阅读、思辨、写作练习，浓缩在一门"集大成"的写作课中。还有高校用系列讲座课程、翻转课程等方式来减轻教师的个人投入等。这些创举在整体上能够轻量化地达到适合本校定位的通识教育，但每一种具体课程都需要有开拓性的教师来承担。

（四）师资的质量

在师资相对满足需求的综合性大学，重要的评价点是通识课程教师的开课动机、稳定性以及他们的学术威望。

在一些大学，通识课程教师普遍比较年轻，资历较浅。由于新教师在院系内很难取得专业课程的授课机会，他们为了完成教学工作量，开设了准入门槛较低、缺乏质量监督的通识课程。在这种情况下，通识课程便出现了"先天不足"，很难得到师生重视，也不容易提升质量。

另一些大学则采取邀请制，这能逆转前述不利，使通识课得到重视和尊重。邀请制的实施，源自管理层对教学的重视，邀请制确保了通识教师具备较高的学术威望。其中，教务行政人员发挥了重要作用。在邀请制下，他们不仅仅审批开课申请或者分配教学任务，而是要去物色、打动并说服教师，与之开展积极有效的教育理念对话。这些教师愿意开课，并非为了工作量，而是出于认同和受到的尊重，这是通识课程质量的最重要保障。在邀请制运行顺畅的大学，我们都能找到至少一名具有相当能力的行政人员。

再者，一名教师开过几门通识课程，与一名教师每年连续开课，将一门通识课程讲了十年以上，这是完全不同的水平。只有稳定持续授课的通识课程，才能沉淀为大学通识教育的一部分，才能达到堪比专业课程的教学质量。因此，在邀请制下，教师是否能够长期连续开课，是一个重要的观察点。

（五）教学内容与教材

大学课程的名称并不足以呈现其实际教学内容，仅凭课程名称列表也无法评价通识教育的质量，至少需要察看其教学大纲。基于对300多份教学大纲和大量的课程教学体验学生调查的对照研究，我们认为，教学大纲中最具价值的内容点是两个方面。第一，这门课究竟教什么；第二，它对学生提出了怎样的学习要求。第一个问题通常以经典作品、参考读物或教材章节来体现；第二个问题则体现在平时课前课后的学习要求，以及课程考核要求之中。如果一门通识课程周详地考虑到了针对学习的设计，对作业与考核也能给出比较明确的标准，那么，它将显著提升学生的学习体验与学习收获。此外，在教学大纲的基础上，一些建设力度较大、内容较为成熟的课程还会编制读本与教材。

值得一提的是，针对以上教学内容相关的评价都离不开专业学问的支撑。我们始终认为，大学通识教育是建立在专业性基础之上的教育，不可能通过回避专业标准、迎合学生而取得成功。相对而言，教授的内容"过于专业"是个较小的问题，是否成为一个问题，取决于学生的领悟力。但教授的内容"不太专业""显得业余"则是一个较大的问题。个别教师将自己未经专业同行检验的个人业余爱好拓展为通识课，认为通识课是为了提供丰富多彩的业余兴趣，这显然是对通识教育立意的误解。

三、"精神生成"阶段的评估观测要点

大学通识教育改革要达到较高的质量水平,不能只是在名义上被官方措辞接纳、在制度上嵌入本科培养方案、在形式上具备种种教学环节,重要的是在实践中积聚起统一的精神气质,它不只是各种教育要素的加入,而是要为整个大学注入一种健全的灵魂。纽曼在描述理想的大学图景时曾说,"它会带来活生生的教育,随着时间的推移,它会形成一种生生不息、自我发展的传统,或者会形成一个所谓的'人才汇聚地'。这种教育一经诞生就不易挥去,就会一个接一个或多或少地影响并造就不断被送入其中的每一个人"。[1]

(一)通识教育理念渗透本科教育

如何衡量某所大学对通识教育理念以及"通专融合"的培养结构产生了实质性认同?我们发现的重要表征是,这所大学的通识教育理念及其基本框架并不依赖于大学领导人的决策,通识教育已经不是某一轮改革的产物,而是稳固地扎根在本科教育之中。这意味着对于新加入者而言,不论是学生还是教师,甚至管理者都受到通识教育理念的熏染,自觉自愿地成为其中的一部分。

以复旦大学为例。自2006年启动通识教育大讨论、构建通识核心课程以来,学校领导经过了多次更迭,学校通识教育委员会的领导也有更替,但通识核心课程的模块结构以及它在本科教育中的位置始终没有大的变化,有的只是在现有框架下的不断优化和深化。又以北京大学为例。在北大,自由学习、跨专业选修课程的风气在其通识教育改革正式启动之前就已盛行,以至于在很多情况下,其

---

[1] 约翰·亨利·纽曼,《大学的理想》,徐辉等译,杭州:浙江教育出版社2001年版,第67页。

他专业的课程会成为另一种形式的通识课程,其双学位、学科交叉项目具有普遍接受度。这些教学和学习上的自觉自发性,并不取决于领导意志或制度约束。

(二)通识教育内容实质化

在大学里,通识教育理念要得到承认并非难事,难就难在如何回答"学生应该学什么"这个问题。事实上,在以发达的通识教育著称的美国大学,这个问题越来越难以回答。过去已经习以为常的答案放到今天,不仅可能引起种种反对和争议,甚至会涉及"政治正确"禁忌。抛开美国面临的文化危机不论,在日本乃至其他注重通识教育的高等教育发达国家,"学生应该学什么"也不是一个容易应对的问题。在学习民主化、自由化,以及"以学生为中心"的观念席卷全球的背景下,教育者越来越丧失教育权和文化威信,他们只能转而用具有实用主义色彩的"通用技能"或者自由选修来避实就虚地回避规定教育内容。这恐怕是通识教育空洞化的重要原因。但为通识教育设定内容、提出什么是"上过大学的人都应该学过的"内容,是教育者义不容辞的责任。

对通识教育内容的质量水平,可以从以下三点进行观察评估:一是体现现代大学对所在文明传统和当前世界的责任;二是连接经典性文本与现代社会生活经验,而不是偏于一方;三是从以学科为中心转变为以人的成长发展为中心,使不同学科的知识、视角和方法都汇聚到对"人"的基本问题上,以适合没有深厚专业基础的学生学习。

在这里,我们并非刻意忽视学生的学习兴趣与热情,只是想强调,学生不应该用选择权去换取学习兴趣。其实,通识教育的学习兴趣并不是一个选择问题,而是人的素质问题。对上述内容感兴趣的程度,本身就能柔性地筛选出优秀的学生,而更多学生将受到求知氛围的熏染。通识课程内容必须呈现出相当紧凑、凝练的完整性和文明归属,而不是放任学生去任意拼凑学分。在教学过程中,积极有效地向学生传达学习内容的意义以及学习的责任所在,便体现了一所大学在通识教育上的足够自信。

(三)从专业课到通识课的自如转化

成熟的通识课教师,首先是成熟的专业学者和教师。在通识课程教学方面,他能自觉、自如地完成转化。通识教育所要求的教学转化,对人文学者和其他专业学者而言有所不同。

对人文学者而言,其专业课本身就不会脱离经典作品展开,其专业教学也要借助对伟大的作品的仔细分析,而涉及对所有人而言同样重要的那些人文主题的重大议题,这些内容和教学方式本身就是通识的。需要教师进一步思考的是,面对今天的学生,面对当今社会,教师自己熟悉的经典在当代青年人的教养结构中具有怎样的意义;如何将古老而又经典的问题和对问题的思考体会方式,真正带到今天的学生面前,使学生能够进入历史(而不是在原地)来欣赏、体悟我们的文明,乃至从我们文明的上游汲取今天生活的意义,以获得安身立命的教育。在这个过程中,教师未必一开始就能统领全程,而是要通过教学互动,从学生那里获取启迪,通过一个又一个学期的教学,领悟通识教育对现代中国文明与文化建设的意义和使命。

对其他专业学者而言,从专业教学向通识教学转换的要点,在于了解和把握非本专业学生的兴趣切入点。激起求知热情是通识课程教学的关键所在,整个教学设计要以此为中心才能起到效果。通识课程的教学目标,不同于专业课程注重的"应知应会",而在于以点带面地激发兴趣和开启门径。因此，娴熟的教师能够把握什么是对非本专业学生最有教育影响力的知识及其表达方式。此外，通识课程教师面对的学生多样性更高，在教学中的判断与教师过去的经验发生出入的情况也更常见。有时，在同一个学期，教师讲授的一门通识课同时开设两个班级，教学效果会有明显差别，这正是由于学生群体的不同所造成。例如，一个班的选课学生会集中在某专业，另一个班的选课学生则集中在别的专业。在这种情况下，执行通识课程的统一教学计划未必奏效，在教学互动中生成的教学方案可能更理想。这就要求教师在每个教学周期都要更加注重学生的反馈，富有弹性地实施教学。

（四）教师的学问面貌更开阔

"通识的学问""通与专的融合"，这些理想的教育目标如果不能首先出现在教师身上，那么，就很难要求学生达到。这就是说，理想的教育目标必须首先经由教师自身的领会和转变，然后才能抵达学生，这正是任何教育教学改革都面临的难点。目前，在大学任教的绝大多数教师都以专业立身，他们所受的高等教育都是高度专业化的，他们也因其专业水平而在大学中得到职位。教师从接受通识教育理念，到能够将其转化为自己可驾驭的课程教学，绝非一蹴而就，而是需要丰厚的学问积淀。除了人文学科，其他各学科的教师在真正能够上好一门通识课之前，都要扩大阅读面，回到"起点"重新看待自己的专业领域。这个"起点"既可以是知识分化的起点，也可以是为了造福人类文明的各专业领域探索求知的归结点。通常研究学科史和与社会问题相关的专业问题会带来帮助。人文学科教师开设通识课往往采取经典导读形式，他要设法将经典的丰富内涵与深邃思考带给学生，要避免用单一的学科视角来裁剪经典。

长期的通识课程教学将促使负责任的教师开展"两种对话",一是与当前学生所关心的问题对话,二是与自己专业所关心的问题对话。理想的通识教育必须在没有该专业志向的学生身上培养出与该专业相关的素养。于是,他的学问将因持续不断的"两种对话"变得更加通达,他将能从通识教育的立场,反观自身的学术道路与学问根基,甚至自己的专业学术工作也会从中受益。在一些个案中,交叉研究创新的发生也与此有关。

(五)全校性名师名课的荣誉与传统

在全校范围内形成名师名课的荣誉传统,就是说大家普遍认为能够担当通识课程的教师都是学问做得好、教学水平出色的教师。更有甚者,通识课名师会成为大学文化和校园传说的一部分,名师的个性品味与学养风范会为大学记忆增添极富魅力的色彩。于是,不同专业、不同届别的同学校友,会因为上过同一位名师的通识课程而形成相互连接,并强化对母校的认同。反过来,学生会因为没有上过某位名师的课程而感到大学生活体验中的某种缺憾。

制度化的通识教育不止仰赖名师,上好每一门课程同样重要。这事关通识教育的学问尊严。优秀教师如何处理学习材料,如何将具有专业色彩的知识内容转化为适合通识教育目标的教学与学习设计等,应当得到交流探讨,并形成文字,在校内达到一定的质量共识。有了这些模范,申请开课的教师就能得到实质性的教学支持。如优化课程大纲、调整教学目标、教学内容择取、对学生学习特征与规律的把握等。在这个过程中,教育学专家也会发挥一定作用。

总之,如果能在校内普遍形成"只有高水平的老师才能上通识课"以及"通识课都是难混的课"这种认识,那么,通识教育就能积淀荣誉性传统,从而使通识课程在每学期的教学过程中不断正反馈,产生对教学质量的自我要求,而不完全依赖外部考评奖惩。

(六)通识教育教师共同体的结成

通识课程是个体系,它试图精当地向学生传递大学所承载的人类学问的宏阔图景。因此,教师不能孤立地、自顾自地投身教学。如果教师孤立地投身教学,不仅不利于对学生形成系统性的教育效果,也不利于教师准确地把握自己的教学定位。一门门通识课,并不是独立地起作用,而是在相互依靠、相互补充、相互关联、相互对照之中实现教育效果。

正如专业学术共同体(行会)一样,通识教育也要形成教师的共同体。现代大学的基本组织单元和人事关系都是学科化的,因此,通识教育改革要刻意加强教师之间的联系,营造教师共同体风气,促使教师们走出专业的"城池",在通识教育主题下开展深入交流。在先驱大学中,有的开展了教师共同读书、授课小组集体备课等;有的定期开展深度交流会、表彰会。在教学管理上的许多细节上,注重营造共同体意识,显著提升了教师的教学热情与群体认同。也就是说,通识课程教师共同体的结成,要特别注重制度规则层面的设计和管理组织上的工作,从而使教师们在通识教育群体中找到同道、交到朋友。

我们还注意到,随着通识教育改革的不断深入,先驱大学的教师共同体已逐渐形成气候,校际交流也变得更有深度,不同大学的通识教育教师之间也越来越熟识。以"大学通识教育联盟"为例,该联盟定期举办的交流研讨会、开发多种媒体形式、对杰出者的奖项评选等,都促使通识教育越来越像一个具有自觉自律的专业学术行会。这标志着中国大学通识教育教师共同体的形成。

（七）学生心灵转向与气质变化

理想的通识教育将会使学有专长的大学生产生怎样的变化？首先，这种变化是内在的，它并不像学会开车、学会一门外语那样，属于显而易见的有用技能。知道许多经典知识，比如知道孔子说了什么、柏拉图说了什么，也不能以之来证明通识教育的效果。这就是说，对通识教育进行外部评价是一件十分困难的事情。需要我们通过有深度的访谈和设计讲究的问卷调查来间接地测评。

通识教育的效果往往由学生本人直接感知，意识到其好处即为其核心成效。如果学生从一开始就发现了其中的好处，拥有了看待自我和周遭世界的崭新视野，那么，他便更愿意跟从这种教育的指引，进而获得更大的好处，从而开辟新天地。在这个不断递进的过程中，学生不知不觉地成为了一个新的自己，特别是他拥有了开放的求知心灵，掌握了基本的求知方法与途径。这是一种内在的，能够自我引导、不断自我更新的效果。

可能有人会问，这种效果似乎本来就是"教育"所追求的目标，通识教育的特征如何体现呢？一般认为，通识教育与专业教育相对，专业教育使大学生在求知方面突飞猛进，但另一方面，又把大学教育从开阔的天地逼入狭窄的隧道。现实中的专业学习隐含着局部深入的范式，以及面向职业应用的导向。也就是说，通识教育提供了与专业教育完全相反的导向，即贯通的、体系化的、不自设边界的求知欲（对应专业），以及不把受教育、涨学问当作实现其他目的的手段或途径，学习不问用处，只求善好的观念（对应实用）。所以，通识教育所能带来的独特贡献，便是在学生原本只有"目的—手段单箭头"的心智模式中注入复杂性，打开更多维度空间，使学生转头四顾，尝试漫游，然后再次认识自我。我们认为，通识教育是大学本科教育的必要环节，但并不因此而取代专业教育，每所大学、每位教师、每个学生都要在通与专之间找到适宜的平衡，这才是现实之道。对学生而言，如果不能在大学教育中真切地认识到不同的价值取向，只有世俗成功的欲望，或者只看到专业化的"单箭头"，那么，他就没有机会真正认识自我和世界。如果学生只见过一种，或者从来没有见过"好的东西"，这将是教育最大的遗憾。

从哪些方面去看学生的"气质变化"？我们将之概括为以下若干方面。

第一，不限于专业领域，能养成普遍的智识习惯。"博学之，审问之，慎思之，明辨之，笃行之"（《礼记·中庸》）是关于读书人的智识习惯的精当概括。其中，博学、审问、慎思和明辨是学术研究中所能培育的理性能力，而笃行能力还要通过进入生活的经验世界才能培养。其知识储备、思辨能力和判断力不仅要用在理论、文献、数据等学术工作的对象上，更要用在反观自身以及身边周围的生活之中。他对自己已经掌握的和尚不了解的事物都有比较清晰的把握。在访谈中，我们会观察学生对这类问题的理解的反应，例如，你"接下来想要去读一本什么书""要去学什么、看什么""要去做什么事"，并追问其背后的想法。

第二，能够对商业社会、大众媒体、数据智能所营造的流行价值进行批判性反思，对成功学保持谨慎的怀疑，而不是不假思索地以此为目标。一些没有受到通识教育，但拥有雄心壮志和相当才干的大学生容易陷入流俗的意见之中，这就相当于把一个中学生的见识设定为人生目标，然后让一个大学生不去多想，不停地劳作，赌上全部的青春年华去奋斗追求。比如，一种流行于年轻人中的目标——"财务自由"就是一个例子。当然，大学生要从大环境的天罗地网中挣脱出来，成为独立的思想者是极为困难的，但大学通识教育至少要带给学生一种刺激，让学生见识到不同流合污的方式不只有"躺平"，还有许许多多更有意义的理想可以追寻，更深思熟虑的道路可以走。

第三，学生的气质变化最终会体现在他的择业与辨志之中。因此，通识教育不是提供一个菜单，让学生尝试口味、择其所好，而是使学生在自己生活的重大选择中更加成熟，能够对自我、家庭和社会负责，成为一个负责任的人。所以，择业与辨志是自我教育的一部分。通识教育所能带给毕业生的，正是这种严肃的内省与自我教育。

（八）亲其师，乐其友

我们还要留意学生和师友的关系。《礼记·学记》云："故君子之于学也，藏焉修焉，息焉游焉。夫然，故安其学而亲其师，乐其友而信其道，是以虽离师辅而不反也。"具有精神力量的通识教育并不是一个一个地去改变学生，而是要形成大学之外没有的那种群体氛围和心心相印的师生、同学关系。发达的专业化使大学中人各行其是，甚至相互隔膜。通识教育必须重新将大学里的所有人汇聚到一起，形成真正的共同体。一个人要找到自己真正的老师和朋友，大学就是最佳的场所。具有通识精神的大学，也是帮助学生锻炼如何与他人相处，如何成为别人的兄或弟、师或徒的精神家园。

纽曼曾生动描绘了大学的理想图景："一大群学识渊博的人埋头于各自的学科，又互相竞争，通过熟悉的沟通渠道，为了达到理智上的和谐被召集起来，共同调整各自钻研的学科的要求和相互之间的关系。他们学会了互相尊重，互相磋商，互相帮助。这样就造就了一种纯洁明净的思想氛围。学生也呼吸着这样的空气，尽管他本人只攻读众多学科中的少数几门。"[1]

如果大学无法使教师和学生在日常过程中建立起情感纽带，在分歧中体会到相互需要，并拥有共同的归属感，那么，在学业上自我尊重的个人就会如托克维尔所说"在任性与奴性之间来回摇摆"，这种严重的道德缺陷不仅危害大学与社会，而且也使通识教育沦为虚荣的文化装饰，成为徒增傲慢的意见空谈。因此，我们建议关注大学里的师生关系、同学之间的友谊、教师之间的共鸣，以及校园传统的承续，这种代代相传的"空气"才是大学通识教育真正的土壤和归宿。

---

[1] 约翰·亨利·纽曼：《大学的理想》。

第二章

中国大学通识教育的谱系

随着改革的深化与推广,中国大学通识教育发育出了更加丰富的形态,本章尝试从分类、分层的谱系化侧面加以分析解读。在起步阶段直观可见的是,对于学科结构、资源禀赋和师生规模不同的大学,通识教育建设的路径不同,所面对的挑战与困难也迥然有别。作为人文通识教育的"标杆",第二节针对精英教育理想中以人文经典为核心的大学通识教育在中国的生成与探索、理想与困境。研究通过对骨干教师的访谈来呈现,既着眼于具体的教与学,又涉及大学通识教育与中国古今文明前途。随后,第三节讨论了一种新兴的模式——以写作课作为大学通识教育的主力。这种做法得到了许多理工科见长大学的支持,也取得了有目共睹的效果。我们尝试在整个大学通识教育的谱系之中来认识这类举措的价值与局限性。

通观全局,中国大学通识教育改革和高等教育大众化几乎同步,这就意味着在上一个时期,通识教育并没有加入精英高等教育的培养结构之中,我们的高教大众化没来得及建立在结构完整的现代大学精英教育基础之上。在近二十年发展过程中,通识教育的加入与高教大众化的展开,两重问题纠结缠绕。第四节希望厘清这个过程,并且说明一个大众化的现代高教体系应当分门别类地包容不同性质的通识教育,还要在理念和目标上泾渭分明,防止混淆。一方面,精英教育的处境如逆水行舟,亟需得到维护和强化。另一方面,什么是优质的大众高等教育所适配的通识教育也应当得到理解与确认,尤其要澄清哪些教育目标与手段是面向大众高等教育的通识教育所特有的。只有说明这一点,才能使之不被轻视为精英高等教育的残次版本。

本章最后的几篇短文共同指向了一个在最近几年得到关注的议题——通识教育与科技创新,文中给出了初步分析与相关事例。首先,通识教育本身就是重要的,并不因为它能支持科技创新才有理由存在。其次,通识教育的影响力与科技创新实力具有怎样的关系,在个人和社会两个层面都应当得到更加充分的研究。

第一节　规模与质量约束下的几种建设路径

到了 2015 年,中国大学教育界逐渐接受了最初步的通识教育观念——"不能只有专业教育"。最好的大学都"有"了通识教育——非专业定位的系列课程,另一方面,仍要承认我们距离理想的通识教育——作为全面地塑造完善人格的教育理念还有不短的距离。于是问题就聚焦在了什么是更好的中国大学通识教育?从无到有之后如何找到继续推进建设的目标与驱动力?

课程和寄宿制书院可以说是中国大学通识教育建设的两大要素,而其中课程建设是改革的重点和难点所在。十多年前兴起的通识教育改革是否将成为强弩之末？我们认为其关键在于课程建设——大学是否满足于开设一定数量非专业定位的选修课。2014年下半年，清华大学宣布成立"新雅书院"，重点建设了几门高挑战度的通识课程[1]。2015年4月复旦大学在第一轮通识教育改革迈入十周年之际，经过两年酝酿，正式宣布启动"新一轮通识教育核心课程建设"，将200门左右的核心课程整合为约50个基本课程单元[2]。我们如何从总体上观察各具特色的改革实践？如何辨析它们的利弊与方向？

一、规模与理念：影响改革路径的两大要因

从某种程度上我们可以说，西方高等教育大众化背景下的General Education脱胎于精英高等教育时期的博雅教育（Liberal Education），那么值得注意的是，中国大学开始提倡并成规模地推行通识教育[3]是在高等教育全面大众化启动之后，这种现代化的育人理念虽然在古典的中国教育思想中找到呼应，却很难找到它最近的被实现出来的前身。也就是说，现在我们提倡的通识教育一方面缺乏在小规模精英高等教育时代的教学经验与文化积淀，如何将理念落实到教学实践需要从头摸索，另一方面，通识教育课程就像所有

---

1 清华大学新闻网："清华大学成立通识教育实验区新雅书院"，http://news.tsinghua.edu.en/publish/news/4204/2014/20140929173835570329645/20140929173835570329645_html。
2 复旦大学新闻网："复旦大学通识教育核心课程新一轮建设工作会议召开"，http://news.fudan.edu.cn/2015/0430/38744.html。
3 笔者认为，中国大学的"通识教育"和西方的General Education具有不同的内涵。虽然在操作上将西方的General Education翻译成通识教育较多见，但文中使用的是钱穆在《改革大学制度议》及梅贻琦在《大学一解》中提出的纯粹中文语境下"通识教育"概念，与西方的General Education理念固然有共通之处，但并不是简单的General Education的中译，而是指这种教育理念在中国的对应物。

课程一样面临学生人数骤然大增的压力。这是现今已有十年历史的中国大学通识教育改革至今未能完全摆脱的基本困境。

于是,在精英高等教育时代本有何种育人理念和教学资源,以及大众化后的学生规模,成了大学通识教育建设中必须考虑的两个重要因素。更重要的是,在这两个因素相互影响所构成的张力中,不同大学便有了不同的路径选择。

维度一:纳入改革的学生规模

1999年起中国大学开始大规模扩招,招生总数达159.68万人,史无前例地比前一年增长47.4%,其后2000年的扩招幅度为38.16%,其后几年连续保持20%左右的增幅。现如今,除了北京大学、清华大学、复旦大学等屈指可数的大学每年招生人数维持在3000人左右,多数大学招生规模在5000人以上,甚至超过10000人,其中包括不少一流大学,如吉林大学每年招生超过10000人、中山大学和武汉大学约8000人、浙江大学约6000人。

学生规模对大学通识教育课程建设究竟有多大挑战?我们假设了每年招生规模为10000人、8000人、6000人和3000人的四种大学,假设要求每位学生在四年内没有选择余地地修读2门、4门、6门通识课程或者在150%的范围内选修6门课的四种修读要求,以及20人的小班化课堂、50人的一般课堂和100人的讲座式大型课堂三种课堂规模。图3列出了模拟上述几种情况下大学每年所需提供的课程量:

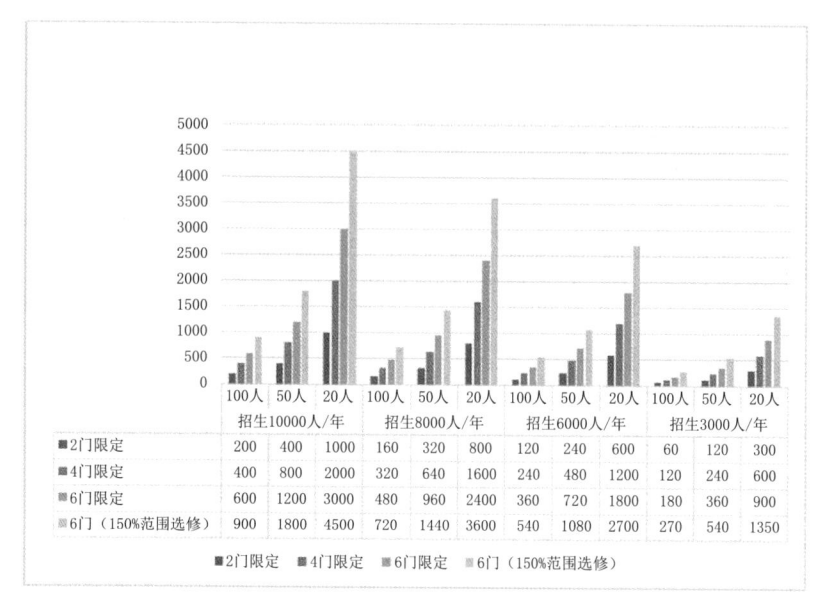

	招生10000人/年			招生8000人/年			招生6000人/年			招生3000人/年		
	100人	50人	20人	100人	50人	20人	100人	50人	20人	100人	50人	20人
2门限定	200	400	1000	160	320	800	120	240	600	60	120	300
4门限定	400	800	2000	320	640	1600	240	480	1200	120	240	600
6门限定	600	1200	3000	480	960	2400	360	720	1800	180	360	900
6门（150%范围选修）	900	1800	4500	720	1440	3600	540	1080	2700	270	540	1350

图 3　模拟各种招生规模、课堂规模和通识课修读要求下大学每年所需提供通识课程的门次数量

可见，对于招生规模上万人的大学，即使只要求每人在四年内修 2 门通识课程，50 人的大课每年需要开出 400 门，并且是没有提供选择余地的情况。对于这样规模的大学，如要实现每人在四年内在一定选择余地下修读 4—6 门平均 50 人的通识课，每年至少需开设 1000 门课——几乎不可能实现。而对于每年招生 3000 人的大学，要满足这样的培养要求则每年开 400 门课就够了。能使每年招生 3000 人的大学达到相当理想状态的开课量，对每年招生上万人的大学只能勉强算有了通识课。对不同规模的大学而言，通识教育从师资与课程遴选、到课程质量管理与提升，难度差别之大可想而知。

当然，通识课程建设远远不只是数量的问题，质量才是改革的实质。当那些本科数万人规模的大学无法对全体学生同时推进时，许多中国大学会像中国经济改革那样采取"试验特区"的方式。"试验特区"不仅能绕开总体资源的约束,也能避免直接触及既有主体利益,最大程度减小改革初期阻力,以新的增量逐渐改变全局重心,将试验经验推而广之。这是近年来中国大学通识教育改革者善用的精明策略,这种特殊情况正是中国大学现实处境的写照。于是,全体规模纳入还是小规模试验区纳入通识课程改革是我们观察不同大学的一个维度。

维度二:理念主义与经验主义

中国大学通识教育改革中理念的落实程度成为一个标志性问题,也有其历史原因。1952年以后,为了更快速地提升现代科学技术实力,也受到政治因素影响,中国大学全面彻底地模仿苏联模式,进行了高度专业化、职业化的改革,许多文理综合性大学通过院系的拆分、合并,成为了理工科大学、行业性大学,人文学科缩小了领地,社会学科几乎淡出学术界。这种强化科学技术学以致用,与通识教育背道而驰的基本格局一直延续到20世纪90年代。但这和我们今天讲的通识教育具有本质的不同。一方面,苏联模式的专业细分化道路越来越无以为继。专家型的教授自身也意识到仅靠专业院系传授过于狭窄的专业知识越来越难以培养出科学创造的接班人,人为的学科划分反而制约了人类探求知识的心智能力。另一方面,改革开放带来了空前的国际视野,以美国的本科通识教育为主,中国大学的教育者重新且更全面地认识到了西方现代大学相对丰富的育人理念与方法。

在上述背景下,2000年初开始的改革从理念上也能大致分出两种出发点,其一是针对现有问题提出改善要求,改革的纲领性论述着眼于现状,在理念目标尚未非常清晰并得到共识之前,先探索式地针对现实问题把工作先开展起来。这种方式具有经验主义的特征。

另一种则由大学领导者创生性地提出一套育人理念或有意识地提倡某一种既成的"先进"理念（哈佛大学的"红皮书"经常被提及），自上而下地发起改革。我们认为这种方式具有理念主义的特征。

为了进一步刻画两种通识教育改革特别是课程建设的路径，我们对理念主义的和经验主义的特征做了概念化的对比，详见表1。

表1

	理念主义型	经验主义型
改革初期举措	通过育人理念的宣传、讨论使之深入人心。	搁置理念上的争议，把操作上可行的工作先实施起来。
管理组织	建立新的组织管理系统。	宽容组织现状，做一些阻力较小的名义上的改变，而尽可能少做实质性改变以避免新旧冲突。
课程体系设计	系统性、结构性很强的层级或分类，重视各层级分类的凝练性、整体完备性。 所有课程进入各类别层级分布后最终统合在总体育人目标之中。	各式各样相互间关联不明的选修课。不分类或仅分大类，课程总体系统性、结构性很弱。 所有课程指向分散，难以凸显一个统一的育人目标。
修读要求	系统的、限定顺序的、修读要求细致的必修课。	允许零散的、无修读准备的选修。学生选择余地很大。
师资与课程建设	按照育人理念要求教师自我革新或聘请新的师资。全面采用新的教学质量标准。 对课程设计有具体严格的准入要求，要遵循其在课程体系内的定位，关注与其他相关课程的联系，且符合总体育人目标。 要求教师按既定通识理念设计、实施教学，并与其他通识课程教师充分沟通、磨合。	最大程度利用现有师资和现有课程进行逐步改造。过程中允许仅部分达标的、或名实不完全相符的课程大量存在。 准入门槛低，具有最低限度的"通识性"就能入围，没有严格的资质审核。 教师可以各教所长，保持原有教学习惯，或按照各自的通识理念实施教学，与其他教师互不相干。

理念主义倾向的路径是自上而下地依据某种自发的通识教育理念建构起一套培养方案和课程体系。其领导者像哲学家那样思考，高屋建瓴地构思最接近理想状态的建设方案。这一方面需要领导者具有足够的权威，对通识教育的理念与理想状态深思熟虑，成竹在胸。同时也取决于原有的非专业指向的人文教育是否具有全校性的精神传统，至少要能够较完整地配备符合理想的教育资源，当然主要是课程。这些条件相当难得，目前中国大学采取理念主义路径建设通识教育的只有个别案例。

经验主义倾向的路径是自下而上地依托于既有非专业指向的各种教育资源，几乎在原地通过改建、扩建或整合，使之逐渐扭转、靠近通识教育的标准和要求。其领导者像政治家那样行动，反复审视、甄别现实课程与师资，并不因其尚不够理想就将其排除在外，反而试图最充分地利用起现有条件，迂回曲折、自我革新地开展建设。经验主义路径从现实出发，只要有了意愿和决心，即使改革初期的理念来自大学外部的启发，也不妨碍建设的起步。因此近年来，当通识教育理念成为中国大学改革的一股风潮，多数大学都采取了经验主义的路径。

这两种理想类型看似截然不同，在改革实践中却并非非此即彼。大学通识教育的建设，必须一方面始终盯住最理想的通识目标，同时也要把握当下中国大学所具有的教育资源与禀赋，不断认识前者，评估后者达到这个目标的能力。理想与现实间的张力总是存在，不同的着力点使大学通识教育建设的路径分化出两种不同的倾向。

二、类型学与案例

如上所述，我们建立了规模和理念两个维度，以此可以区分出三种理想类型（图4），并且为它们分别找到了比较接近的具象化案例来分别说明，分析利弊。

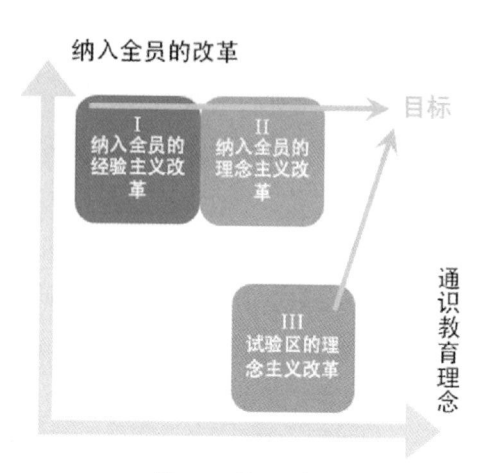

图4 三种理想类型

第一类理想型是纳入全员的经验主义改革。我们可以举出作为通识教育改革前奏的文化素质教育和公共选修为例。

第二类理想型是纳入全员的理念主义改革。我们以目前各所大学的通识教育课程建设中比较多见的遴选"入围"模式，以及相对更具理念主义特色的复旦大学个案为例。

第三类理想型是试验区的理念主义改革。由于小规模试验区的便利性，其改革通常显得比一、二类的做法更加理念主义，我们举出北京航空航天大学和清华大学的新雅书院的个案为例。

图4中箭头示意以不断逼近通识教育理念，且在全校范围达成改革的远期目标方向。

(一)纳入全员的经验主义改革案例：公共选修课与文化素质教育课程

从严格意义上讲，公共选修课与文化素质教育课程的建设先于通识教育的提出，但这两种实践确实是针对人才培养过于专业化的纠正，并且为后续通识教育课程建设打下了基础，产生了直接的贡献。所以广义上我们将这些实践作为经验主义的前奏囊括进分析框架。

20世纪末，教育部开始大力提倡的"文化素质教育"理念[1]。它诞生于对过度专门化教育的反思[2]，囊括了一系列专业教育无法提供的育人目标，主要体现了纠偏而非指引的立意。经过最初几年的实践总结，"文化素质教育"理念得到了如下官方阐释："我们所进行的加强文化素质教育工作，重点指人文素质教育。主要是通过对大学生加强文学、历史、哲学、艺术等人文社会科学方面的教育，同时对文科学生加强自然科学方面的教育，以提高全体大学生的文化品位、审美情趣、人文素养和科学素质。"[3] 这个界定指出了概念的范围和方向，却未能凝练出一个确切的目标、哲学性的理念或具有规定性的方法措施。可以说，"文化素质教育"是一个以经验主义而非理念主义提出的理念，其优势在于针对实际问题、接地气，不足在于缺乏严格精练的思想理论和足够高远的目标。

同时，中国大学导入了与学分制相配套的公共选修课制度。在多数大学，这种在成体系的专业课程之外有一定学分供学生任意选修非专业课程，以发展业余兴趣，扩大知识面的做法就是"文化素

---

1 周远清：《大学素质教育：源头·基础·根本》，《中国大学教学》2014年第5期，第12—14页。
2 曹莉：《关于文化素质教育与通识教育的辩证思考》，《清华大学教育研究》2007年第2期，第27—32页。
3 中华人民共和国教育部：《关于加强大学生文化素质教育的若干意见》，教高司〔1998〕2号。

质教育理念"的操作化。不难发现，公共选修课几乎不设准入门槛，只要它是面向公共的，非面向本专业的就可以。由于一般大学非专业课的资源相当匮乏，更不用说提供分类均衡整全的课程体系，公共选修课能够最大化地接纳课程，所以成了许多中国的大学最具可行性的方案。对大学和教师而言，虽然不具有高端、严格的育人理想，公共选修课实实在在成为了探索如何把自己的专业知识、能力、思想传授给非本专业学生的孵化池。对学生而言，他们至少在专业之外打开了从不同视角观察世界和人生的小窗户，聊胜于无。

1999年起教育部先后批准在157所高校建设93个国家大学生文化素质教育基地[1]，几乎所有基地大学都会在这个名义下开始文化素质教育选修课和讲座。历史地看，从公共选修课到有政策支持的文化素质教育课，问题指向越发鲜明，它们堪称是中国大学本科教育逐渐转向通识教育的前奏曲。然而，由于缺乏更高的育人理念引领和质量管理，这类课程往往是浅尝辄止的概论课，学生只是听到了更多似是而非的观点，课上二手、三手的解读甚至遮蔽了我们面对大问题时自然的敏感、紧张与焦虑。此类选修课很难使学生的心智得到扩展和启迪，而"文化素质教育"这个理念也在实践中被腐蚀，与专业教育相比较时被多数师生轻视了。由于政府的大力提倡和既成事实的课程建设，许多大学通识教育的开局不得不在"文化素质教育"的名称下、在既有的不被重视的非专业选修课的领地内自我突破地原地重建。

止步于经验主义意味着满足于唾手可得的初步共识，使通识教育理念停留在未加甄别的宽泛、低矮、消极补缺的状态。通识教育

---

[1] 中华人民共和国教育部：《教育部办公厅关于在高等学校增设国家大学生文化素质教育基地的通知》，教高厅〔2005〕5号。中华人民共和国教育部：《国家大学生文化素质教育基地名单》。

没有专业教育那样的学科共同体，很容易自我松懈，放弃对更高质量、更卓越境界的追求。而来自于外部的，或者行政方面对通识教育的评价和管理往往只能做到低层次的合格性评估。由此，经验主义起步的通识教育建设非常容易在从无到有之后失去动力，达标即止。"取法乎上，仅得其中"，一所大学如果不在实践过程中内部培养出对通识教育更深的体认，不兼顾理念主义那种统领全局的改革气魄，那么通识教育的建设就很难做到一流。

（二）纳入全员的理念主义改革案例："入围式"课程建设与复旦大学的"课程单元"

理念主义路径的首要问题是对多数中国大学来说并不直接可行。其一，现有的学科分布是否在通识育人的意义上相对比较整全、均衡？其二，现有的师资群体对通识理念是否深度认同，并有能力将总体理念转化为各自在教育教学上的作为？其三，在大众化后的高等教育及其社会背景下，大学的通识教育"要培养什么人与如何培养"的愿景，与该校学生自己"想成为什么人并愿意为之付出多大努力"等目标定位在多大程度上得以匹配？一所大学至少在以上三方面都具备一定基础才值得将理念主义道路纳入考虑。严格意义上讲，现实中所有改革都具有经验主义的因素，条件相对成熟的个案只是更具有理念主义倾向，完全脱离经验主义的改革只能存在于理念之中。

实践中我们发现，许多大学的做法是从上述公共基础课、文化素质课和专业基础课（如数学、英语）等现有非专业课程群中，逐步收集遴选比较符合通识理念的课程。这是在低质量的放任选修课与缓慢地完全按照通识理念设计课程之间的折中方案，通过专家遴选机制，给予通过认证的通识课程奖励和荣誉，促使更多的选修课向通识标准靠拢。这种"入围式"的通识课程建设实质上是经验主义到理念主义的过渡。将被选中的称为通识共同核心课（中山大学）、通识必修课（武汉大学）或 A 类通识课（北师大），其余称为公共选修课或一般通识课。"入围式"的做法有力地推动了全校性的课程改革，使得通识教育的课程总量基本满足了所有学生通识学分的需求（人民大学 11 学分，北师大 12 学分，武汉大学 12 学分，中山大学 16 学分）[1]，但细分到类别的质量建设往往还存在不足。武汉大学、中山大学每年招收多达 8000 人左右的本科学生，中山大学还有几个分隔在不同城市的校区，庞大的学生数和校区的分割都对提供全校规模的通识课程构成很大难题，通识课的教学管理者常常需要为开课量不足而努力动员。

综合来看，全校规模推进通识课程建设的大学中，相对更具有理念主义特色的是复旦大学。复旦大学较早地提出构建了含六大模块的通识教育核心课程结构："文史经典与文化传承""哲学智慧与批判性思维""世界视野与现代化认识""科技进步与科学精神""生态环境与生命关怀""艺术创作与审美体验"，并于 2006 年 9 月推出首批 50 门通识教育核心课程，多数遴选自原有的共通选修课中较符合通识标准的课程[2]。可以说，核心课程六个模块的设计是理念主义的，但模块内容的充实，课程及其师资的来源不可避免地具有经验主义的做法。在学生的修读方面，要求各模块至少选修 1 门核心课（共 12 学分）以保证每位学生都全面涉猎过复旦提供的整个知识体系。

改革几年后，复旦的改革者开始总结反思通识核心课实施中的问题。择要而论，课程体系叠床架屋、总体理念与模块目标联系模糊、

---

[1] 依据中国人民大学、北京师范大学、武汉大学、中山大学的本科培养方案。
[2] 参见复旦大学通识教育以及内部资料。

课程质量参差不齐，存在"因人设课"现象等问题。这些问题可以说是"入围式"的通识课程建设同样面临的。

于是，经两年酝酿复旦于2015年4月正式推出以"课程单元"的建设为核心的新一轮通识课程改革。此次改革的愿景是进一步明确理念，梳理从理念到课程体系乃至具体课程间的关系，精练结构，精细落实。其重点在于，核心课程的每个模块中不再是一门门独立的课程，而是一套有系统的"课程单元"。从总数近200门只有分类相互间没有明确关联的核心课程，改革为大约50个课程单元，例如第一模块"文史经典与文化传承"下设六个课程单元（先秦诸子、经与经学、史部名著、古典诗文、白话传统、近代经典）。课程单元下再设多门统一课纲的平行课或有机关联的课程组。从模块到"课程单元"，再到具体课程，通识核心课程表从"菜单"变得更像"地图"。

比"入围式"的消极管理更进一步，复旦的改革试图用"课程单元"将来自不同专业院系的授课教师以共同的通识教育目标组织起来，用类似于集体备课、跨专业教研室的模式，将课程的管理权和资源支持都投入到"课程单元"而非具体课程或授课教师个人，使通识课程的教师有一个共同体，在共同体内部实行自治。每个"课程单元"都有召集人，需要提交经过商议达成的共通课程大纲供校级委员会审议。这种对课程的管理力量既不会死死限制住教师，也通过教师间的互动产生质量上的牵制，避免教师自身专业属性可能潜移默化地消解通识教育的理念与教学要求，使通识课程及其师资在精神上保有不易分化的凝聚力。

对学生而言，这一轮改革强调在通识课程的有机体系中通过局部学习体认整体，即使每个学生的课表不同，却都能有意识地浸润在同一套大学提供的知识体系之中，结构完备的课程体系列表本身就具有通识教育价值。只有这样，杂多的通识课程才不至于孤悬于学生既有的知识体系之外，不会只是学了一堆"关于通识"的课程。不过复旦大学的新一轮改革刚刚开始，理念主义的设计得到多大程度落实还有待观察。

（三）试验区的理念主义改革：北航的实验班与清华新雅书院

北航是一所高水平理工科大学，以本校原有的文科师资很难提供足够丰富全面的全校性通识课程。2000 年，北航设立了每年 30 名学生的"知行文科实验班"作为先行者负责通识教育模式的探索。2012 年起，北航又设立了社会科学实验班和文科实验班一起成立"知行"书院[1]，在这个范围内（每年约 300 人，接近全校每届学生的 10%）推行通识教育。由于原本几乎没有文科教育，北航通过新建学科和实验班的模式得以在现有课程体系之外，从头开始建设通识教育。还聘请了北京大学、清华大学、中国人民大学等高校的著名教授兼职以充实课程。2013 年开始把人文社科实验班的通识教育逐步推广到全校。

2014 年 9 月清华大学以试验特区的形式建立了包括生命科学专业、力学专业、城市建筑规划专业和法学专业部分学生共计每年 200 多人的新雅书院项目。学校为该项目专门设计了 4 门高标准的通识教育课程（《史记》研读、早期中国文明、法律与文学、艺术的启示）[2]，供试验区内的学生每学期选 1 门。这几门课坚守最高的质量标准，其学业挑战度远高于过去的文化素质课、公共选修课，需要大量的课外阅读、写作等练习，强调人文课程对理工科学生在思想

---

1 通识教育课程建设委员会：《北京航空航天大学通识教育白皮书》，2013 年 12 月 20 日。
2 清华大学新闻网："清华大学成立通识教育实验区新雅书院"，https://www.tsinghua.edu.cn/info/1173/18325.htm，2018 年 3 月 25 日。

和人生体悟方面形成真正的冲击。和北航相似，这些设计意图鲜明，能够胜任的教师又很少，稍具规模就需要去校外聘请。

我们认为北航和清华新雅书院的做法比复旦更具理念主义，但规模要小的多。在小规模试验区内，高度理念主义的课程设计得以实现，同时却因为只能提供数量不多的通识课，学生的选择十分有限，甚至难以构成完整的课程体系。我们发现，理工科占压倒性优势的大学可以另辟蹊径地采取小规模实验班的模式，以很小的阻力直接兴建通识课程。这种实用主义的起步策略是明智的，但是仅此不足以确保改革的最终到位。教育改革终究不能只做增量，终究要惠及全体学生。对清华、北航这样的大学而言，更大的潜在挑战是通识教育要以较高的质量标准在专业教育课程量很大的工科人才培养中占据一席之地，要在人文氛围较弱的理工科院校中得到全面承认，将面临空前的阻力——最需要通识教育改革的又恰恰是理工科大学。这可能是中国大学通识教育改革最大的难关。

三、小结

以上，我们人为地从中国大学通识教育建设过程中提炼出全体模式和试验区模式、"经验主义"和"理念主义"，以及基于这个框架的三种理想模型（ideal type）分而析之。这种分类界定不是为了将案例分类固化，贴上标签，反而是致力于推动发展。我们在分析框架中标出各种类型的相对位置，是为了找准进一步发展的方向。通识教育从本质上是一种理想主义，它的目标足够高远，所有案例大学都还需要长期的努力，事实上全世界所有大学都不能说达到了目标。所以，最重要的是找准自己的位置和方向，从相对的优势和劣势中获得不断提升的动力。

现实中没有一种改革能脱离实际或忽视理念而行得通。我们举出的通识教育课程建设与改革路径在理念主义与经验主义上只存在倾向性特征，而不可能彻底地截然两分——理论上它们都处在一个连续的光谱中。经验主义路径更符合现实，起步的阻力小，能被多数大学采纳，但如果始终缺乏整全的育人理念引领，就会止步于粗浅平庸的目标，让学生在专业"正餐"之外品尝几口"甜点"；理念主义路径更接近理想，条件不易具备，既需要创造性地建构扎根文明传统的现代全人教育理念与可行方案，也要像经验主义建设者那样不断在执行和落实上下功夫，避免使通识理念在师生眼中沦为夸夸其谈。

我们也发现，如果将改革限制在小范围试验区内实施，可以使整体上条件不足的大学轻快地落实更理念主义的改革措施，特别是在原本文科规模非常小的理工科大学。其好处是绕开主要阻力，使改革理念更大程度地落实，试验区的成功经验还能有力地说服保守者。但是，少部分学生实施通识教育和全校大规模实施通识教育可能本质上不是一回事。并且，进入试验区的学生通常带有选择偏向，比如综合成绩更优秀的，更认同通识理念自愿加入的或者专业本身更接近人文的学生。试验区的一些经验很可能不具有推广性，试验区的成功不代表真正难题已经被攻克。

通识教育在中国大学大体上都采取了经验主义的开端，经历了五至十年"摸着石头过河"的阶段。明智的决策者会基于本校现有的资源禀赋，因势利导在需要的阶段调整倾向，灵活地兼取各种路径的优势，避免僵化固守是改革成败的关键。从经验主义出发适当地融合理念主义，从局部试验区推广到全校规模，我们试图描绘了中国大学在通识教育改革中不断逼近理想的路线图。现在，一些先驱者已经到了反思、转型、基于文化自觉而创造性建构的时刻。

第二节　精英大学人文经典课程的理想与现实

如何使人文教育重新回到中国现代大学,使一流大学能够承担起联通古今的文化使命？国内通识教育改革的兴起与这一大学理想有着直接的联系。一批任教于顶尖大学的文科学者是这一倡议的核心人物,他们身体力行地开展教育试验,使越来越多的大学教师与学生受到感召。在最初"通识教育"这一概念还不为人所熟知的情况下,"中国大学人文教育"一度成为其代名词。[1]

二十年来,多重力量共同促进了大学通识教育的推行,提倡研读人文经典。在思想与认识方面,《大学通识教育的纲与目》[2]为代表的一系列文章对人文经典的教育价值、美国名校的范例、教学实践的具体方法等做了有力的推介[3]。同时,这些具有共通思想意识的学者每年暑期开办"通识教育讲习班",面向对通识教育感兴趣的各类师生和教育管理人员。每次讲习班开展约10次课程,由知名教授带领细读5部左右的中外经典,随后开展小组讨论。该讲习班持续举办了十多年,影响辐射全国,使许多学员对经典文本的教与学有了切实的体会与收获。[4] 在正式制度方面,复旦大学率先推出"六模"核心课程,一批人文经典课程成为"六模"的特色,许多课程名称

---

[1] 甘阳:《大学人文教育的理念、目标与模式》,《北京大学教育评论》2006年第3期,第38—65页,另第189—190页。

[2] 甘阳:《大学通识教育的纲与目》。

[3] 参见如下文献,赵晓力,吴飞:《〈莎士比亚与政治哲学〉:一次以经典细读和小班讨论为核心的通识课程试验》,《国外文学》2006年第4期,第17—37页;蔡达峰:《我们的通识教育:关心人与社会的发展》,《读书》2006年第4期,第12—19页;郭齐勇:《浅谈大学人文教育、国学教育的课程设置》,《读书》2006年第4期,第19—25页;舒炜:《文化自觉:大学本科教育理念与经典阅读课程》,《读书》2006年第4期,第26—31页。

[4] 吴飞,赵晓力:《作为文化事业的通识教育——"全国首届文化素质通识教育核心课程讲习班"综述》,《北京大学教育评论》2007年第4期,第102—107页,另第186—187页。

即为经典作品的名称,随后形成了一部经典讲十多年的传统。北京大学、清华大学的多位著名学者都为了通识教育站上本科讲台,以讲解领读经典著作的形式开出新课。我国台湾地区的黄俊杰[1]、香港中文大学的梁美仪[2],与大陆热心通识教育改革的一流大学开展深入的经验交流,撰文介绍了人文经典课程的重要教育价值以及行之有效的教学方式。2018年,武汉大学在其前几轮通识教育模式的基础上,借鉴了复旦大学和香港中文大学的做法,专门编制经典论著教材,创设"人文社科经典导引"和"自然科学经典导引"两门经典导读课程和系列模块课程,该课程为全体大一学生必修课。在著名学者的引领及重点大学的示范效应之下,人文经典课程成为中国大学通识教育的标志性课程模式。

人文经典教学在本科通识教育实践中逐渐形成气候,许多高水平理工类大学也开始重视人文经典,但对制度化地开设课程、设置学分保持谨慎。由于能够驾驭经典文本教学的师资不足,一些大学组织进行集体备课以培育自有教师队伍,另一些大学则会通过购买在线课程来提供经典导读类通识课程。随之而来的问题在于,教什么、教给谁、如何教,以及为什么而教,这些基本的课程与教学理论尚未得到界定和澄清。人文经典类型在通识课程中究竟占据怎样的地位?有怎样的适应范围?其课程设计依据、教学质量标准是否具有共识?这些实践中绕不开的问题仍较为模糊。

缺乏适应于本土的课程理论将限制大学通识教育的实践效果。根据笔者的观察,国内通识课程建设中"课程论"比"教学论"更

---

1 黄俊杰:《大学通识教育中经典教育的挑战与因应》,《高教发展与评估》2008年第2期,第1—3页,另第120页。
2 梁美仪:《经典阅读与人文素质:香港中文大学通识基础课程建设的思考》,《大学素质教育研究会2012年会暨高层论坛论文集》,2012年,第219—231页。

为薄弱。以俗称的"通识水课"为例,其绝大部分在最初的课程设计层面上就已存偏误,只需改善教学的"通识水课"仅为少数。有个别文科学者提出质疑,认为即使是为了培养文科人才,也不能过度重视经典教学,而应当更多结合思维训练、思想史和经验主义传统等。[1]在大众化高等教育的背景下,人文经典课程恐怕既不是唯一的、也不是普遍适用的通识课程模式。我们需要更加切实地认识这种标志性课程教学模式的现实基础,才能使之得到恰如其分的应用。

研究方法方面,规范性研究,即根据某种教育观念来演绎出一套课程理论,或是比较教育研究,即介绍某种舶来的课程教学论,均存在明显的不足。这些研究方法具有与实践脱节的风险。本节主旨在于立足实践,尽可能忠实地记录并分析一些骨干教师的教学行动与思考,寻求对于下列关键问题的答案:教师自己的通识学问和通识意识源自何处?他们如何观察当下的新一代学生?他们的学问通过教学互动又经过了怎样的催化、发育与反思,构成了相对成熟的课程教学思想?他们的通识教育自觉在何种程度上形成了共识,又存在哪些悬而未决的问题?通过这些讨论,探索中国大学通识教育课程与教学论的实践基础与理论潜力。

一、人文经典通识课程的兴起

中国大学人文经典通识课程的建设有两个主要的驱动因素。其一是受到来自美国高等教育界的刺激和启发。在美国的教育体系中,本科教育被认为是铸造心智的关键环节。自宗教经典从大学课堂退

---

[1] 徐英瑾:《经典阅读,还是论证训练?——对中国的西方哲学教育的反思》,《学术月刊》2010 年第 6 期,第 35—42 页。崔乃文:《在经典与经验之间——对通识教育经典文本教学方法的反思》,《扬州大学学报(高教研究版)》2018 年第 6 期,第 98—104 页。

场后，研读古典文明的经典以及以此为源头的各个历史时代的经典作品被认为是最有力的方式。到了20世纪，美国大众化的高等教育中依然保留着一部分具有传统精英教育色彩的人文教育。《哈佛通识教育红皮书》在二战胜利的曙光中问世，这份报告书立足于教育的大幅普及和建设自由民主社会的理想，全面地阐述为什么一个现代化发达程度越高的国家，越需要依靠传统经典来维系社会。以芝加哥大学[1]、哥伦比亚大学[2]和圣约翰学院[3]为代表，这些院校一度将西方人文经典名著置于本科教育体系的中心，通过核心文本课程（Core Text Curriculum）等制度化方式使所有学生都具有一套共同的修养。

几十年后，当大众化与市场化、专业主义以及文化相对主义占据美国高等教育的主流，人文经典教学的地位式微之时，艾伦·布鲁姆的《美国精神的封闭》和哈瑞·刘易斯的《失去灵魂的卓越》等批判性著作震撼问世。他们敏锐地觉察到，大学里发生了文化危机，并将其联系到美国作为现代国家所面对的最深刻的文化危机。[4]随着时间的推移，这些看似尖锐的批判与反思越发显示出其预见力。在现代化的滚滚洪流之中，美国始终有一批知识精英以大学为据点坚守西方文明传统。

改革开放十多年后，中国大学里也日益有更多教师认识到这一文化保存的使命。不仅如此，由于近现代以来中国传统的学术与文

---

1 "The University of Chicago". Humanities Core, https://college.uchicago.edu/academics/humanities-core.

2 "Columbia College, History of the Core", https://www.college.columbia.edu/core/timeline, (2022-06-21).

3 "St. John's College, St. John's Undergraduate Program", https://www.sjc.edu/academic-programs/undergraduate, (2022-07-19).

4 参见如下文献，艾伦·布鲁姆：《美国精神的封闭》，战旭英译，南京：译林出版社2007年版，第9—10页；刘易斯：《失去灵魂的卓越：哈佛是如何忘记教育宗旨的》，侯定凯等译，上海：华东师范大学出版社2007年版，第15—16页。

教曾遭遇到多次中断和多重移植，古代经典系统支离破碎，文化延续的问题比美国更加深刻和紧迫。"要把从民国以来断裂的文化传统重新作现代整理，走'中西并举'的道路，以此逐渐形成我们大学的'核心课程'传统，使中国大学成为中国文明的担纲者。"[1]这种试图通过大学教育保存文化血脉的意识成为了通识教育改革，特别是在一流大学推行人文经典课程的重要动机。

其次，直接精读经典原文的教学方式也得到不少文科专业教师的推崇。过去，教师在文科课程中常常把经典作品及其背后的复杂背景脉络简化为教材中的章节，其教学法以二手文献的转述和综述式的讲解为主，以至于学生对经典作品的学习仅停留在听说过名称、了解过主旨大意、背诵过知识考点等层面。这可能是受限于当初真正有能力讲授这些经典的教师数量，加之学生对经典的理解能力较为薄弱，于是不得不简化原文讲解、迁就学生的接受水平。局限于教材的学习并不是理想的文科教学。一流学者对这种教学早已不满，认为其效果甚至不如自学。[2]"取法乎上，仅得其中。"借助通识教育改革的兴起，提倡读经典原文，直接感受原作者的思想与人格魅力，同时体察教师对待经典的态度，学习与经典展开对话和学术论辩的方式，这些做法都能显著提升文科教学水准，有利于减少"水课"。[3]

在上述因素推动之下，人文经典课程的建设仍有许多困难。教材是为了课程教与学而专门编写的，它要兼顾制度化的课时安排、教师的课堂讲授便利性以及学生的领悟能力；而经典文本本身并不是为现代学校的课程而撰写的，它既不容易教，也不容易学，它的

---

1 甘阳：《大学人文教育的理念、目标与模式》，《北京大学教育评论》2006年第3期，第38—65页，另第189—190页。
2 甘阳：《大学通识教育的纲与目》，第1—6页。
3 陈廷柱，张静：《国内外高水平大学通识教育课程改革的基本走向》，《高等教育研究》2016年第11期，第98—103页。

篇幅体量大都不符合学校课程制度，它的思想深度和复杂性也不太适合大众化的阅读兴趣与思辨能力，并非任何一个识文断字的学生都能轻易成为其对话对象。更深层的困难还在于，诵读和教化不再适合作为经典教育的主要目的，现代人的心灵状态对古老的人文教育提出了两个挑战："一是经典文本教育必须与每个人对于个人心理、社会生活乃至人类处境的经验感受结合起来；二是这种结合必须融入科学的理性认识，必须依据专业化的研究路径而展开。"[1] 综上，如何使经典巨著在现代大学里实现课程化、教学化是本研究关注的重点。

二、研究过程

（一）以教师为观察中心

综合现有的课程理论可知，一般课程开发会受到五个方面的影响，包括国家对意识形态的约束、社会对知识与文化的需求、院校与学科的组织传统、教师的教学自主性，以及学生对课程的接受与反应。[2] 本研究重点考察其中教师的决定性影响。

首先，在研究具体课程如何发挥作用时，教师的学问与教学信念一向十分关键。职业身份赋予了每位教师"传道讲学"的威信，课堂教学总是在此前提下由个体的教师和学生一起在现场构建起来。由政治或行政权威设定的统一课程标准及其配套的教材、教辅能够对课程教学构成一定的约束，却不能完全限制教与学的自由互动与适配。国际上有许多事例反映，自上而下的激进教育改革如果

---

[1] 渠敬东：《"经典"与"经验"的科学：本科教育的精神》，《北京大学教育评论》2017年第4期，第23—37页，另185—186页。
[2] 钟启泉：《现代课程论》，上海：上海教育出版社2015年版，第361—374页。

没能首先使一线教师的教学信念扭转过来,就会在课堂上受阻,无法传递给学生,导致改革效果大打折扣。[1]

教育是代代相传的事业,教师的教学工作天然地倾向于沿袭过去行之有效的办法。有责任心的教师总是擅于从自身求学经历出发来设想学生的需求,根据自己所受的教育为范本模仿自己敬仰的老师的做法。当然反过来看,这种普遍存在的惯性也往往成为教学改革固有的难题。

中国大学通识教育的特殊性在于,这一改革并非由国家行政部门发起,没有统一课程标准、教学大纲。在改革的早期,社会对这一新兴概念还比较陌生。在过去,本科阶段并不存在通识教育的环节,通识教育也没有院校传统或专业学术共同体的规范。所以,来自国家、社会和院校的影响都不是我国通识教育改革主要的因素。国内通识教育改革动力主要来自一部分大学教师的自觉,他们意识到过去教育中存在欠缺,希望通过自身努力对下一代加以弥补。于是,大学教师在开发通识课程时既没有受到太多约束,也没有上一代课程教学范本能够直接用以参照。他们拥有相当的教学自主权,同时也面临着开拓者所有的挑战。基于这些原因,通识骨干教师成为了本研究的关键对象。

(二)调查对象

本研究关注通识教育教学行动及其背后的思想和意义,对活跃在中国一流大学通识课程讲台上的骨干教师展开深入的访谈。以中国一流大学为范围的原因有二。一是在大学通识教育的名义下存在

---

[1] B. 霍尔姆斯,M. 麦克莱恩:《比较课程论》,张文军译,北京:教育科学出版社2001年版,第5页。

精英和大众两种指向，¹ 精英通识教育更具有理论上的典型性。二是考虑到实践的完整性，中国大学开展高质量的通识教育条件在总体上还十分匮乏，相对而言，文科和理科师资阵容较完备的大学更有条件先行探索实施。因而一流大学的通识教育与课程建设更加成熟，从而能够更好地作为观察和反思对象。

通过前期的研究我们已经发现，中国大学通识教育改革最初的倡导者和践行者，如参与了复旦大学、北京大学、武汉大学、中山大学、北京航空航天大学等的通识课程组织建设的老师，都是人文学科背景的教授，特别是来自哲学和中文学科。这一点与大学文化素质教育改革的倡导者多为著名科学家有所不同。² 这种差异可能与通识教育的课程内容生成有直接关系，因此我们将研究的访谈对象设定为人文学科背景的教师，并略加拓展至具有人文色彩的社会科学，如社会学、人类学、法学。

我们也根据年龄和从教经历来选取访谈对象。预设的年龄范围是 40 至 55 岁，这个群体本身就是当前大学教师群体的中坚力量。他们大体出生于 20 世纪六七十年代，随后在该世纪九十年代至 21 世纪初上大学本科及研究生，他们成为教授、副教授之时正逢通识教育改革兴起之际。比他们年轻的教师群体有可能在本科时期已经接触到大学通识教育，比他们年长的教师群体通常在通识教育改革兴起之前就已经在工作中形成了大学教育观念和课程教学惯习。同时，我们选取的受访教师都积极投身于通识课程教学，绝大部分都有 6 个学期以上的开课经验，最久的通识课程讲授经验超过了 10 年，并且，他们的课程评教成绩长期处于所在学校通识课程的前 20%。

---

1 陆一：《学业竞争大众化与高考改革》，《教育研究》2021 年第 42 卷第 9 期，第 81—92 页。
2 陆一、杨瞳：《高教大众化视野下中国大学通识教育发展的理论分析》，《清华大学教育研究》2020 年第 41 卷第 4 期，第 12 页。

基于以上设定和实际条件限制，我们在 2021 年 8 月至 2022 年 3 月完成了 18 名通识教育骨干教师访谈，具体情况见表 2：

表 2　通识课程骨干教师访谈名单

姓名	当前从教大学	学术工作所属专业	主讲通识课程名称
丁耘	复旦大学	西方哲学	《理想国》导读
仇鹿鸣	复旦大学	历史学	《三国志》选读
白彤东	复旦大学	西方哲学	西方道德哲学原著选读
孙飞宇	北京大学	社会学	国外社会学学说
李猛	北京大学	伦理学	西方政治思想——古代 哲学导论
苏德超	武汉大学	西方哲学	哲学核心问题
吴飞	北京大学	人类学、社会学	西方政治思想——中世纪 《理想国》导读 宗教学导论 中国礼学史
吴国武	北京大学	中国语言文学	国学经典讲论
张双利	复旦大学	西方哲学	《共产党宣言》导读
赵晓力	清华大学	法学	法律与文学
郁喆隽	复旦大学	西方哲学	《新教伦理与资本主义精神》 导读
姜鹏	复旦大学	历史学	《资治通鉴》导读
顾涛	清华大学	历史学	《史记》研读 孔子和鲁迅
唐杰	重庆大学	西方哲学	《理想国》 近代西方哲学
郭永秉	复旦大学	中国语言文学	《尔雅》与中国古典语文
郭晓东	复旦大学	中国哲学	《春秋》三传选读
渠敬东	北京大学	社会学	西方现代社会思想 社会研究：经典与方法

注：教师的学科分布和大学分布并不十分均匀，这也反映了中国大学通识教育师资分布的现状。

关于访谈对象还需要说明的是，大部分受访教师相互之间都认识和了解，他们中的一部分在学术和教学工作中有密切的合作与交流，其中有几位更是保持着自学生时代以来的交往。在访谈中，近二十位教师呈现出了多彩多样的个性特征、思考角度、专业侧重和人格面貌，以及他们在不同时期、不同大学的求学经历和教学体会，不过他们的观点在总体上没有出现截然的对立，而是更多表现为相互的补充和印证。这一基本体会也就构成了我们决定采取下文所述的资料分析方式的原因。

（三）访谈与分析

教育学的学理分析通常将课程论与教学论识别为两个主题，在本研究中，由于初代教师对教育目标和课程设计有很大的自主权，由他们主导的课程实施与教学反思又会直接反映到对课程的优化建构、教学内容与方式的调整之中。因此，本研究中课程与教学关系密切，两者是同一主体的"知"与"行"的关系，这种教学要求同时关注学生、自我、知识以及主体间性问题。访谈注重在通识课程建设过程中，课程（内容）、教师、学生三者之间的协同关系，以及在此基础上形成的教学经验，并以教师的统观与思考来呈现。

我们采取半结构式访谈，根据上述课程、教师、学生与教学四要素的框架，事先设计了访谈提纲。访谈问题并不仅仅局限于"自己的通识如何获得或形成"，还包括从教经历与通识课程教学经历、本人求学与学术经历、对学生的观察与代际比较、与同行的交流、对本校通识教育的观察与反思等诸多方面。平均每位教师访谈 2 小时以上，[1] 最长的超过 3 小时。访谈主要在 2021 年 8 月暑假期间进行，

---

[1] 除了个别教师因实际情况采用了书面答复。

较充分的交流使我们能够比较确切地把握访谈对象丰富的语境和有深度的思想。

由于本研究的访谈群体不同于常规的质性研究，他们不仅是单纯的被观察和倾听的对象，他们原本就是强有力的思考者和表述者，在各自的专业领域和教学方面都具有相当的影响力。他们在本研究中的角色具有更强的主体性，能够从各自的视角，与笔者一起探究问题。对于我们抛出的一些问题，他们总是侃侃而谈，有的直接表示此前相互就有过讨论和思索。可以感觉到，对这些问题他们并不陌生，显然不是第一次谈及这些。既然许多谈话内容已经是经过深思熟虑的观点和连贯的思想，就不适宜被当作有待加工的原始素材。因此我们在分析过程中注重整体性的理解，避免对语料做过多的切割重组，以至于其思想被加工得支离破碎和肤浅化。这项研究的分析过程没有采取扎根理论的方式，而是在通识教育的主题之下使重要的观点汇聚到一起，再从教育研究的视角形成理解。

在整理访谈文字稿的基础上，我们还收集了各位教师讲授通识课程的"教学大纲"、在校内外媒体上发布的课程介绍、撰写发表的通识教育相关文章、过去接受其他有关通识教育或大学教育主题的访谈文稿材料[1]作为支撑和补充。这些材料能够帮助我们从多角度验证访谈中口语表述的确切含义，还补充了一些课程教学细节和数据。

---

[1] 如10期《复旦通识评论》、北京大学的"通识联播"微信公众号等。

三、从学生到教师

（一）渊源：教师自己的通识学养

受访教师大多在 1985 至 2000 年度过了自己的大学时光，多名教师曾就读于北京大学、复旦大学、南京大学等人文底蕴深厚、读书氛围浓郁的学校。那时的大学里显然没有正规的通识课，用今天的眼光来看可能专业课水准也不算很高。于是，培养方案中的正式课程并不构成文科学问的主要来源。

1. 大量读书、师生共学

受访教师 L（下文简称 L）："我们那时候没有那么多课，也没有那么多事情，所以到三年级之后基本上很多时间并不是花在课堂上，是在图书馆。我记得当时在图书馆，就把《读书》从七几年创刊之后一直到 80 年代，整个 80 年代的《读书》，我就看了两三遍，就是说一直都在看。《读书》可以作为一个缩影，帮助读者进入各个学科、进入各个思想流派。"

受访教师 M（下文简称 M）："我们那时候还是自己读书最重要，再就是和同年龄不同专业、不同学科的同学一起相互学习。与其说是通识教育，我觉得不如说是一个高度自主学习的模式，这对整个社会科学都非常实用。"

受访教师 Y（下文简称 Y）："80 年代的大学生，学习热情高涨，读书面很宽。当时我就读的复旦哲学系本身课程不多，有大量的时间自学、博览群书，这就是自发的通识自我教育，这就是真正的通识教育了。"

除了自己找书看，与同学、师友一起读书也是重要的本科学习经历。当时在大学里这类自发的、成组织的读书活动中，参与者并不受到年级、身份、专业方向的限制，而是基于共同的兴趣。这显然不是局限于专业的兴趣，既是学术问题，又是对人生世界、时代主题、中国社会前途等基本而重大问题的好奇与关切。

受访教师F（下文简称F）："在自己的支配时间，有很多机会和同学、朋友大家一起读书，会读得非常深入，慢慢形成的通识的背景。"

受访教师J（下文简称J）："好大学真正在课堂当中获得东西的比例是很低的。更多的是通过自己的阅读，跟同学的讨论，每个系都有一些大神级的人物，这种跨专业的互动会造成很大的思想上的冲击，我觉得这是综合性大学的优势……我不知道现在同学还有没有卧谈会，这个很重要，就是熄了灯之后，马上睡觉了，就开始乱聊。聊到后来睡不着觉的也有，夜越深聊的越high，后来就睡不着觉了，索性起来就看书了。"

受访教师B（下文简称B）："我们那时候靠自己的摸索，文史哲倒没有什么特别的界限，大家什么书都读的。因为我们的老师也是这么过来的，你再看五四时期，那些大家们也是这样的。所以通识它不是一个完全创新的概念，不要太关起门来，好像就是一个从现在开始才有的，然后我们给它制定规范……"

从以上描述中可以看到，当时文科各学科之间的壁垒不强，教师之间、学生之间很少有门户隔阂，问题意识并不很专业化，这十分有利于形成活跃的思想氛围。

如果说"读书"构成了受访教师回忆大学生活的主要特色，但我们并不能将八九十年代的大学理解为"自修大学"，老师在其中也发挥了明显的作用。

M："当时因为社会科学正在重新建设起来，其实老师和学生会同时阅读一些东西，我觉得老师这时候就起到了一个非常好的激发大家阅读热情（的作用），老师和学生一起读书是一个把问题和研究带给学生的过程，这就打造了一个比较活跃的研究、阅读和交流的群体，如果你在这个群体里，你思想非常活跃，你学到的东西也非常多。我觉得这个价值是最大的。"

F："（读书会）有些是有老师带的，有些没有老师带。我是说不能'独学而无友'，任何一个时期，大家的问题和研究都是要在交流当中逐渐形成的，那么大家要有一个共同讨论的平台，就不可能是闭门造车，想出来一个什么东西。如果是完全自己闭门造车想出来的，他很可能和社会没关系，可能和周围的生活、世界都是脱节的，那么你问出来的问题很可能就是假问题。所以至少在相当长的一段时间里面，一定是要有一个学术共同体，有一个思想的共同体，那么在这里边共同读书共同促进，同时也有研究上的深度的交流，才可能有共同的进步，这是我非常坚持的一点。"

受访教师 K（下文简称 K）："人文的学问，说实话，要有师承。我们读书会必须有老师。为什么呢？因为我们的阅历不够。没有人生阅历，对文本的理解达不到那个层次……我做一个西方哲学的，也跟着一起读《春秋公羊传》，我觉得很幸福的一件事情。Z 老师说话很有韵味，他在场就决定了读书的氛围。"

受访教师 U（下文简称 U）："我觉得读书一定有好的老师带，读书不是为了知识，无论在读书的方法还是态度，还是解读方面都要有精道的传承，这个书才能读得活。"

受访教师 A（下文简称 A）："有几个老师对我影响比较大……我开始感觉到大学教育实际上是在课堂之外的教育，就是人和人之间的交流。尤其是在大四我接触到了北大外哲所的老师，他在外哲所长期开设海德格尔的课程，大四和研究生的期间，我就一直在跟着他读书。其实回顾起来，我自己在通识教育方面的感受经历，主要是表现在不以学科的专业化和职业化来规定我自己的求学的路径,而是以自己的问题和兴趣为取向,能够从阅读当中找到适合自己的这个方向。"

通过受访教师的分析可知,他们也在很大程度上得到了读书方面的指导、修正和启发。学生能够和老师一起读书,并且都得到相应的收获,师生之间在学问和思想上的距离很近,并没有一套成熟的专业训练或者现成的"专业必读书单",老师也通过读书迅速地开拓知识的疆域,刺激知识和问题的更新。当时诸多文科的专业性还在形成之中,学术共同体展现出年轻的活力。这对年轻人的求学产生了重要的示范与鼓励作用。

2. 展开新世界的课程

几乎所有受访者都强调自己读书,和同学、老师一起读书讨论的价值,其中也有几位认为跨专业的选课,以及特定专业的独特性,也对形成通识有明显助益。首先,在课程方面,通过受访者的讲述,可以发现他们主动选修"培养计划"之外的课程的动机与热情,就如同自发地选择书籍去读一样,修读这些课程是自学自修、自主构建知识体系的重要方式。虽然课程的供给不如书籍更丰沛,但老师的教学魅力与人格影响力却是书籍中体现不了的。

F:"我本科是学社会学的,但后来为什么到硕士研究生之后改学哲学……记得在那一个学期,忽然之间北大哲学系开出来了七八门高质量的通选课。我们那几年的学生都对这件事情有非常深的印象。我想这几门通选课对当时几届学生影响特别大。我最初就是上了这几门课之后,受到哲学的吸引,决定以后要读哲学。有叶朗老师,陈鼓应先生的课,他们给我对哲学和很多问题的理解打下了一个非常重要的基础。还有一门王守常老师的课,所以我后来就跟着王守常老师读研究生了。那时候没有像现在这么系统的通识教育，但是类似的这种课程还是影响非常大。"

受访教师T（下文简称T）："我在南京大学读书的时候，自己虽然人在中文，好多系的课，包括历史系的考古学方面，我都听的。他们考古专业我记得大概只有三五个人，在全校最小的教室，我去坐在里面听他们的专业课一下子就很醒目，所以老师都对我也很认识。"

Y："80年代复旦的气氛鼓励这样做，当时有晚上的公共选修课制度。记忆所及，应该持续到90年代。后来又有更加专门的文科平台课，范围虽然小一些，性质也是人文内部的通识。不同专业的学生都可以选，课程基本都是文史哲，加一点管理之类。章培恒这样的名教授讲过不止一轮，非常受欢迎。"

K："我对思想课题感兴趣。那时候就去咱们复旦中文系，听《说文解字》，去历史系听朱维铮的课……起码我们周围那批优秀的同学从来都不觉得读哲学的就要做分析哲学、只做什么现象学，从来没这个想法，那一定是到处去听课。"

L："我是法学的，上过一些什么法学课大部分都不记得，但是第一学期有两门课我印象非常深。第一门叫古代汉语，好像是当时南京大学的中文系的主任来上，一学期就上了王力的《古代汉语》第一册。他非常渊博，上课的时候从来不用备课，我们当时对他佩服得五体投地，你确认了自己的确到了大学！就是说，一个老师他不备课，但是他会比你所有的中学语文老师加起来都要渊博，这是一个大学的标志。还有一门课《伦理学》，是一个毕业不久的年轻老师来上，他是研究罗尔斯《正义论》的，一学期都在讲他对罗尔斯的研究，很认真地讲了一些他自己最有心得的东西。我虽然对这个课也非常感兴趣，但是说老实话，我一学期都没有听懂他在说什么，都没听懂！让我意识到有些东西不是你随便听听就能听懂，你得下功夫。过了很多年之后，我才觉得这个书好像我能看懂。"

选修课不仅开拓了知识，更带来智识上的惊奇与震撼。有理由相信，今天许多教师积极投身于那些支持学生延后确定专业、鼓励跨专业选修课程甚至自设跨学科培养方案的本科教育模式（诸如"元培学院""新雅书院"）教学工作，正是由于自己曾经受益于这种跨专业的课程修读。然而，在后文的分析中我们又会发现，今天的学生大体上不太容易像预想的那样去利用好选修的自由。

3. 关照整体性的专业

除了读书、讨论和选修课等由学生自己建构的学习路径，还有另一种比较系统化的"通识"来源。有几个独特的学科本身就具有很强的通识性，其学科知识并不完全遵循纵向专业细分的逻辑，而是横向贯通式的。也就是说，这些学科的"专"就在于"通"，随着专业学习的不断深入，自然会带来通识的教育。最突出的是哲学，"哲学天然跟通识比较近"。（受访教师 C[下文简称 C]）

受访教师 S（下文简称 S）："你看似它是一个专业，但是要学好哲学的话，那你必须懂历史，你必须懂生活。那么你总得自己想办法去拓宽自己，所以你要么去读文学，要么去读历史，要么去借助其他学科，来让你自己能够把你学的东西和所讲的生活接起来。"

K："我在求学的时候读的是哲学。我的个性吧，对很多东西都产生好奇。我们经常讲对一切都好奇的人，最后也只有哲学能满足（笑）。哲学有天然的宽基础的一个倾向，你想它是很多具体科学的原理，方法论的反思和基础。实际上，很多具体科学历史上也是逐步从一门总体哲学里面分化出来的，所以哲学是整体性的基础。"

除了西方哲学，中国传统也有这类独特的学问。

受访教师 W（下文简称 W）："古典文献专业建立的时候，因为它研究的是汉语言文字的文献，所以当初设计这个专业的时候是有几位历史系老先生提出来这个专业要设在中文系。我们这个专业过去是叫'文史哲大通'。另外，在我们一个全国高校的古籍整理研究委员会，经常会接触到跟古代有关系的各种背景的老师，以及他们的师长，各种传统，对他们的学脉、学术传承比较了解。我做的经学研究，文史哲也都有涉及。"

T："我在中文系研究的其实是经学，做经学研究会碰到许多天文的问题，南大的天文学是非常好的，图书馆里有很多天文学资料，我经常去。我在研究中特别不愿意受到学科限制，喜欢每一个领域都看看，自己会有很多想法。"

在中国的一流大学里从事中、西哲学研究的学者，以及传承中国传统学问的教师，正是通识教育的主力军，这一点与美国大学的情况完全不同。艾伦·布鲁姆在《美国精神的封闭》中调侃了美国大学里哲学学科对通识教育和西方文明传统都提不起兴趣的状态："实际上，与其他人文学科相比，哲学中更缺少令人振奋的传统力量。而且你会发现，在重振通识教育的努力中，哲学教授是所有人文学者中最不积极的。普通语义分析表现出某种谦逊——'我们只想要帮你弄清楚你正在做的事情'；但也不乏沾沾自喜：'我们知道整个传统错在哪里，我们已经不再需要它了。'于是，传统从哲学的领地里消失了。"[1]

中国文学学科中的古典文献学承载着中国传统典籍，被认为具有"文史哲大通"的性质，然而不论从学术研究的影响力还是人才培养的知识结构来看，它都不占据我们中文学科的核心地位。至于经学则更加特殊，经学在中国现代大学与学科制度的建构过程中，被五四时期的知识精英强烈否认具有现代学术价值，从而失去了制

---

[1] 艾伦·布鲁姆：《美国精神的封闭》，第328页。

度性地位。这门古代的庙堂之学沦为在野之学,直到今天仍属于争议很大的"冷门绝学"。它似乎可以类比到西方的神学和古典学,但这些学问在西方的大学里也已边缘化。中国大学里人文学科对于学问的定位还没有充分的自觉与自立,许多古今问题悬而未决,学术上还存在着相当大的潜力和开放性。在外部,国家和社会还是对大学的文科学术寄予厚望,比如近几年出现的"新文科""中国古典学"等提法。

(二)应变:教育环境与学生

上一节呈现了初代通识骨干教师自己的大学求学经历中有助于通识形成的多个方面,包括非制度化的自修与师生读书会,以及利用制度化的专业培养和课程修读来增扩和建构自己的学识基盘。不论是制度化的环节还是非制度化的环节,都体现出他们自然而旺盛的求知欲。一名老师出于自身体会,将通识教育的关键要义概括为"鼓励广泛读书与深入思考的环境、学习上的主动性、图书资料的丰富和足够的闲暇时间才是通识教育形成的真正要素;这些是80年代具备,以后的年代逐渐丧失的"。(Y)

在我们的调查中,学生很少会直接参与课程开发,但学生对课程也有显著的影响。这主要通过师生交流互动,包括课程内的正式交流和课外的非正式交流。在这些交流中,教师对当代学生的精神风貌、身心状态形成了一定的理解,并与自己的年轻时代、成长经历进行比照,从而调整自己的教学。所以,我们专门与各位教师讨论了他们对学生的观察。

1. 消失的自由时间

过去20年,通识骨干教师已经感觉到大学本科教育环境发生了巨大变化,孕育了"最初的通识"的外部条件似乎不仅被削弱了,还可能走向了相反的方向。有受访教师一针见血地指出,"上本科的时候,我能告诉我自己上课没啥意思,我有兴趣就自己读嘛,马恩全集都读过了,起早贪黑的。那时我是没有通识课,但我有自由时间;现在学生是有通识教育,却没自由时间啊!"(受访教师B[下文简称B])

"我们当时工作是国家包分配的,所以不会去担心与工作相关的专业教育,你当然拥有无穷的学习自由"。(L)虽然L老师本人曾十分受益于读书小组,但如果现今学生要去组织读书小组,他反而会劝说学生不要仅凭一腔热情:"你一定要搞清楚,不是所有人都有那么多的时间,我们那个时候似乎是觉得有无穷无尽的时间。"

此处"时间"一词带有着两层含义,其一,时间意味着学习的自由,比如对学习内容的取舍,把握学习与工作节奏,以及留给成长中的犹豫彷徨、反思消化的空间等。其二,"自由时间"的缺乏反映了教育制度安排的密度,学业任务的分量,以及要求达标的精准性。在上述语境中,"没有时间"并不意味着生活充实,而更多的是被外部制度、环境和内在义务感同时支配下的"忙"。

受访教师G(下文简称G):"现在的课程太多太密集,学生普遍疲于应付,课后根本没有时间精力认真从事阅读,至少从人文学科角度而言,其实自主阅读不亚于课程本身的重要性。"

受访教师D(下文简称D):"我现在上通识课最大郁闷,就是你上这门课的时候,他睁着大眼睛听觉得特来劲,觉得有意思,这门课结束了,他忙着下门课去了,是不是?他这个兴趣不可能是连带的,自然生发的。"

近年来,大学本科教学的精致化程度、学业评价的精确与严密程度,以及质量管理的力度和细密程度都大幅增加,然而,受访教师并不认为学生实际上得到了更好的教育。因为教学与管理精致化的副作用可能导致了文科所需的自主学习能力下降。既要照顾到学生极为精确分配的时间,又要保证教学质量,那就不得不在作业设计中"榨取"效率。有教师专门测试了学生一小时平均能读多少页中英文学术书籍,据此精细地布置真正可能被完成的阅读作业,否则学生可能根本不会翻阅原典。"看到这个书之后,他一算自己的时间根本是没有可能在三个小时之内读完的,他的合理的选择就是不读这个书,对不对?或者他去找一些二手的介绍,了解一下大概,然后蒙混过去了。"这个事例可见,由于教师确实关心学生,于是学生所受到的精确规训便传导到教师的教学设计之中。这种细致的教学布置又进一步使学生适应于谨慎地接纳经老师精挑细选的学习材料,而不再会有海量气魄地去阅读。更无奈的是,越关心学生且严格把握教学与学术质量的老师,越认真学习的学生越容易促使这个态势不断强化,构成难以破除的循环。于是,这种现象在当今的一流大学里尤为显著。

还有教师反其道而论,在过去自由读书、管理松散的时代,许多人虽不读书但仍然能够成才;而现在学生怯懦的阅读、学习态势反而更不利于其成长。

D:"在过去,他们在一个自由的气氛里边能够健康成长,这个就是他的财富啊。虽然野蛮,但是他啥也不怕啊,他勇敢啊。但现在,你在一个特别狭窄的竞争里面,在绩点制度里边,左也觉得不划算,右也觉得没搞清楚,然后天天精雕细琢地琢磨点自己这事儿,我觉得将来不会成人才的,他读了多少大书有啥用?他自己就没有魄力,没有胆量,没有自己寻找自己快乐和兴趣的空间,我不觉得这有什么人才,他能写几篇论文出来而已了。想也不敢想,做也不敢做。"

2. 博闻辩言又多能的学生

当大学教育环境时过境迁，我们的学生，那些通常被认为最优秀的，有能力进入一流大学的学生，也起了明显的变化。可以说，外部环境和内在状态的变化是互为因果，相互促进的。

一位历史学教师（受访教师 Q［下文简称 Q］）列举了三项自己观察到的现在学生的特点：一是和十几年前相比，年轻人中对文史有兴趣的人群明显扩大了。二是获取信息的渠道增加了，学生有能力也有资源去涉猎其他专业的内容，但是可能不太成体系。同理，现在学生的外语能力普遍超过前辈，眼界也显然更开阔了。三是现在学生上课的纪律性提高了，出勤率就显然比十几年前高，更多学生愿意按照老师要求去完成阅读。不过，"那种野蛮生长的劲头可能不如我们那个时候"。他补充说："现在学生其实不爱逃课，但不代表上课的效率会一定很好。"

该教师归纳的要点在其他老师的访谈中再次得到确认，并有所展开。多名受访教师论及，现在学生在选课时，对分数、绩点的在意程度大幅提高，而带着求知的好奇心和青春的勇气，去功利化地选课、听课越来越不多见。由于本科教学管理不断加强，课程教学变得越来越精细化，学习资料几乎"喂"到学生嘴边，但学生课后阅读的自驱力却未被激发。学生的外语能力、信息技术与检索能力普遍提升，视野也更加开阔，但学习的自主性并未加强，反而比过去更加依赖课件 PPT 等经过二手、三手加工过的资料，其爬梳分析材料、组织语言、写作文章的能力甚至可能还有所退化。

关于信息化时代对日常阅读内容与方式的影响，有教师观察到，在海量的知识与信息面前，特别是手机、短视频等新技术支撑的流行阅读方式，以及大众化的信息生产与传播模式，塑造了一种以活跃的表达弥补缺乏思考深度、广度和力度的习气，带来了受众心智退化的风险。

M:"现在的学生搜索信息的能力更强,更愿意使用二手文献,更愿意去就一个议题明确表达一些观点,总想找到一点现成的东西,而不是自己投身其中来思考。换句话说,是从一种更加人文性的思考方式和学习方式转向了一种更社科的媒体式的工作方式。他们将来会更适应媒体的方式,就会迅速形成议题,迅速形成一些比较漂亮的想法,然后对这议题可以说出许多来,各种各样的。但是他没有沉浸里边去把整个书读完,然后从中慢慢获得领悟。他的理解和把握在我看来其实是比较浅的,实际上很难很深入地形成自己的问题,反而独立思考能力下降了。"

Q:"很多的讨论课,我个人觉得确实表演性太强,对于教育的本质其实是有损害的。我有时候觉得最近十多年通识课的那套东西,我们的教育确实美国化了。就学生发言而言,学生看上去很能说,但事实上并没有真正读过很多书。现在,恰恰是中国传统教育当中被重视的那些勤勉刻苦、不善语言的学生,在这个体系下是非常吃亏的。

D:"年轻人是不是能够适应长叙事?我说长叙事,因为生活本来就是丰富、绵长的嘛,所以通识教育要读经典这个部分,现在这个时代遇到了空前的挑战。"

这类学生在大学里一直存在,之所以说他们形成了新的风气,是因为他们现在更超群显眼,那些读书多且深的学生反而落了下乘。(M)有理由相信,激烈的学业机会竞争与不断强化、追求可视化、可量化的考评制度在很大程度上对这类"博闻辩言"的学生给予了体制性的肯定。

其次,有教师指出,"自由时间的消失"往往是积极上进学生自主自愿安排的。能够将严苛的时间管理意识内化为自觉的行动,恰恰是那些雄心勃勃的好学生最擅长的"自律"。

L:"我觉得对学生要非常地理解，也非常地同情。现在清华的学生几乎就像一个章鱼一样，他生了8只手，他为什么要生出8只手？因为他什么都想要。本来你只有2只手，但是你现在要4倍，你要抓住生理之外多三倍的东西，当然就睡得少。"

J:"我觉得现在同学他的问题可能就是在这种非常多元的情况下，他什么都想要。这个也做，那个也做，也想要学术，也想要人际关系，也想要漂亮的简历，然后又想 plan B 跟 plan A，甚至 plan C 和 plan D，都要做得一样好。"

可是，潜藏在"自律"自主之下的文化模式，很可能是非常单调、缺乏自省的价值选择，以至于这样的自律奋斗在身体条件和心理状态上都难以长期维持。特别是和上一代大学生相比，今天的大学生显得瞻前顾后，畏首畏尾。他们中有能力者虽有浓重的"得失心"和"胜负欲"，却缺乏闯无人之境的勇气、突破自我的雄心和高瞻远瞩的志向。

J:"我隐隐有这种感觉，现在学生表面上都是非常个人主义的，非常特立独行，但是在关键问题、关键时刻的选择是高度趋同的，都很像。就是平时那种风花雪月很不一样，但是大家在找工作、评奖学金，类似这样的问题，这种实际问题、功利上的选择是很趋近的。我觉得也有点悖论，或者说是不是可以得出启示，表面上的多样性有点虚假。"

受访教师H（下文简称H）:"不像我们那个时候，或者像80年代，你真心喜欢一个东西，就全身心地投入。现在学生看不到那种承诺和投入。所以导致一个结果，一旦时间精力平均分配之后，简历会很好看，但其实没有一件事情是做到极致的，因为你总给自己留了个后手，甚至不是留一个后手，你给自己留了两三个后手。"

"其实你仔细想想，能坐下来一下读三个小时全神贯注，忘记了其他东西来思考它，一定是你和书的力量都非常强。如果始终做不到这一点，那么在精神上你没有办法进入真正的大书。"

通识教育的核心要义是"学以成人"，热衷于通识教育的教师都对学生感兴趣。上述对当前学生心灵倾向的细致观察以及困境批判实际上构成了今天严肃的通识教育要直面的核心问题。但是，矛盾性在于，这些学生的内在变化，包括"丰富活跃的表达""八爪鱼式的目标""瞻前顾后的稳妥""均匀地分配精力"等，都很可能在表面上更加支持通识教育而非专业教育。换言之，当前的潮流会自然增加通识教育的拥趸，不论形式上还是内容上，当今的学生可能比过去更加向往大学通识教育了。然而，表层的通识教育与深层的通识教育并不在一个方向上。真正的通识教育在表象上并不顺应潮流。于是，通识教育的危机并非得不到大范围的支持，恰恰相反，"随波逐流""顺水推舟"的表层通识教育可能大行其道，却背离了真正的通识教育。

四、以读书为中心建构课程

骨干教师曾经在得到制度性庇护的精英大学里废寝忘食地自由读书、修课。在那个时期，学术专业化程度尚不太高，学生跟老师、同学一起不设边界地切磋思想、探究学问。随着精英高等教育体制的退隐，大学本科培养制度安排不断精密化发展，学科建设日渐成熟，专业细分不断加强。受访教师体会到，在大学内外环境变革的影响下，学生致知模式发生了变化，自由自主的读书不得不转化为规范化规模化的课程教学。受访教师的相关努力与反思成为了我们观察的研究重点。

（一）一门精深的通识课

在授课中对经典的推崇不仅来自通识教育，也来自基础性的文科专业。下面呈现的调查发现可知，人文经典课程是在通专合力之下构成的。

Y："我一贯认为学习哲学的正法是哲学史经典的研读，因此在我看来，以经典教育为核心的通识教育本身就是最好的专业教育入门。事实证明，我的研究生中，出自重视经典教学的本科其他学院的学生，远比哲学专业的本科生可教。"

一位讲授《共产党宣言》通识课的教师为我们详细分析了他的这门课程为什么兼具通识教育与专业教育双重价值。首先，他解释了在专业培养和课程内容设置中，即使有原著导读，也不会注重更具"通识性"的文本，而倾向于优先选取专业性更纯粹的文本。

S："因为我们在哲学系自己开的专业课程当中，没有专门讲《共产党宣言》导读文本的课，我们有原理、原著选读，然后哲学史，再加上西方马克思主义这样的4门课，撑起整个哲学系马克思主义哲学的专业课程。那么在马哲史当中，《共产党宣言》导读只是一个环节，非常简要地进行讲述；然后你在马恩原著选读当中，往往会选一些哲学性更强的文本，所以你在早期的话可能会选《1844年经济学哲学手稿》，然后在晚期的话可能会学《资本论》的手稿等等，你不大会去选《共产党宣言》这样性质的文本，因为看似它的哲学性不是唯一的。"

其次，恰恰是对通识性而非纯粹专业性经典文本的研读，能够给学生提供一个强大的专业根基和理解脉络。这类文本所具有的"通识性"并不意味着浅显易读，而是蕴含着综合与融通的复杂性，细读过程中不仅需要贯通多文本、多学科，还要联通思想与生活，比较过去与现在。

S:"我在刚开这门课的时候,基本上哲学系的学生全修我的课。借助这一门课,能把他在马哲史当中所理解的马哲的形象彻底地具体化、文本化,因为这门课讲文本讲得深、讲得透,而且还要把它和作者之前文本之间的关系,还有和它相关的其他文本之间的关系做一个交代。这对于学生去理解自己在马哲史课程当中所得到的那样的一个马克思主义哲学的理论形象,具有非常大的支撑作用。"

最后,当一名具有足够专业水准的教师在通识教育的平台上开课,他会意识到来自不同学生群体的不同视角。这种来自学生的意识,构成了真正的"教学相长",反过来促使教师对特定学问价值的理解越发富有层次感和立体感。

S:"非哲学专业的学生来修的话,他记住这门课上所学,就能够把握住一个马克思主义版本理解问题的框架。而对于哲学系的学生来说,他借助这门课,能够把马克思主义哲学,由各个文本所提供出来的那些内容有机地组织起来,它两个功效是不一样的。听的是同样的课程,我也用不着跟他们讲不同的内容,他们带着不同的前期背景来听,最终得到的结果是不一样的。"

在一流大学或者研究型大学,此类代表性教师所倡导的本科通识教育改革并不是用一组通识课去取代原有的部分专业课,以至于在一些人看来专业教育水准被降低了,"而是用更有通识视野的,有专业训练性质的课程来给专业做一个非常强的支持和补充。"(M)在人文社科领域,一个学者在他的专业上能走得多远,很大程度上取决于他学问"根基"的格局如何。由于人文社科学术在近几十年专业化建设发展中被人为地划分疆域、树起壁垒、建起"家法",其共同的思想渊源与生命力在一定程度上被遮蔽了,以至于初学者难以意识到在早期自然状态下学术本是盘根错节的,而在专业建制成熟后其实更需要融会贯通。于是，在学科高度专业化发展的今天，上述"硬核"的本科通识课程反而能够起到弥补专业内人才培养的欠缺的作用，为学生的专业发展打下宽厚的基础。

本节的观点可以类比我们在另一些理工科见长的一流大学的调研发现。在他们的语境中，数学和物理类的基础课就是许多理工科教授所理解的重要"本科通识课程"。这些课占据着不少学分，要求理工科不同专业的学生一起必修。数理基础课学起来颇费功夫，初学者往往觉得与自己的专业没有关联。但多年以后，这些学校培养出来的优秀学者又会回过头来庆幸当年的那几门课为自己打下了既扎实又有宽度的科学基础，自己方能做到其他国家同行做不到的创新成就。

（二）三类经典课程

为了全面、实质地分析课程内容，我们收集整理了表 2 所罗列课程的教学大纲，包括具体教学材料、每周授课主题等。从教师名单可知，我们的访谈对象及其主讲通识课程在中国大学通识教育领域具有一定的典型性和示范性，但不能说这 25 门课程是严格的、周全的采样，仅能反映特定学者范围的开课局面。就此范围而言，我们将受访教师开设的通识课程归纳为三大类，其中一类可以进一步细分出两个子类型，见表 3：

表 3　受访教师主讲课程内容分类

一、经典导读	二、通专兼容		三、自主设计
	专业基础导论	专业选修改良	
《理想国》导读（丁耘）	哲学导论（李猛）	西方政治思想——古代（李猛）	国学经典讲论（吴国武）
《理想国》导读（吴飞）	哲学核心问题（苏德超）	西方政治思想——中世纪（吴飞）	孔子和鲁迅（顾涛）
《理想国》导读（唐杰）	西方道德哲学原著选读（白彤东）	西方现代社会思想（渠敬东）	法律与文学（赵晓力）
《共产党宣言》导读（张双利）	近代西方哲学（唐杰）	宗教学导论（吴飞）	
《新教伦理与资本主义精神》导读（郁喆隽）	国外社会学学说（孙飞宇）	中国礼学史（吴飞）	
《春秋》三传选读（郭晓东）	社会研究：经典与方法（渠敬东）	鲁迅精读（郜元宝）	
《尔雅》与中国古典语文（郭永秉）			
《三国志》选读（仇鹿鸣）			
《资治通鉴》导读（姜鹏）			
《史记》研读（顾涛）			

1. 经典导读类

首先，表3的25门课中有10门属于经典原著导读类课程。例如，《理想国》《共产党宣言》《春秋》《史记》等课程名称直接采用了中、西经典文本的书名。这类课程依托一部经典或同一作者的作品，原典支撑起一门2—3学分课程的全学期教学内容。这些经典作品流传久远，内容丰厚，成书时不受限于现代学科，贯通地、总体性地思考人类基本问题。也正因这些经典作品年代久远，其阅读难度较高，学生在语言文字疏通、思想脉络理解、文化知识准备等方面都特别需要教师的帮助。许多受访教师不约而同地提出，经典课程最重要的是教给学生阅读不同经典的方法、经验，体会经典作者的思想方式。他们希望不只是教授古老的经典文本所传递的思想内容，也不是灌输高大的理论与笼统的观念，而是要使学生形成自己的知人论世的理解框架，从而去理解复杂的现代社会，理解现代生活当中所出现的一些重大问题,理解文明史中的当代环节。(S)在学生的课后反馈中,我们可以看到这样的陈述:"(通过这门课的学习)我对中国古代的文化能够有较为清晰透彻而又全面的认识,既能拓宽我们的视野,也能对古人所谓的义理进行更为辩证的思考。"(S)

从经典书名可知,我们调查范围内的中国经典导读课与西方经典导读课各占一半,西方经典偏重哲学思想,中国经典更突出文史特色。这与中西文明经典本身的特性具有一致性。值得一提的是,柏拉图的《理想国》作为西方古典在表中出现三次,由三位西哲背景的教师在三所大学分别开课。此外,西方经典在授课中均采用现代汉语译本,而中国经典在授课中要求一定的古汉语、繁体字阅读能力。在比较中西经典导读课程开课现况时,一位对中西学问均有深入探究的教师认为,由于当前比较系统的通识教育的理念来自于西方,所以通识课的教学对西学老师而言更容易接受通识教育的理念,并能够获取教学经验参考,但是他强调"从总体上来讲,中学一定要介入,而且要非常深地介入到通识教育当中,才是完整的"。(F)如何把中学研究所得大量专业精深的成果转化成通识教育?在未来几年,这应当是一个重要的命题。

2. 通专兼容类

第二大类是通专兼容类型的课程,占据表2中近半数。这些课程既是通识的,又是专业的。在某种意义上,通识教育改革促进了文科专业的更新,为热心本专业的文科学生开辟了更具有疏通源流价值的专业选修课。此大类还能进一步细分为"专业基础导论式"和"专业选修改良式"。

专业基础导论式的通识课。这些课程名称往往包含"导论"的含义,也是专业课程体系中常见的名称。这些课程既可以作为通识核心课程,也可以作为本专业的低年级基础课,位于专业知识体系的主干上。其课程设计定位于帮助学生通过一门课程领略一个专业学科（通常是较基础的学科）思考问题的独特视角、思路与方法，辨识进入这一专业的学术门径。并且，与常见的依据教科书讲授的导论课程不同，此次调查到的这些课程均采取了多部经典串讲的方式。教师根据自己多年学术心得，借助一系列奠基性作品及人物，为学生搭建起框架性的知识结构。由于经典作品本身的丰富性与解读空间，这种教学设计能够避免教科书对学问的教条化和矮化。由于同样是讲解经典作品，表3中的6门专业基础导论式通识课的具体教学过程与第一类课程十分接近，区别主要在于课程目标与内容材料的组织方式。在本调查中，这类课程的主题全部集中在西方哲学和西方社会理论领域内。

另一类是专业选修课的改良版本，表3"通专兼容"项下"专业选修改良"目所列的6门课程原本并不是专业课程体系中既有的课程，而是北京大学和复旦大学为其通识核心课程序列而专门建设的。如果将专业知识体系比喻为树状结构，这几门课程的内容属于接近主干的几大分支之一，而非细枝末节的位置。但是由于种种原因，专业课程体系并未开出这几门课程（如中国礼学史），或者没有以这样的方式来建设这一分支课程（如3门成系列的西方政治思想）。相关教师受到通识教育需求的启发，借助通识教育的开课机会，反过来重新审视专业学问的根基与专业人才培养的知识结构。因此，此类较上一类课程具有更明显的"通识改良"特征。例如，其中一位教师谈及他的备课思路时说："首先，能不能从古代政治形态直到现代政治社会的新问题，给同学建立一个西方政治社会思想变化的整体脉络，让他们看到一系列根本问题在古希腊、中世纪、近代英国等不同时期的不同思考方式。其次，希望能扩大阅读文本的范围，把文学和历史文本结合进来，让大家看到政治的思考不只是哲学家或政治理论家在做,也渗透在史诗、悲剧或历史中,这样读起来,可能也会比较有趣些。"

不论是"专业基础导论式"还是"专业选修改良式",通专兼容的课程设计理念得到了教学反馈的印证。有教授指出他的通识课上学生可以分成几圈,核心圈是自己的专业兴趣与课程内容(西方思想)完全一致的学生,第二圈是"整个研究西学的同学",即包括文、史、哲、政、经、法等人文社科,第三圈是"专业上完全没有关系,但他对研究思想类相关的东西感兴趣";第四圈是对人文社科感到隔膜的"纯理科生"。四类学生的需求存在质的差别,这位教师的教学定位在第一、第二圈,而不是去将就第四圈学生浅化文史知识、削弱专业训练的需求。"因为我感觉这样做的结果就是理科生会瞧不起你文科的这些研究,他会觉得你这些研究都没有什么训练门槛,就是给讲故事,好像能侃的老师就是好老师。"(M)

3. 自主设计类

第三类是"自主设计"的通识课,其课程结构既不依赖经典文本,也不完全依赖专业知识的演进脉络来构思,而是为当代一流大学学生的通识教育量身定做。因而,这类课程鲜明地体现出教师个人的通识精神、学养特色和时代意识。此类课程在调查范围中仅有3门:赵晓力的"法律与文学"、顾涛的"孔子和鲁迅"、吴国武的"国学经典讲论"。

课程大纲显示,"法律与文学"传授的学问既非典型的法学也非典型的文学,"本课传授经典阅读理解的入门方法,通过精细深入阅读几篇中西文学经典,帮助学生理解人类一些根本性的生存处境(2014秋主题为家庭和亲子关系),以及法律在其中所起的作用"。课程精读的文学作品兼顾中西,包括《红楼梦》、鲁迅《彷徨》中的《祝福》、笛福的《鲁滨逊漂流记》、莎士比亚剧作、《安提戈涅》等。

教师举例解释了其富有个人风格的精细阅读方法的教学：

> 这个过程并不那么有趣，甚至非常枯燥，因为会破坏阅读的快感，也不是普通读者，或者任何人读第一遍时需要做的。但这却是任何作者或批评家下笔前需要做的功课。比如，普通读者并不用历数祥林嫂鲁镇生涯的每一年里都发生了什么，但是，鲁迅在写这个故事时却必须预先计划清楚。普通读者也容易忽略鲁迅对祥林嫂第一个夫家家人年龄的看似闲笔的交代：祥林嫂二十六七，死去的丈夫十六七，小叔子十多岁，婆婆三十多岁。但批评家却必须注意这里是否在暗示祥林嫂是童养媳，而这对于理解祥林嫂无家可归的悲剧是大有关系的。

"孔子和鲁迅"课程设计突出了传统与现代之间的思想张力。"为什么孔子的思想会遭到五四以来的，以鲁迅为代表的那些知识分子的激烈的批判，其中的原因是什么？"该教师曾经长期教授《论语》课程，他不希望学生仅仅被动僵化地领受，而要在经典深厚的土壤之上滋养真正具有当代活力的思想，破除经典的教条化。于是在设计通识课程时，他借助"批判孔子为主要特色、批判得最有深度和最有创建的、在历史上最著名的"鲁迅的作品，精心设计经典对读，有效地激活学生的问题感，引发主动深入的思考。这位教师尤其强调通识课程不能灌输经典，而要建构起作为人文课程实质的"思想碰撞"。

中国大学通识课表中诸如"西方哲学导论"的课程并不罕见，但少有"国学"的入门课程。对国学经典比较有兴趣的，需要打基础的学生应该掌握些什么？它既不能太专深，又不能太驳杂。"国学经典讲论"这门课的设计构想颇具创新性和实验性。该课程根据教师对中国古典的理解来设计,把文字、音韵、训诂、目录、版本、校勘等古典文献基本训练和经典内容所涉及的人文素养相结合,采取了既有古典方法、古典理念,又面对现代、融合现代的设计路径。再者,"国学"本身也是个容易引起歧义的概念,"北大比较特别,是新文化运动的重要地方,你可以发现,目前为止全北大用'国学'这个名字的课只有我这门,其实我也不完全赞同'国学'这个词儿,姑且放在这儿。"

这门课程的教学设计中灌注着这位教师本人对传统的态度,他认为古典的传统从来都是以复古为创新。在他看来,读经典并非只是读者用其所依据的注去读,而是人们通过不同的注来比较各种思想,然后形成新的看法。"'复'不是恢复的意思,而是回到根本,回到我们的文明原点,回到我们数千年的解释传统,重新梳理出一个能够体现我们的文明传承、发展经验的文化脉络。"

(三)从读书到教学的转化

"在同学刚从高中进入到大学的时候,他其实没有形成一个基本的知识结构,他并不知道读哪些书,也不知道怎么读、会读出什么来。我想这个时候是必须通过上课来带读书的。"(F)

不同于仰赖给定的教学指导纲要、成熟的教材来授课的教师,人文经典课程的教师要自主地完成对经典文本的"教材化"和"课程化"改造,其中渗透着他们自己博约相济的学问和功夫,以及对学生和时代问题与时俱进的忧思。本节归纳的几类课程均体现出不同角度、不同力度的教学转化与改造。

经典文本在不同课程中发挥的教育影响力各不相同,经典的权威性、人文性和专业属性在教学中也有不同程度的侧重。总体而言这些课程思想比较接近美国的"精义论"("理想常经主义"或"永恒主义"），但细究这些课程的组建，并不能用既有理论来统摄。上一节表3中罗列的三类课程范围内，中、西经典占据了相当的比重，我们对异文明经典的高度重视突破了西方永恒主义课程理论的封闭保守性。对现代中国人而言，古代的中国经典或西方经典都具有传习、体悟、论辨的价值，却都不是永恒真理，经典之间存在的古今张力和中西差异都是课程教学所注重的。我们也注意到，不同文明的经典并未被纳入到统一的结构中来教学，这无疑增加了学习者融会贯通的智识挑战。换言之，当前中国一流大学的通识教育注重经典教学的同时，并没有成熟的经典教育体系，中国历史上固有的体系和西方现有的体系都不适合，教师个人依靠自己的通识意识、自己的专业判断，以及对当前学生的理解来为学生择取学习材料。这种既非制度化的，亦非文化结构性的经典学习有其鲜活的一面。学生对经典的"打开方式"在很大程度上取决于教师个人的治学特色与人格魅力。

对于没有标准答案的问题，经典文本在教学中树立了一个至高的学术标准，这成为教育效果的重要前提。"你阅读真正的经典时，才会明白人类文明曾经达到如此的高度，如果没有与它一起思考过这些问题，你永远不会想到这个问题有这样的层次，背后有这样完全不同的世界。有过这样的经历才会觉得，上大学是值得的。"人文经典教学也就对教师构成了本科教育的最高挑战度。

教师们要花费很大的功夫把自己读书收获的精华转化为课程教学，这种转化能力以教师的专业造诣和思想深度为前提。没有足够的专业造诣，很难把握经典文本背后的脉络，不能以点带面地开展教学，也就不能帮助学生读"通"。同时，教师对特定文本要熟稔于胸，从而无限接近原作者的思考方式，几乎就好像把原作者也请进了课堂，找到特定的角度向他提问，请他亲自做出说明并与他开展对话，这样才能最大限度发挥课程讲授的积极作用。我们在其他调研中曾经发现许多由于教师的学术功力不足或对文本不够熟悉，而造成"带不动"经典的窘境。

（四）双重教学对话触及学科自律

上文已经讨论了通识教育及其课程需要有足够的专业水准，也展示了受访教师具体如何开设经典课程，在教学上做出的思考与行动。过去通识教育中"通专关系"的讨论常着眼于学生，对教师而言，通识教学与专业研究之间的关系同样值得关注。二者如何才能不至于成为分割工作时间的两项不相关的任务？换言之，以经典为主的通识课教学与教师自己的研究是否可能相互促进？

F："20多年前我们读书的时候，不同的专业之间会有一些共同的书，大家可以有非常深度的交流，由此形成了一些共同的知识背景，共同的讨论基础，然后在这个基础上，再进入到各自的专业研究当中。"

J："大学体制把系科分得太细了，使得学者的视野比较狭窄，他的专业性很好，但视野狭窄，在三四十年的研究生涯当中，就可能会出现后劲不足的问题，或者他没办法完成交叉学习。"

受访教师P（下文简称P）："事实上，我们的专业教育本身也还是有很多弊病。我们讲的通识教育，首先，它应该独立于专业教育，在专业教育之外去建立一套新的教育体系。其次，在某种程度上它反过来对于专业教育，还能够起到一种反哺的作用。"

"好的通识教育应该有利于专业学者提高自己的研究，而不是强迫他们向没有受过专业训练、将来也不会从事研究工作的本科生灌输一点点入门知识。"

T："我觉得文科学术研究应该因为教学而发生改变，教学不是把学术研究给通俗化，学术研究是应该因教学而产生问题，然后再深入做下去。"

上述观点十分一致地认为通识教育工作不仅与自己的专业不矛盾，而且能够带来深层的促进和帮助。当然，本研究的受访教师可能天然倾向于以通识教育的角度来批评专业化学术。为了弥补这一不足，我们还注意到来自专业学科的观点。在"新文科"建设的议题之下，历史学科的带头人着眼于学科发展前景，对专业现状抱有与受访教师相似的批判性思考，并提出了包括"科际整合""回归基本概念史"等建议。

"受分科之学的学者，用分科的知识与眼界，研究各种并非分科发生的问题，很难认识通透……科际整合则是不同学科的人有共同研究和解决特定问题的兴趣，各自运用相关学科的长项，攻克难关，解决问题。"[1]

"'去学科'不是要抛弃学科，而是要回到构成学科的基本概念上进行研究。"[2]

"历史学三个一级学科的划分，对于解决中国史与世界史的渐行渐远，更增添了难度。越来越多的高校在开设考古学专业、世界史专业，也冲击着原本按照'历史学'进行的培养模式。"[3]

通识教育与专业学术往往被认为具有相反的性质，实则不然。专业化学术的健康发展比表面上看起来更需要通识。"经典阅读对于建构学科传统与形成对基本问题的理解有很大帮助。"专业内部本就涌动着不断寻找下一个研究问题的求知欲，但随着研究的深入、

---

1 桑兵：《不分科与科学：新文科构想的渊源及取向》，《探索与争鸣》2021年第10期，第5—8页。
2 孙江：《跨学科与去学科："新文科"的第一步从何处开始》，《探索与争鸣》2021年第10期，第13—15页。
3 章清：《中国史与世界史：共同的底色》，《探索与争鸣》2021年第10期，第16—19页。

持久与复杂化,专业学者容易陷入"路径依赖"和视野盲区。这种不良状态被一位资深的学科带头人描述为"脱离了原来的问题,将就后来的系统,画地为牢,作茧自缚,挖了个坑自己跳进去爬不上来"。[1] 对此,专业共同体内部却不容易自觉。

人文经典通识课程的教学为教师创造了两种特别重要的对话机会,一是与古典时代未受专业思维惯性牢笼的思想巨人对话,熟习他们更少借助学科"拐杖"的思想方式;二是与当前的学生对话,不仅因为学生是新时代的产物,与学生的深入交流是大学教师把握时代脉搏的重要渠道。而且,"专业学者向本科一、二年级讲的问题,恰恰可能是他的专业研究中最根本的问题,可能是他研究了一辈子、到一生最后,最成熟的阶段才能回答的问题。"教学准备与教学实施过程中所要求的深度对话有可能就是他在学术生涯中难忘的挑战,从而能够激发鲜活的问题意识和敏锐的思考。

通识课堂创造的两种对话机会能带来不同方向的刺激,因而将有助于学科的自律。当教师感受到通识课的教学工作与自己的专业工作具有明显的相互支撑作用,通专结合的本科教育便成为大学的中心。有教师将参与通识教育工作描述为"让所有沿着专业化漫游的学者不断地回到中心报到,以检验自己的漫游是否达到了最佳状态"。本科"中心"的确立使大学有了灵魂,这就意味着大学校园具有整体和谐一致的教育氛围,每个人在这样的环境中会自然而然地得到熏陶。承载着不同知识的课程摆脱了以"学分"或"工分"为中介被任意等价交换的境遇。心智的塑造不必通过刻意灌输某些固定的观念、僵化的教条来实现。学科的地位一定与其在大学教育中的贡献有关。学科之间既不是形式上的抽象平等也不是基于排名或

---

[1] 桑兵:《不分科与科学:新文科构想的渊源及取向》,《探索与争鸣》2021年第10期,第5—8页。

经费的不平等。人，而不是其他人造物将成为大学的目的。在中国的一流大学，不断地能有人去想象这一图景便是人文经典课程作为通识教育的意义所在。

五、经典教学中的问题

（一）知识交换的误解

在预设的访谈提纲之外，多名教师都主动提到了一个现实问题：目前许多大学的通识核心课修读规定中有一条"本专业回避原则"，要求开课教师所属专业的本科生，不能选修这门课，或者修读了也不能作为通识课程学分来认定。在通识教育改革之初还没有这项规定，许多教师特别提到了规定推行前后学生的差别。

经过补充调研，我们了解到这项规定背后有行政管理上的几方面考虑。其一，高质量的通识课程总体上供给不足。为了满足全校学生的选课需求，使学生能够领略到完全不同专业背景的课程和教师带来的通识教育，本专业学生因其在专业内部就能接触到这些教师和课程的相关内容，于是可以让出有限的名额。其二，通识教育的一种思路是知识结构的拓展，采取"分布式选修"模式的学校都倾向于这种理解。于是，专业学习成为知识结构中的既定部分，通识课程则只需致力于其余部分的建构。其三，多数学校出于教学质量控制的考虑，约束课程评分的优秀率，避免分数"通胀"，而学生学习本专业的通识课更易占据优秀率，显得"不公平"。

然而，多数受访教师认为这个规定并不理想，他们在长久以来的通识课教学中体会到，来自本专业或专业相近的学生群体其实收获最大。在同一个课堂上，学得最好的学生所能到达的程度，会影响整个教学状态,从而带给其他参与这门课程的学生积极的影响。排除了这个选课群体之后,教学效果的最高目标和教学成就感都有所打折。

一位教授中国传统经典的教师提出,他的课堂中总有几个特别突出的学生,正是这些学生让其他同学明白,通识课程并非只是娱乐性地让大家接触一下传统经典,而是有一定的专业性目标,比如对中华文化有基本的认识。"当然这两拨学生他们的要求不一样,我有时候折中,但是折中又怕两拨学生都不乐意,所以有时候不太好把握。我想其实哪个老师来教都会有这个问题。"(W)

此外,本专业学生回避的选修规定还与专业中心的教学组织思路有深层关系。"(教务管理上)把开通识课理解为不同专业去了解一点对方知识的一个交换机会。"(M)为了达成跨专业的"交换",教学的深度和力度无疑会降低。多数受访教师并不认为自己开设通识课意在跨专业的知识交换,他们不仅没有在通识课程教学中因学生群体不同而降低学术品质,还总是倾向于"就高",而并不"就低",反而在一流大学的学生中间赢得了较高质量的口碑与尊重。当这些通识课程具有足够的专业水准,那么专业学术人才的培养同样需要这样的课程。"因为本专业并不提供这样的课。"(W)

(二)读书人的扎根性关怀

在通识教育成为一种正式的制度设计之前,那些大学里已经有了读书、思考和交流的氛围。表面上看,通识学问的积累来自于20世纪八九十年代大学里的文科生们的读书热。这种生机勃勃的学习热情并不能简单地用个人"兴趣"或者"好奇心"来解释,他们在一起不知疲倦地读书和讨论,体现出某种长期持续的、总体性的问题关切。并且,对当时的学生和老师群体而言,这种关切既是普遍共同的,又是具体切身的。有几位教师为我们剖白了自己从大学时代持续至今的思想紧张,并受到这种求知欲的驱动去不断地读书思索。

J:"(在现代化进程中的)后发感是一种很矛盾的纠结心理,我们又觉得某些东西值得追求,但是我们又消受不起,大概有这种感觉。韦伯带给我们的问题就是现代化的问题。合理化、理性化、祛魅都是很重要的现代化的核心,但是他发现,在当时的德国,有很多事情是没办法彻底合理化、彻底祛魅的。其实我们中国也会有类似这样的情况吧。"

"经典文本实际上包含了一些对于比较重要的人性问题的共同思考。你会意识到,在今天遭遇的特定历史社会处境中的许多经历,可能是人类文明在不同处境下不断遭遇的共同困境,以前的各种智慧、制度与思想的努力都与此有关,你会对理解今天的处境,有一个更深入的文明视野。"

K:"在现代世界,作为一个中国人,究竟什么是中国人?我们接触到的各种不一样的思想原则,怎么去弥合它们来形成我们作为一个现代中国人的世界观,使我们的生活更有意义?这些问题都是我们遭遇的问题,我不知道你们现在遭不遭遇这个问题,带我们读书的孙老师、丁老师他们那时候也有这个问题。"

C:"这对于今天中国来说更为重要,因为这个文明传统在近代遭到很强的质疑,但新来的文明传统直到今天还与中国人的生活有很多隔膜之处,现代中国的文明处境在今天是未定的。这才需要通识教育给我们在面临今天的社会、经济、文化、心理等所有问题时一个更大的视野,使专门化甚至琐碎的学术研究与大的问题联系在一起。"

A:"你生活的时代需要你去回应这些问题,需要你去想这些问题，否则你怎么会是个读书人呢？"

改革开放以来的中国学术思想界，社会经济发展和大学里的学术思想都在古与今、中与西，各式各样不同思想观念的冲击之下"摸着石头过河"。这种处境使那些有"思想担当"的中国学者长期面对着一系列现代中国的文化自觉与文明复兴的基本问题。特别是在二十岁左右的年纪，敏感的心灵更易于投身其中。有教师强调，不论是当年自己的读书、做研究还是如今的通识课程教学，背后始终有一以贯之的问题意识。

M："我的问题一直比较一贯，还是想努力知道中国人面对的所谓现代的问题到底意味着什么。这个问题到现在并不是非常清楚的。我花很大精力去研究古代西方的政治思想，上这样一门课程，但现代中国的问题仍然是我个人非常关心的。只是要回答这个问题，可能要比我们想的复杂得多，要深入到许多问题的后面才能看出来现代中国的问题应该怎么去理解，怎么去探索它的各种可能性。"

还有教师进一步解释了古今思想之间的关系。"我们都是时代的产物。"一方面，现代文明的基础根源于古代文明，现代文明中出现的种种的问题与弊端需要通过古典文明的基本精神来平衡。另一方面，应该基于现代文明来重新理解我们的古代文明。现代文明的许多基本精神其实是在不断回到古典文明的过程中，不断反思，从而重新理解、重新建构。古典文明也正是在这个诠释的过程中逐渐形成的。为了理解我们自己，理解中国文明，博通的学养和切身的体会缺一不可。

多数受访教师拥有较长期的海外留学经历，他们学成后回国任教，不论教授的是中学还是西学，都有着扎根此地讲学育人的信念。因此，他们谈及的问题关怀并非仅仅是学理层面和纯粹对象化的，而是扎根的、切己的。这也是教育事业不同于单纯学术研究的特性。

（三）人格的舒展与学问的活力

"先天下之忧而忧"的关怀反映了儒家传统读书人对家国天下的担当，而现代大学的通识教育恐怕不能仅限于此。时易世变，当代学生是否还有条件、有可能成为传统意义上的"读书人"？他们的人生阅历和心胸气度是否足以承接人文经典的思想分量？有教师对此提出了深刻的质疑。

试想凭借着优秀的考试成绩进入中国一流大学，涉世未深的聪明头脑带着崇高的理想情怀或者懵懂的精英意识来学习古典名著，从而感觉到自己懂得了高深的知识，掌握了隐秘的规则，通晓了治世的真理，就能以"通识"自居吗？有教师警醒地提出"通识教育特别容易形成一个高级意见的综合体"。

M："书是伟大的，但读伟大的书的你，不一定是伟大的，你不是柏拉图。不能有错觉，读着读着就以苏格拉底自居，觉得自己是所有时代最有智慧的人。这种代入感会让你忘记读书中真正重要的东西。"

J："因为我觉得大学的课，尤其是通识课，要让你形成一些挑战，跟原来学习的东西是不一样的，甚至要让他意识到'不舒服的真相'，智识上的一种冲击，一下子打开他的视野——我原来没有想过这个问题，居然有人这样想，有人在同样一个大问题的选择上是跟我截然相反的，我以前认为这样的人是疯子、白痴、傻瓜，后来想想他好像也有道理。"

P："为什么是忧喜参半呢？其实我对于传统文化还是有一种同情和温情，也比较认同传统的一些理念，不是完全西方化的知识架构跟认知模式。现在学生这种朴素的文化主体意识、文化自信是需要保护的，但是我也特别担心他们走到另外一个极端——走到盲目地去否定他人,盲目地抛弃现代性给我们提出的一些问题和要求,甚至于就是滑向民粹主义。对我们教学来说,这也提出了更高的要求。"

D:"我现在是觉得,学生严重缺乏经验教育和情感教育。思想性文本、经典文本,它要有一个载体,这个载体,是人要多去了解更大范围里的活生生的生活才可以。真正能够把人的厚度宽度还有长度给它打开了,才是通识教育的根本。比如柏拉图、亚里士多德、荷马、但丁说了些什么,其实不重要,重要的是能不能真的发现自己、发现周围的世界。你会觉得生活特别有琢磨的味道,然后琢磨来琢磨去能够把这些事、这些道理一点点地拉得更长、更厚。你觉得不仅是跟今天大家讨论的事有关系,也跟西方原来的很多想法有关系,跟中国原来几百年前甚至上千年的人们讨论的东西有关系,这样的话你就把自己打开了、拓展开了,这个是通识教育和人文学科最核心的东西。"

上述反思提醒我们,在精英大学里学习古典名著,要提防一种副作用——增长虚荣,滋生一种自以为是的优越感,落入自命不凡、装腔作势又自我封闭的陷阱。许多学生并没有八十年代大学生那样的志向,在课程要求之前,从未对自己提出过这类问题,也从未亲自琢磨过其中的困难所在,却已经通过讲读经典的课程轻易获得了一套套显得高明的回答。许多"会读书"的学生觉得书本是书本,自己是自己,书中的道理只有相对的正确性,他们读书只是为了寻找给老师、给别人看的答案,或者为了添加到论文里使引用增色。他们读书时不会关联到生活,不会真的"把自己放进去"考虑,更不会触动到自己的信念。这种"装饰"性的人文学习对心灵的教养不但无益而且有害。

在通识课程要求之下读书和读自己找来的书,在领悟效果上有重要的差别。正所谓"不愤不启，不悱不发"，人文经典课程在制度设计上并非多多益善，否则会造成不健康的反教育效果。

人文经典通识教学为具有高度专业素养的教师提供了与经典作者对话、与当代学生对话的最佳契机。教学准备与教学实施过程中所要求的深度对话，能够激发鲜活的问题意识和敏锐的思考。前文提及，有教师将参与通识教育工作描述为"让所有沿着专业化漫游的学者不断地回到中心报到，以检验自己的漫游是否达到了最佳状态"。在这个意义上，通识教育工作有可能一定程度上刺激学术研究，促进学科自律。

（四）古典学问的教育潜力

在中国现代大学里正式地讲读中国经典实际上是历来充满争议的。晚清至民国的巨变时期，中国古代以经学为首的四部之学随着科举的废止、清王朝的覆灭而失去了其所依托的教育体制与政治体制。随着新法颁布，民国的大学一边建立起了文、理、法、农、工、商、医等现代专业学科，另一边则正式取消了居于古代学问至高地位的经学科。[1] 在强烈的民族存亡危机感的影响下，五四以来的知识精英主张激进的文化革新，[2] 不论是大学的学术形态，还是教育模式都要借助西方的资源而加速进入现代化轨道。百多年后，随着综合国力的增强，文化自信的复苏，社会上对中国古典学问开始产生空前的兴趣，[3] 而在大学里中国古代经典仍被作为各种学科分解研究的对象。我们要分析的是，中国古典学问作为大学通识教育的现实条

---

[1] 陈周旺、段怀清、严峰、孙向晨、田素华、苏耕欣、李宏图、张涛甫：《新文科：学术体系、学科体系、话语体系——复旦大学教授谈新文科》，《复旦教育论坛》2021年第19卷第3期，第5—23页。

[2] 葛兆光：《中国思想史》第2卷，上海：复旦大学出版社2001年版，第530页。

[3] 曾奕：《经学、国学与中国的古典学》，《复旦通识教育》2010年第4卷第6期，第84—89页。

件是怎样的？

　　以中国古典学问为研究对象或者研究材料的各类文科，根据其专业化建设程度大致可以分为两类。一类是率先摆脱传统治学方法，完成了科学范式转型，并且在现代化过程中形成了专业学术共同体，达到了卓有成效的国际化。例如考古学、中国古代史学等。另一类的学科建构则没有那么顺畅明晰，在同一个学科名称之下容纳各专业方向之间的差异巨大，各种主题和类型的研究杂处并存，它们的学问根基、研究方法论、价值评判标准和治学面向都有很大区别，例如中国文学。若从对教育的要求来看，前一类中国学问领域比较关心的是在下一代中寻找学科的继承人，而不是人文教育问题。就像其他现代学科一样，此类专业学者总是向前开拓，很少有"后顾之忧"。他们会小心翼翼地与通识教育保持距离，难免显得自己很不专业。他们的学术工作似乎与促进文化理解，启迪文化自觉，帮助学生在自己的文化里安身立命等教育责任没有瓜葛。后一类中国学问，由于学科内部的整合程度没有那么高，反而有较大的发挥空间，个别有文化理想的教授会积极地参与通识教育。

　　下面《史记》的例子很好地说明了人们对文科的学术研究要求和教育期待之间的分歧随着专业化水平的提高而加深。

　　　　历史系可能不太会开《史记》的课，要开也是中文系在开……《史记》不过是我们研究的史料，可能还只是不太重要的一小部分史料。比如商代吧，《史记》当然记载了商代，但是现在谁还抱着《史记》来做商代研究？这是不可想象的。商代的研究当然要去殷墟、要读甲骨文了。就像宋振豪先生主编商代史，就有十几册了，几十万、上百万字了吧。这样规模的史料在那里，那么《史记》这本书在里面所占的比重是微乎其微了,其他时代也是这样。这样一来,历史学者在这本书上花的时间就不会很多,也不会认为《史记》很重要。

那么中文系为什么会开《史记》的课呢?"那是因为中文系认为《史记》文章写得好,所以中文系的老师的上法是教你读'无韵之离骚',是来读文章写作的讲法。可是这样一种讲法并不是司马迁写《史记》的诉求。"

今天的中国历史学专业几乎不讲授《史记》,正如今天研究物理学很少会去读亚里士多德和牛顿。"社会科学和自然科学是围绕最新的学术研究文献建立的学科体系,教科书与专业研究文献才是阅读的主体。"有教师特别提及,"成熟的科学都是能忘记祖先的",经典阅读并不是科学的主要工作方式。只有在教育下一代的意义上,经典阅读的重要性才被强调。那么,当今中国一流大学是否有责任给学生提供一门原原本本地读懂司马迁的课程呢?这门课程教学是否应该由历史学科来担纲?

另一方面,我们也注意到现在的学生可能既具有对中国传统的亲近感,也习得了源自西方的现代人生活与思维模式,学生对学习中国传统学问和西方学问是怎样看待的呢?

D:"我回答你这个问题,就是中西没有截然的差别。我觉得,你讲中国传统的东西,有的时候学生觉得离得很近,有的时候会觉得有些远;而西方的东西也是这样。比如我讲林耀华的《金翼》,讲福建的宗族这一套玩意儿,学生并不觉得离自己生活特别近,相反,你讲卢梭,他觉得特别近。为什么呢?因为中国在很大程度上都已经现代了,所以西方很多思想,其实就是他自我理解、自我预设,和周围世界打交道贯彻的一些逻辑。再比如讲西方宗教的时候,学生可能又没有那么好的经验,不太容易去理解。"

教师观察到学生未必因为生长在中国就自然地成为了文明的继承人,特别是当社会的日常风俗、商业流行文化和大众媒体并没有体现出足够的文明导向,有意识的人文学习和主动的教育引导并不能被生活经验所替代。

改革开放以来,为了读懂西方,大量学者致力于翻译西学经典名著,从古希腊、古罗马、中世纪、文艺复兴、到启蒙运动、科学革命和近现代,内容覆盖了西方文明发展各阶段大部分的重要著作。然而,为了读懂中国文明,同类的点校、整理,以及符合现代人阅读习惯的排版与出版工作却大大落后了。那些中国最古老的经典,市面上并没有适合大学本科生阅读的版本,也找不到能够根据当前取得的学术成果来为大学生严肃地解释、全面地讲解这些典籍的书籍或学习材料,更不用说后世历代其他重要文献的教学化整理。这类工作不同于大众化的"普及",也不是说学术性的整理工作停滞不前,而是要立足于为大学本科生提供学习材料,为通识经典课贡献教学设计的工作。在鱼龙混杂的"国学"普及读物与学术研究作品之间,还有一条大学通识教育层次的鸿沟亟待填补。这项工作需要依托深厚的学术储备,绝非学术界之外的人士所能承担。从这个侧面来看,目前中、西学问为大学通识教育所做的准备——古代经典"教科化"的差距不小,古典学问的教育潜力有待进一步激活。

六、小结:守先待后的文化事业

本节以较大篇幅原汁原味地展现了通识骨干教师致力于人文经典课程教学的缘起、自己的学问渊源以及身处于当前的大学与社会环境下面向当代的学生开展正式的规范化通识课程教学的情况。初代教师自己的通识学问主要来自自由的读书、大胆的修课和八九十年代大学里的人文氛围。几十年后,对文化事业一以贯之的热情促使他们投身通识教育,把自己从读书做学问中得来的精髓转化为课程的形式传授给学生。用课程的形式和学生一起读经典,这一转变本身面临许多现实制约和挑战。即使在中国最好的大学,人文经典通识课程的教学并不如理想中那样左右逢源。

经典文本实际上对读者具有筛选性,仅仅在学科专业上合格的学者很难驾驭此类教学。在师资不足的情况下盲目开课会导致教师和学生都花了许多力气却不得其门而入。人文经典代表着文科学术的最高典范,而课程教材则是面向初学者的阶梯,两者之间有着很大的距离,教师的全部学养功力便体现在如何因材施教地把前者转化为后者,包括设计学习目标、内容章节编排、课时进度、参考资料、作业考核与学业评价方式等。这项工作既有很大的自主性和灵活性,也考验着教师对经典文本、学术之道和修课学生的理解水平。

我们也注意到,受访教师得益于上世纪八九十年代的大学氛围、和师友一起读书积累下的经验与共识,以及他们在各自专门领域的钻研与反思。他们是十分特殊的一代知识分子。随着学术人才成长的道路越来越规范化,大学内外诸多条件发生了质的变化,这项事业的后继者可能和他们的老师大不相同,未来的走向是值得关注的问题。

要成为一个教养成熟的现代中国人,什么是我们共同的最重要的教育内容?究竟有没有不可能回避去读的经典?本研究也揭示出,当前一流大学的人文经典通识课程教学实践并不能被美国的"永恒主义"课程理论所统摄。实际上,与"永恒主义"理论更具有对等性的是中国传统的经学教育。经学教育的现代化转型正是困扰了中国教育界和思想界近百年的文化与教育问题。

1934 至 1935 年间,《教育杂志》号召全国开展"尊孔读经"的大讨论，钱基博、蔡元培、陈望道等七十多位名家撰文发表观点。[1]当时有识之士提出的各种鲜明的见解，从绝对赞成、相对赞成、反对，到绝对反对，这些观点对今天大学里开设人文经典课程都是有价值的思考。在课程与教学实践方面，如何在学校的课堂里传授中国古代经典，关于篇目选取、进学次第、教材教法等，南菁书院[2]、无锡国专[3]的许多经验依旧很有启发。

蔡元培先生是民国废止读经最有力的推动者，随着北大文科章门主流转而变为以胡适为代表的新派主政，"整理国故"替代了传统的经学研究与教育。[4]在相关讨论中，胡适曾撰文《我们今日还不配读经》，他当时指出："孟真先生说的'六经虽在专门家手里也是半懂不懂的东西'，这句话只是最近二三十年中的极少数专门家的见解，只是那极少数的'有声音文字训诂学训练的人'的见解。""所以我们今日正应该教育一般提倡读经的人们，教他们明白这一点。这种见解可以说是最新的经学，最新的治经方法。始创新经学的大师是王国维先生……"[5]这提醒我们，如今经典教学的学术基础应当严谨地建立在百多年来文科专家持续推进的对中外经典的整理与识读工作之上，由大学通识教育所更新的传统教育应当以新的古典学研究为基础，从而避免落入老旧文明固步自封、妄自尊大的处境。[6]

---

[1] 何炳松：《〈全国专家对于读经问题的意见〉"读经问题"专号原序》，《教育杂志》1935年第25卷第5期，第1—4页。

[2] 陆胤：《从书院治经到学堂读经——孙雄与近代中国学术转型》，《学术月刊》2017年第49卷第2期，第163—178页。

[3] 田良臣，王燕芳：《无锡国专国学经典教学方法探微》，《高等教育研究》2015年第36卷第9期，第84—93页。

[4] 陈独秀，李大钊：《新青年精粹》，北京：中国画报出版社2003年版，第29—33页。

[5] 胡适：《胡适文存》（肆），北京：华文出版社2013年版，第400页。

[6] 徐渊：《中华"古典学"与通识教育》，载熊思东等编：《通识教育与大学：中国的探索》，北京：科学出版社2010年版，第239—241页。

通过实地调查与访谈中我们也明确认识到,这项重要的工作至今尚未完成,以至于中国古典学问的教育潜力尚未充分发挥出来。

在新时期重建中国一流大学的人文通识教育是一项艰巨的文化事业,它是走出苏联模式后建立中国特色现代大学理念与制度的必要环节。章学诚在《文史通义》里写道:"是以学必求其心得,业必贵於专精,类必要於扩充,道必抵於全量,性情喻於忧喜愤乐,理势达於穷变通久,博而不杂,约而不漏,庶几学术醇固,而於守先待後之道,如或将见之矣。"[1] 今天的人文经典教学工作彰显着守先待后的精神。教育事业的期望并不在于一时,而在于未来。我们期待师生共勉,以更开阔的视野、更通达的学问,在符合现代大学制度与精神的框架中更新经典教育,传承文明传统,建立我们的通识课程教学制度。

第三节 大学写作课的多重价值

近两年,中国大学通识教育发展建设过程中兴起了一股风潮,就是工科见长的院校[2]专门开设供全校本科生修读的通识教育写作课。这股风潮因其收效显著,得到了越来越多师生的认可,其影响波及更具综合性、人文学科规模较大实力较强的院校,虽然这类院校目前还没有把写作课作为通识教育的主要途径。我们应该如何理解这种现象?写作课对中国大学通识教育意味着什么?本节首先列举这类通识课程在中国大学设立的概况,然后分析这类课程所属大

---

1 章学诚:《文史通义》,上海:上海古籍出版社1956年版,第51页。
2 广义上工科也包括农林院校、行业性院校,他们的学术研究都具有鲜明的实际用途指向。

学通识教育的需求特征,再进一步讨论写作课在中国教育体系中的价值及其反映的问题。

在第一波通识教育改革(约 2005—2015 年)中工科见长的院校参与不多,没有突出表现。究其原因,一方面,受限于学科和师资的明显不足,这类高校很难建立起一整套通识理念鲜明、以人文为中心的通识课程要求所有本科生修读。另一方面,也是更深层的原因在于这类高校的学术氛围和组织文化。从学校领导、院士科学家、中层教学管理人员,到院系领头教授,这类院校的教学科研主事者本人很少有系统地接触高深人文性学问的经历。由于这种陌生感,他们会从自身出发对人文性通识教育表现得敬而远之,感到难以把握,又或者不加辨别地把"文科"都看成"无用的、不实际的、夸夸其谈"的东西。在这种氛围中,即使有校长或人文教授领衔推动,在校内也阻力重重,难以取得通识教育上的共识。

受限于实际条件和教育理念,工科见长的院校难以采取建设一整套核心课程的通识教育路径。在 2015 年之前,开设一些兴趣主导、没有结构化修读要求、不强调学术训练的通识选修课或者文化素质选修课成为这类院校填补通识教育空白的主要举措。虽然聊胜于无,但是长此以往,通识教育改革会陷入质量困境,更难以实现其针对理工科学生的全面育人承诺。

随后,清华大学率先找到了撬动通识教育改革深化的关键支点——写作课。理工科学生在长期发展中,写作能力以及与之相关的表达沟通能力是显著的瓶颈,这一点在其校友与雇主调查、相关工程界领导甚至院士专家的育人建议中都得到了印证。和过去比较多见的《大学国文》类课程相比,写作与沟通目的明确,更具有实操性,也更符合职业发展的实际需求。改革者还注意到美国大学里开设写作课程的十分普遍,这也成为了改革的依据之一。写作课的教育条件相对容易满足，理论上各类文科专业的教师经过一定的准备都能胜任开设写作课程，也未必需要资深教授。当然，以美国的开课情况来看，写作课大都聘请的是纯教学型、合同制讲师而非长聘的教授，这与美国高等教育注重成本核算不无关系。

一、全校性写作课开设概况

在新一轮更加注重质量和效果的通识教育改革与建设中，许多工科见长的院校在开设写作课上达成了校内共识。值得一提的是，中国科学院大学、西安交通大学在国内较早地制度化地推行本科生写作训练课程，但其最初的课程开发没有明确地源自通识教育理念。表4列举了目前国内11所大学[1]开设全校性写作课的基本情况。

从课程名称来看，"大学写作""写作与沟通（表达）"是较多被采用的。"写作"可以包含三种方向的训练：应用文，学术论文，亦或是文学性文章。"沟通"与"表达"强调了社会交往的现场实践。从课程名称的一致性也能看出大学之间的影响关系。

从院校类型来看，工科见长的双一流大学（如清华大学、西安交通大学）、新型小规模理工大学（如中国科学院大学、南方科技大学）、行业特色大学（如浙江农林大学、华中农业大学、江西财经大学）是积极建设写作课的三类院校。三类大学的人才培养定位不同，写作课程建设的出发点也有所差异。新型小规模理工大学所适配的写作课主要为了培养具有更佳综合能力的科技人才，注重论文写作。行业特色大学训练写作则是为了拓宽职业能力，侧重应用性写作。

从师资来源看，在有的大学，现有文科专业教师构成了写作课

---

[1] 表4选取的11所大学是不完全统计，但对于国内大学写作课建设情况有一定的代表性。

的主力。有的大学会专门聘请一批文科教师来担任课程，他们通常以授课为主业。还有一些大学的师资来自于非文科的专业院系，这意味着其写作课的定位具有专业性，类似于专业英语，那么这类写作课在名义上可能被归为全校通识课，但实质上属于专业课。表4可见，一些院校为了加强课程建设力度，成立了专门的组织机构。

理想的写作课程教学成本很高，不仅远高于大班讲授型课程，甚至也高于小班讨论型课程，因为它要求复杂综合的能力训练，又特别需要个人化的指导与频繁的作业反馈。为此，不论哪种师资来源，教师都需要为教学付出比大学里其他课程更多的时间与精力，而其教学内容又对学术研究几乎没有助益。所以，写作课教师在大学里的归属感、职业重心、学术前途与文科专业院系里的教师有很大不同。对大学管理层而言，如何保留、补充较好的师资是个长期的挑战。

表 4

院校名称	课程名称	学分	开设年	建设覆盖范围	修读要求	专门组织机构	师资力量
中国科学院大学	大学写作	2	2015	2015年,实现大一全覆盖	大一必修课		来自各学院与研究所的21位中青年教师
清华大学	写作与沟通	1—2	2018	2020—2021学年,基本实现大一全覆盖	大一必修课	写作与沟通教学中心	以写作中心专职教师为主、院系合作教师为辅的教学团队
浙江农林大学	大学写作	4	2018	2022年,基本实现大一全覆盖	大一必修课	写作中心	写作中心共有28名教师,其中专职20名、兼职8名
南方科技大学	写作与交流	2	2018	2019年,实现大一全覆盖	大一必修课	人文科学中心	由人文科学中心开课,成立教研室,招聘一批专任教师与兼职教师
华中农业大学	写作与沟通	1	2019	2019年,实现大一全覆盖	大一必修课		组建了由11个学院、44位主讲教师组成的授课团队
江西财经大学	写作与沟通	2	2020	2020年,实现大一全覆盖	大一必修课		师资力量不足:能够承担教学任务的仅有20多位教师,且非通识写作课专任教师
太原理工大学	写作与沟通	2	2020	2020年,实现大一全覆盖(线上慕课3/4学时)	大一必修课	写作与沟通教研组	由文法学院负责,来自15个学院的45位老师为59个班级授课

续表

院校名称	课程名称	学分	开设年	建设覆盖范围	修读要求	专门组织机构	师资力量
上海科技大学	文学与写作	3	2021	覆盖2021级及之后的所有本科生	必修课		由人文科学研究院的老师开课，课程内容主要是中国文学
浙江大学	大学写作	1.5	2021	2021年覆盖1400位理工科大一新生，未来3—5年实现大一全覆盖	部分理工专业大一必修课，未来3—5年覆盖全体大一新生	中文写作教学研究中心	成立中文写作教学研究中心，组成近40人的优质教师团队
西安交通大学	表达与交流	3	2012	2012—2021年，已有超过7000名本科生修读	部分理工科专业的必修课，全校其余本科生的选修课	2023年1月成立艺术科学与表达交流中心	电信学院院长牵头组成课程组，2015年已有12位教师
湖南大学	写作与表达	2	2020	2020—2022年，每年1000余名本科生修读	选修课	写作与表达教学中心	组建20余人教学团队，以中国语言文学学院教师为主，未来师资遴选将面向各学院

二、本科写作教育的不同定位

下面将更深入地讨论写作与通识教育的关系。复旦大学通识教育中心主任孙向晨教授对此做过精辟的论述："如何阅读经典，探讨学习的各种主题，从最基本的概念澄清到不同概念之间的辨析；如何把学习内容吸收、消化，在同学之间做好学习报告；如何做好论证，实现从部分论证到整体论证的连续呈现，学会用各种证据说话；如何进行有效的沟通，表达原创性的思想……这些都需要通过各种层次的写作来表达，写作是学习的综合输出终端。因此，写作的背后是学习过程中一个巨大的整合、消化以及呈现的过程，涉及我们学习的每一个环节。今天我们谈论写作，就要有一个根本性的观念转变：写作不只是文字功夫，更关乎思维是否合理，逻辑是否清晰，论证是否严密。"[1]

理想的写作训练并不是以下笔书写为起点，而是要从学习的源头——阅读、理解、赏析开始。随后的教学将包括收集资料、分析讲解、讨论整合、初写修改和评价反馈等。所以，完整的写作学习过程几乎等同于文科的学习过程。事实上大多数文科教育最后也会落实为写作，以写文章的形式来验收和评价学习成效。由此可见，良好的写作是培养"读书人"的教育成效标志。在文科实力较强的综合性大学，虽然也会设置写作课程或非课程性质的写作学习项目，写作水平的提升更多被认为是整个大学教育结果，其训练应贯穿大学教育的全过程。

同理，在工科见长的大学，一门作为通识教育支柱的写作课，其教学设计要汇集通识核心课程所要求的诸多环节，相当于通识核心课程的精简版本。在实践层面，由于本科培养方案必须在有限的空间达到多种教育的平衡，精简浓缩不仅是个可接受的选择，更可能是权衡之下的上佳方案。在理想层面，一门课的教育影响力和学习投入难以替代一个教育体系，从阅读到书写，每个环节都不得不浅尝辄止，而要达到变化气质塑造人格的更高目标则更加困难。考虑到大学里的其他课程还会要求学生写文章，学生从写作课上学到

---

[1] 孙向晨：《写作为何是通识教育的枢纽》，《通识教育评论》2022年第1期，第75—79页。

的技巧和心得还有许多机会得到温故。这大概就是许多大学将这门通识写作课安排在一年级必修的原因之一。

另一类写作课教学目标并不是人文通识性的，而是把写作训练看作一种全校各专业学生都要掌握的学术技能，它是"通用技能"意义上的通识。然而，写作是技能与内容、规范与风格相统一的活动。不管是形式上还是内容与风格上，学术论文写作都是具有专业特性的，哪怕是引用文献的规范性要求实际上也是具有学科差异的。如果不加思索地把写作视作一种独立的"通用能力"，过于沉迷于这种"通用技能"的字面意思，就会忽视这一点。事实上，写作水平并不能独立于具体内容而论。先架空地学习学术写作"技能"，再学习专业知识，进而自然能达到学术写作，这种对学习过程的想象过于抽象。一些与专业无关的学术写作要领与原则只需要很少的课时，需要的话借助一本手册就能说明清楚。所以在一年级，把写作课作为通识教育课程来开设，尤其是在致力于培养理工专业人才的方案中由文科教师来教授怎么写，能起到的作用是比较有限的。真正的学术写作训练还是要依靠具有专业学科背景的教师，不论是阅读、模仿还是写作的素材，都不脱离具体专业领域的知识。旨在训练学术研究写作的课程更适合在学习了一定专业知识，储备了一定的专业阅读量之后，到本科三四年级，由专业教师来指导更加有的放矢。如此一来，这类课程便更具有专业性而非通识性。

除了上述旨在通识教育的写作课、为了学术研究的写作课，目前现实中的大学写作课更主要发挥的效果是"补课"性质的。在纠正应试作文的习气与偏误、补偿中学语文基本功的欠缺等方面，写作课效果显著。原本，大学教师期待通过高考这样严格的考试竞争筛选，进入一流大学的学生应该都具备相当扎实的书面表达能力，可是，事实上即使在中国生源选拔性最高的大学，学生的写作功底也令人遗憾。有名校教授批评本科生写作方面存在巨大欠缺，文字表达能力每况愈下，即使是文科专业学生也缺乏缜密的思维训练、扎实的论证习惯和严谨的文字能力。还有教授认为现在博士生的文字表达能力比不上20世纪80年代初的本科毕业生。现实中，大学写作课教授和训练的常常是原本高中毕业应当达标的一些基础性要求，诸如文章结构合理、逻辑清晰、风格明了、言必有中、文从字顺、标点合规、少错别字。还有许多大学写作课教师反映，高中毕业生往往在过去应试作文里强化了背离学术品位的文风，比如旁征博引、随意抒情、文理不通、生搬硬套，他们在教学上花了许多功夫去抵消和扭转这些不良的习气。当然，这个层次的教学既不需要深究人文经典，也不必依托专业知识，日常的主题、新闻式话题、兴趣型素材就可以成为写作练习的内容。

三、一流大学何以需要写作"补课"

值得深思的是，"补课"性质的大学写作课在一流大学也广受欢迎。不仅一流大学的教师感到这种写作课很有必要，其学习效果也得到了学生的认可。这一现象首先折射出中学教育和大学教育之间的不衔接和低效率。倘若中学语文教育和高考作文"指挥棒"出现了导向性的偏差，可贵的学习努力就会与真正的学术标准背道而驰。如果把本应在高中语文教学中达成的作文能力当作大学通识教育所要求的"通用技能"，那么就会掩盖上述现实教育问题，教育者还会不自觉地将第一类通识写作课简化成高中语文作文课。

不仅如此，在新近的调查中我们还发现，一些特别注重写作教学深度和力度的大学会为学生配备一对一的课外个人指导或面对面批改，简称"面批"。这对高校来说是成本高昂的"精英"教育配置，对学生而言则是宝贵的和老师直接交流的机会。最近两年，许多参与此项工作的教师意识到自己成为了学生倾吐心声的对象，在"面批"工作中常常要面对学生在大一遇到的从高中到大学的种种难题与诸多人生困扰。这项学术教学工作在很多情况下演变成了堪比一名心理与情绪纾解师，甚至是家长式的关爱与教导——比起写作本身，如何面对这些大学生活困惑与心理挫折似乎成了更为要紧的教育工作。

鉴于上述现象已经具有一定的普遍性，促使我们进一步洞察学生的需求，理解大学通识教育的重要性。纵然各种名目的教育项目和学习机会在一流大学空前充裕，教育的制度性供给比过去大大丰富，也更加规范化，但学生最需要的始终是有一个真诚关心他这个"人"的成长能与他深入谈话的老师——这种非制度性的人文教育在今天尤为稀缺，通识写作课面批（制度）并非为此而设置，却因其通识教育精神和充分的师资投入实现了这一功能。为什么今天一流大学的学生在写作上需要"补课"，还特别需要和老师"谈心"？通识教育并不是有明确边界的某一类教育，通识教育关注学生教育的全面性与均衡性，当教育系统存在某种缺陷或偏颇时，通识教育教师势必最早地洞察到这些问题。在目前的教育结构中，大学通识教育很可能是学生最后一次自我发现和内在成长的保障机制。所以，在大学通识教育的现场，我们更容易发现这个时代在年轻人身上留下的特定习气以及当今学校教育的系统性偏差，从而通识教师也承担着巨大的补救性教育责任。

总之，在目前中国大学，写作训练的现实必要性日益凸显，有的大学将写作理解为教育的枢纽，学术的素养的标志，也有的大学以写作课来撬动通识教育。虽然一门写作课所能承载的通识教育理想是相当有限的，却是一个务实的开端。

第四节　高等教育大众化格局与通识教育分类

中国大学正式以"通识教育"的名义开始建制性改革是从 21 世纪初开始的。在这段近 20 年的发展历程中，各级各类大学里都涌现出颇为可观的通识教育模式创新。在学术界，产生了大量立足于中国本土问题意识，又具有国际视野的思辨与讨论。在课程教学方面，已经形成了一些跨学科、跨院校的同类主题通识课程的教师交流圈。同时，中国大学的通识教育改革面临巨大的挑战和困难。通识教育没有固定的形式，它总是随着时代的演进和育人目标的演化而调整教育内容与方式。通识教育的多样性一方面体现在不同历史时期的变化，另一方面则由同一时期不同办学定位的院校以多种多样的教育模式展现出来。中国大学陆续开始通识教育摸索建设的时间并不长，尚未形成成熟的经验和普遍的规律，对许多大学而言未来的方向不甚明朗。当目标不够清晰，教育的质量标准难以界定时，通识教育实践就容易陷入松弛与空洞化的困境。

本节试图历史地描述 21 世纪以来中国大学通识教育改革的历程，分析高教大众化背景下"通识教育应当做什么"，从而对多种多样的改革实践形成理论化的理解。具体分解为以下三个问题：第一，从具体的改革行动和学术讨论来看，美国大学通识教育对中国大学产生了什么样的影响？这种影响力在近十多年来发生了怎样的变化？第二，中国文明传统和当代大学通识教育改革有着怎样的内在关系？为什么人文学者凭借其非行政性、自下而上的努力能够在通识教育运动中发挥重要作用？第三，中国大学的大幅扩招和通识教育改革几乎同时发生，这是一个容易被忽略的关键变量，也是中国独特的现实。高等教育大众化与中国大学通识教育改革的相互作用将导致怎样的局面?

一、中国大学通识教育的发展历程

通识教育改革不是大学教育中的一个局部命题,不能仅仅当作本世纪兴起的新一波教育改革。在中国开始建设现代大学之日起,通识教育的种子就已经埋下。不论是潜在的前提与动因,还是显性的观念与行动,通识教育的命题始终交织在中国大学现代化发展进程之中。

(一)前史

新中国成立后,1952年,政府以苏联为蓝本对全国大学做了一体化改制。在体制结构方面,将大量综合性大学改制成工科型、行业型等单科院校,综合性大学占比从41.5%(1947年)下降到8.5%(1953年),并取消了教会学校。[1] 教育教学方面,采取苏联模式设置专业,依据专业制定教学计划、编写教学大纲和教科书。在大学内部,以专业为中心设置的"系"成为了基本组织单位,并逐渐形成了理工科优先于文科的文化氛围。大学通过此番改制,迅速建立了社会主义大学体系,实现了与苏联的办学经验无缝对接,有计划地为国家建设方方面面所需培养大批专业人才。

在教育理念思想方面,清华大学的蒋南翔校长提出要培养"又红又专"的知识分子(教师)。这一思想被写入了1961年发布的《高教六十条》[2],从而使社会主义大学拥有了与之相匹配的教育目

---

1 胡建华:《现代中国大学制度的原点:50年代初期的大学改革》,南京:南京师范大学出版社2001年版,第5页。
2 "又红又专"见于中共中央1961年发布的《高教六十条》:"高等学校必须继续努力培养又红又专的教师队伍。"其后中共中央发出通知,要求干部又红又专,实现政治与技术的合一。

标。国际上有学者认为此举使以工程师为主的专业知识精英与政治精英能够通过高等教育的塑造而结成一体[1]，即"红色工程师"（Red Engineers），是新中国精英教育的重要起点。

（二）准备期（20世纪八九十年代）

20世纪80年代开始，老一辈有识科学家率先提出，高度专业化、知识面过于狭窄的理工科教育不足以培养出理想的人才，建议政府和大学拓宽理工专业的基础，并重视人文教育。[2] 1995年原国家教委印发《关于开展大学生文化素质教育试点工作的通知》，随后在53所高校建设国家大学生文化素质教育基地。[3] 基地主要通过举办课外讲座活动弥补理工科专业教育的缺陷，但不会动摇理工科的课程体系和专业化目标。

教育概念的确立，既有赖于学术定义，更取决于以此为名的教育改革的实际行动，在名实互动之中概念的内涵得以巩固。[4] "文化素质教育"的提法指明了大学教育需要弥补和修正的不足之处。虽然文化素质教育提倡中国文化主体性和人文教育[5]，但是根据相关理论文章和实践结果，其含义更接近一种为了培养将要成为未来社会栋梁的大学生，提供弥补专业教育不足、更有文化内涵的教育。因

---

[1] Joel Andreas, *Rise of the Red Engineers: The Cultural Revolution and the Origins of China's New Class*, Stanford: Stanford University Press, 2009, p. 11.
[2] 杨叔子:《继承传统，面向未来，加强人文素质教育》,《高等工程教育研究》1995年第4期，第1—6页。杨振宁:《杨振宁教授谈我国的教育传统》,《高教战线》1982年第11期，第20—21页。
[3] 1998年10月24日，教育部在北京成立高等学校文化素质教育指导委员会。
[4] 陆一:《"通识教育"在教育实践中的名实互动》,《清华大学教育研究》2018年第39卷第2期，第83—91页。
[5] 杨叔子:《文化素质教育的今日再审视》,《重庆高教研究》2013年第1卷第4期：第1—6页。

而可以说，其大学教育的理想目标立足于精英培养，教育架构继承了"又红又专"的思想，进而拓宽了其中过于局促的狭义政治内涵，接纳了文化素养对人的润饰价值。

大学合并是20世纪90年代大学体系的重要结构性变革。1993年至2001年，在政府主导下，先后有612所大学合并成为250所大学。[1] 通过合并，出现了一批文理工农医门类齐全的综合性大学，一些行业性大学由此更名、"去行业化"。这一时期高教领域的诸多重大改革与20世纪五十年代的改革方向正相反，然而历史阶段不同，实践面临的主要矛盾不同。此时的合并举措并非回归或倒退，而是为后续高教大发展、大众化和巨型化所做的准备。大学合并虽然不免带来新的问题，却也使得更多大学开始具备以全面知识涵养人才的教育环境。尤其是文科院系的普遍配置、人文师资的充实，为本科通识教育和课程建设打下了基础。

在经历了一系列政治和文化的动荡与经济上的拮据之后，中国大学终于进入平稳的发展建设期。特别是在"211工程"和"985工程"实施后，入围大学有了相对充裕的资源和一定的探索尝试空间，在教学和科研的诸多方面得以开展自主的建设和发展。另一方面，在人们普遍的观念中，苏联模式的正当性和必要性逐渐消解。随着改革开放后国际交流的增加，视野愈发开阔，美国顶尖大学的繁荣景象令人深深震撼。国内大学里的知识人一心想要追赶上去，尽快弥补过去荒废的时光。这样的氛围使人们相信，对于眼前的种种落后问题，发达国家早已掌握着答案。于是，许多改革提案只要是以发达国家的做法为依据，往往能够迅速得到广泛支持。

---

[1] 中华人民共和国教育部发展规划司编：《中国教育统计年鉴》(1993—2001年)，北京：人民教育出版社1993年至2001年版。

（三）生成期（21世纪前15年）

在20世纪80年代最先接触到西方思想的学者率先开始有意识地摆脱对西方的迷信，深刻反思中国的文明前途和现代化道路。2004年，一群有影响力的学者、思想家和大学生在北京香山举办了"中国文化论坛"，提出中国的文明自觉与大学的教育责任。[1] 即通过大学的人文教育，使中国人能够自觉地把"现代国家"置于中国源远流长的"历史文明"之源头活水中来认识与建设发展。因此，精英大学的人文教育尤为关键，这将决定21世纪的中国能开创多大的文明格局。[2] 在这样的思想背景和使命感之下，中国一流的中青年人文学者通过演讲、著书、开示范课程、研讨会、讲习班等途径，不惜搁置自身专业研究工作，积极投身通识教育。在他们早期的倡议中，通常使用"人文教育"的概念，后期自然转化为"通识教育"，而古典人文教育始终占据其核心地位。

经历了整个20世纪90年代的反思与建设，一些顶尖大学的领导者首先意识到，过去的人才培养存在明显的缺陷，尤其是在精英教育的意义上。美国顶尖大学的本科教育理念与培养方案的构成结构引起了大学领导的浓厚兴趣。随后，"通识教育"被明确提出并落实到本科课程结构的变革之中。

2005年前后，以复旦大学、北京大学和武汉大学为代表的先驱形成了各具特色的第一版通识教育方案，开始了最初的摸索。通常的做法是根据各自解读的美国通识教育理念，结合大学现有的师资力量和原有的自由选修课程，建设一批通识教育课程，学生需在此范围内选择几门修读，分量约占本科总学分的5—8%。复旦大学

---

[1] 甘阳，陈来，苏力主编：《中国大学的人文教育》，北京：生活·读书·新知三联书店2006年版，第1—2页。
[2] 甘阳：《文明·国家·大学》，《读书》2012年第3期，第174页。

由于文理学科布局均衡，师资比较充沛，由哲学教授领衔设计了 6 个模块近 200 门核心课程[1]，学生在本科期间必须从每个模块选修至少 1 门课程。其设计理念是通过在六个学术领域的有结构体系的课程学习来建构比较完善的、优秀的心智结构，从而培养学生成为心智成熟的社会骨干。这个模式得到了师生的认同，除了增加 1 个模块[2]，其基本结构十几年来延续至今。

此外，更多的大学教育资源远远不够，课程供给缺口太大，很难从理念出发建设课程体系，也无法规定学生具体的修读结构。它们通常从现有的选修课中选择一部分质量较高，比较具有通识意味的课程，通过给学生更大的选择自由度来弥补师资与课程暂时的不足。然后在这批选修课的基础上，边改革，边建设新课，使课程总体上指向更明确、更成体系。前一种从通识理念出发构建课程体系具有理念主义特征，而后一种建设过程则具有经验主义的特征。[3] 在多数大学的通识教育改革过程中，理念主义与经验主义交织共存。

（四）强化与展开（2016 年至今）

2015 年末举行的复旦大学通识教育十周年学术研讨会上，北京大学、清华大学、复旦大学和中山大学四校共同成立"大学通识教育联盟"。该联盟的一个重要的特色在于非行政性的联合。四校的代表人物带着共通的理想与志向，做出了各有特色的教育实践，成为了国内大学通识教育改革的标杆。近几年，联盟扩大到了近 50 所大学。

2016 年 3 月 16 日十二届全国人大四次会议通过了《中华人

---

1 复旦大学通识教育中心·课程建设。
2 增加了"社会研究与当代中国"模块。
3 Jinghuan Shi and Yi Lu, "Empiricism and Idealism: Do We Need a Mode Shift of General Education in China?" *International Journal of Chinese Education* 5, no. 1 (July 2016), pp. 23-40.

民共和国国民经济和社会发展第十三个五年规划纲要（2016—2020）》，其中关于教育的部分明确提出本科实行"通识教育和专业教育相结合的培养制度"，这是中央政府文件中首次采用"通识教育"的概念。这种柔性的指引与提倡式口吻的政策表述与大学和教授们自发的探索改革形成良性的共鸣。2016年至今，先驱大学在各自最初方案的基础上推出了第二、第三个优化版本，逐步摸索到了适合自身办学条件的本科通识教育与专业教育的结合方式。这一时期，还有越来越多的地方本科大学、行业性大学、职业技术高校都开始重视通识教育。人们对通识教育的价值与目的的认识越来越真切、结合实际。

总体而言，中国大学通识教育改革并非政府统一要求和规划的产物，虽然没有得到专项经费、人员定额与政策支持，却发展得生机勃勃。[1] 通识教育代表着独立自省的大学精神和悠远延绵的文明理想，它的立意超越当下的社会与市场需求、一时一地的行政需求，因而对一流大学的教师、学生都产生了真实的感召力。大学校长也乐于支持，发起和支持本校的通识教育改革，发挥其全校性的领导力，并凸显其作为教育家，而不是行政官僚的角色。

二、中国大学通识教育发展的独特性

（一）从模仿到独立

中国大学通识教育改革最初是从模仿美国 General Education（下文简称 GE）开始的。在早期的学术论文中，通识教育被等同于

---

[1] 日本文部省曾自上而下地要求所有大学设置教养部、聘专职教师、规定学士学位必修学分等政策反而使其通识教育在很长一段时间里流于形式，教育空洞化，师生相怨，一刀切的政策湮灭了大学的积极性，是为反例。

GE，或者直接用 GE 来定义和解释。不过，由于美国大学 GE 本身经历了长期的演变，不同阶段有不同的理念，不同大学的立场和做法也不尽相同，要全面地理解和把握这个概念的丰富性并不容易。起初，一些中国大学和学者就像急于求成的"学生"，特别关注哈佛大学、哥伦比亚大学、芝加哥大学最新的改革方案，而不顾此番改革是出于什么问题意识，也不深究模范大学发展历程中的哪个时期的方案更契合本大学的当前的需求。注重中国历史文明意识的人文学者的努力则在一定程度上平衡着这种盲目性。

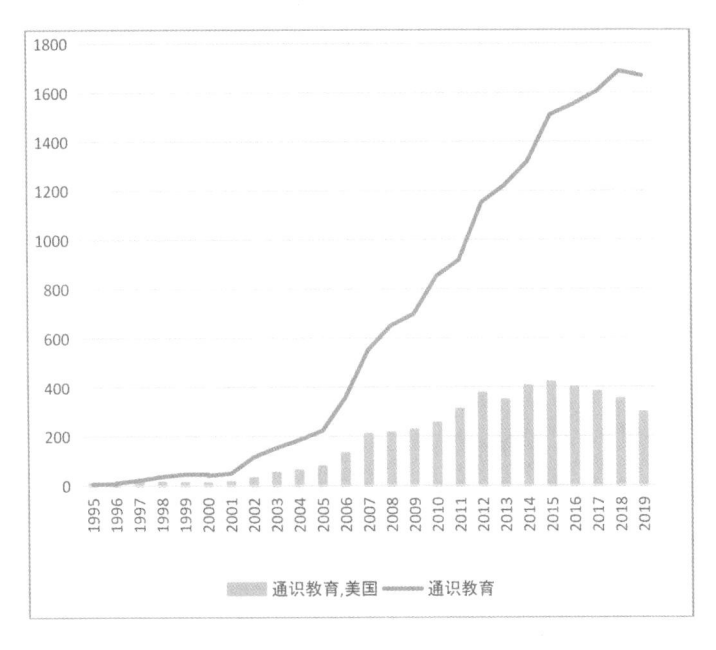

图 5　"知网"统计的通识教育相关主题论文数

简单的文献计量能够佐证我们的观点。图 5 显示了"知网"的统计数据，折线表示主题词包括"通识教育"的中文论文每年发表数量的变化。1995—2001 年是一个幅度较小的增长，此时教改实践尚未展开，属于学术上的预热期。2001—2005年，个别大学开始了最初的摸索，论文数量明显增加，学术升温。2005—2015年，论文数量发生了连续的大幅增长，到了2015年以后继续增长，不过增幅减小。论文发表数据从一个侧面反映了大学教育界对通识教育改革的关切程度。

图中柱形数据表示主题词同时包括"通识教育"以及"美国"的中文论文发表数量，2000—2015年，关注美国的论文占全部通识教育主题论文的25%以上，其中多数年份占30%以上，最多的是2007年，占37%。这一年，恰好哈佛大学发布了新版通识教育改革方案。2015年后，通识教育论文数量继续增长，但关注美国的论文数量占比开始下降，这可能意味着经历了大约10年的学习和实践，中国大学独立自主地讨论通识教育改革问题的倾向正在加强，国家"十三五"规划的发布或许支持了这一态势。笔者于2016年发表了《从"通识教育在中国"到"中国大学的通识教育"》的论文，提议中国大学要立足自身来思考本科教育改革，构建中国的通识教育，摆脱对美国的观念依赖。[1]

（二）理工类大学的选择

根据官方统计，全国共1243所本科院校中有理工科大学360所（29.0%），这些大学培养了大量对经济民生、工业科技发展十分重要的实业建设人才。具有工科特性的高等教育与通识教育改革之间的矛盾比较突出。冲突不仅表现在学习时间和学分的分配上，更在于教育哲学上。工科教育不是追求内在涵养的教育，而是解决实际问题，创造实用价值，献身于功业的教育，追求务实、勤恳，讲

---

[1] 陆一：《从"通识教育在中国"到"中国大学的通识教育"——兼论中国大学专业教育与通识教育多种可能的结合》，《中国大学教学》2016年第9期，第17—25页。

究工程中相互配合，反对夸夸其谈的品质。经历了数十年的摸索，中国大学的工科教育形成了稳固的经验，取得了真实的价值与力量，有理由拒绝进行彻底的变革。

综合性大学的通识教育改革常以美国为范例，然而美国本科并不擅长于大规模、分布均衡地培养理工科人才。如果说苏联模式代表着应国家建设事业所需的专业本位的本科，美国模式代表着以个体完善和自由选择为主旨的本科。美国的科技人才需求并不完全依靠教育部门来解决，而是依靠经济、制度、文化、综合国力等其他方面优势吸引全球人才，这是其他国家难以效仿的。而近年来，美国金融行业对精英大学生的过度吸引，已经成为美国大学教育的危机[1]，其教育界提出 STEM 等新概念，无非是为了提振其疲软的理工科人才培养。无论如何，中国仍需要自主地、大规模、有宏观规划地培养理工科人才，美国式的以自由选择为核心的本科教育模式并不适合。况且，科技兴国、学以致用的观念深入人心，如果所学上能报国填补空缺，下能自立自足，专业选择的自由未必成为绝对的诉求。因此，在不要求重构本科教育，提供更加少而精的人文课程，补充一定的知识结构、视野和趣味的前提下，文化素质教育方案可能继续是理工科大学的主要选择。

在文化素质教育的问题意识之下，理工科大学仍需致力于课程建设以强化教育效果。在起步阶段，师资匮乏是普遍和首要的难题。随着在线教育兴起，理工科大学出资购买在线课程屡见不鲜，但这不过是权宜之计。且不论在线课程的教学质量，校外的商品化课程并不能整合成为一校的通识。本科教育不只是成本问题，更关乎大学认同与教育宗旨。近几年，部分有志向的理工科大学开始招聘以

---

[1] William Deresiewicz, *Excellent Sheep: The Miseducation of the American Elite and the Way to a Meaningful Life*, Washington DC: Free Press, 2014, p. 22.

承担教育教学为主要职责的文科博士，或者赋予本校人文学科教师全校性的育人责任。最终，重视课程教学质量的理工科大学将培养起自己的通识教育师资队伍，形成反映本校育人精神的通识教育。

（三）高教大众化与通识教育改革的"叠加效应"

中国大学兴起通识教育是从本世纪初开始的，这个期间的重要背景是发生了空前猛烈的大学扩招。1998年高等教育录取人数108万，毛入学率不到10%，急速的扩招从1999年正式开始，到2009年，高校录取人数猛增至629万人，毛入学率约24%。其后以较小的幅度继续增长，2019年毛入学率超过50%，正式进入普及化阶段。

美国与日本在高等教育大众化之前，大学通识教育都已取得了全面成熟的形态。这种一先一后的高等教育现代化过程在中国却是"折叠"重合的。中国高教的大众化不仅更加急速、增幅剧烈，而且在大众化之前并没有形成成熟的大学通识教育。高等教育量的扩张伴随质的变革过程与大学通识教育改革的兴起恰好同时发生。

在此背景下，高教大众化的"叠加效应"带来的影响是多重的，下面将以多节内容展开。在此之前，为了更好地说明问题，我们观察类比美国高教大众化前后通识教育的关键转折。日本通识教育研究代表性学者吉田文提出，美国通识教育有两个标志性事件：一是一战后的哥伦比亚大学的文明课程改革方案；二是二战后的《哈佛通识教育红皮书》（下文简称为《哈佛红皮书》）以及时任美国总统杜鲁门下设的美国高等教育委员会发表的《为实现美国民主的高等教育》（下文简称为杜鲁门《报告》）。[1] 概要而论，哥伦比亚大学的通识教育代表了西方古典人文教育在精英高等教育层面的现代化和

---

[1] 吉田文：《大学と教養教育―戦後日本の模索》，东京：岩波书店2013年版，第32页。

制度化，例如学生从此不再需要学习拉丁文和古希腊文，直接使用现代英语教材，形成以讲授和讨论为主的课程来读经典的教学法等。二战后的两个重要文本则意味着通识教育的大众化和实用化转向。《哈佛红皮书》从"教育的空前扩张"这一问题意识出发，设法平衡精英与大众、通识与专业，杜鲁门《报告》则更加立足于大众，面向生活、生产和实用技能，拓宽了通识教育的内涵。

三、高教大众化视野下通识教育的目标分析

（一）高等教育目标的拓展

为了将"通识教育要做什么"的问题置于高等教育整体变化的视野下来讨论，我们引入"大众化的高等教育目标分析模型"，参见图 6。横轴两端指向两种相反的教育目标，一边教育是为了成人，以人的内在成长为目的，这种教育涵养人，注重人的主体性。还有另一种教育目的是为了增强人凭借知识改造自然与社会的力量，增进人类的福祉，它要求人献身于追求真知。因而分析模型另一边指的是为了有用、有力、有利的教育，称之为"执业建功"的教育目标。比照西方大学史，前者在纽曼的《大学的理想》中得到了精彩的论述，他认为大学教育应专注于一个目标；后者在洪堡的实践和弗莱克斯纳《现代大学论》中被确立和彰显，为了科学研究而培养人才成为第二个目标。不论孰高孰低、孰轻孰重，两种教育各自占据学生和教师的时间精力，现代大学需要兼顾这两种教育使命。

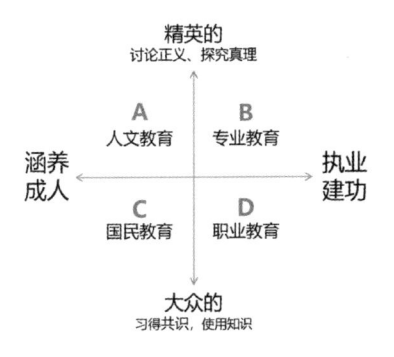

```
              精英的
              讨论正义、探究真理
                A         B
              人文教育    专业教育
    涵养                          执业
    成人 ←————————————→ 建功
                C         D
              国民教育    职业教育
              大众的
              习得共识、使用知识
```

图 6　大众化的高等教育目标分析模型

图 6 中纵轴两端指向精英高等教育与大众高等教育，标志着大众化的拓展影响。A 与 B 代表精英高等教育的双目标，大众化后，高等教育的全体系统目标延展为包括 A、B、C、D 区域的四个目标。在涵养成人方面，从以传承经典、思索社会正义，推进共识构建为目的的人文教育，拓展为以习得当代共识和社会规范、实现"社会化"、增长社会性资本为目的的国民教育。在执业建功方面，从以探究真理、推展未知前沿为目的的专业教育，延伸为以学习掌握已有知识，使之充分应用于社会经济需求的职业教育[1]。

综上，我们提出适合当今社会的大学本科教育目标应当由四部分组成：人文教育、专业教育、国民教育和职业教育。它们之间的结构关系如图 6 所示。这四个部分不是根据教育内容或学科知识来划分的，而是由其教育所应当实现的目的来区分。图中左右区域之间构成方向相反的张力，教育实践既要维持张力，又要调停矛盾。通识教育与专业教育相结合，意味着在横向上，大众化的高等教育实践应致力于 A 与 B、A—C 与 B—D、C 与 D 等多种层次的结合。

---

[1] 在此"职业教育"并不是对应现实中的"高职"，而是指广义上以就业为主要目的高等教育。

在纵向上，图中上下区域的教育目标之间面临的实践难题是如何抵抗大众化带来的"压平"态势，或者说在"重心下沉"的引力场中如何维持教育的"向上"本意。

大众化使高等教育、大学教育的目标失去了内在的一致性而剧烈外扩。相应地，通识教育的任务也变得复杂多元。运用上述分析框架，我们能给"通识教育应当做什么"做出更细致的界定。在精英高等教育阶段，大学本科主要承担 A 和 B，通识教育主要发挥人文教育的作用，并且通过人文教育对专业教育起到价值引领和价值约束的作用。到了大众化阶段，高等教育目标全面涉及 A、B、C、D，那么广义的通识教育要兼顾 A 和 C，广义的专业教育要兼顾 B 和 D。同时，通识教育对 B 的影响作用也随之延伸至 D。

在中国高等教育大幅扩张之前，由于历史上 A 的薄弱，A 与 B 并没有在精英教育的层面达成平衡，这个问题不仅不会因为大众化而被取消，反而因大众化而变得更加复杂难解。中国大学通识教育改革从一开始就具有大众化的格局，多重目标叠加在一起，不得不直面多个层次的问题与挑战。这种叠加效应也对改革目标造成了混淆，使得实践中缺乏多元化发展的张力。下面，我们借助上述 A、B、C、D 的分析框架来分别说明，对应高教大众化后拓展开的教育目标，通识教育应当做什么，以及目前做到了什么程度。

（二）文明传统回归与教学再生（对应 A）

在欧美和日本，大众化的高教系统中依然延续着某种形式的精英教育，其古典人文教育的核心内容、延展范围、教学方法和学习评价标准，通过代际传承并取得适应当代的模式。芝加哥大学哈钦斯校长的改革遗产、哥伦比亚大学的 CIV 课程、哈佛大学的《红皮书》、圣约翰学院的保守文理教育等，这些案例成为了美国大学通识教育的尺度和坐标系。有赖于这些不那么紧贴时代的典范，美国大学展开了多样性的光谱，又同时保有一定的高水准。

然而，中国现代大学没有经历欧美、日本那样精英人文教育的成熟阶段，就直接迈入大众化了。由于传统断裂，目前中国大学通识教育的建设还没有形成经典体系与质量标准共识。教育内容应当是什么，作为一个读书人，哪些书必须要读？在古代中国，这些问题有明确的共识，代代传承演进，但如今却存在很大争议。可以说，通识教育的内容共识从另一个侧面看，也就是中国大学知识人所形成的当代文明共识。

首先，值得留意的是，作为当前中国大学的精英通识教育的理想，北大、复旦、武大等都将中、西经典等量齐观地纳入了核心课程。对于中西经典，教师的教学与启发方式不尽相同，学生的认知基础，进入门径，获得的心智启迪也不同。在本科教学的边界之内，人文教育所能达到的深度和广度相互制约。对中国学生而言，西方经典的学习在什么意义上是重要的？如何实现我们期待的塑造文明共识的效果？值得在教学实践中不断调适。

其次，根据现代学制与课程教学范式，许多问题尚待摸索。通识教育所需的经典文本不能只是佶屈聱牙的古书，更需要当代教材。类比美国，大学生研读的古希腊、古罗马经典多已翻译成便于学习的现代英语。一本经典著作花费多少课时？讲授点、问题点与讨论点如何设计？如何对学生提出课前课后的学习要求？布置什么样的作业？如何考核？学生修读这些课程后在知识、能力和文化观念、价值、思想等方面应当达到什么程度才是符合通识教育目标的？这些问题都需要在现代高等教育的背景下，重新梳理摸索。中国经典中，"四书"得到了最广泛的讲授。《史记》《春秋左传》《资治通鉴》等文本也具有相当的重要性，因其巨大的篇幅和庞杂的历史知识，对课程教与学形成挑战。围绕经典课程的讲授，通识教师共同体初露端倪，来自不同学校、不同文科专业背景的教师积累了相关教学经验，开始形成深入的教学探讨切磋。

（三）对专业化的引领与约束（对应B）

许多专业教育者认为，通识教育在专业上无关紧要，是大学强加于院系的任务，这种看法有失偏颇。专业教育本身就需要通识教育发挥关键作用，这一点过去没有得到重视。对一名学生而言，如果他有机会成为专业人士，什么专业值得选择？这将成为他毕生的道路，还是一时的阶梯？几十年后，这条专业道路通向何方？在未来的社会中，他将有可能成为一个什么样的人？对一名资深的专家而言，他会如何理解自己的工作对他人、社会创造的直接和间接的价值？为了能完成他的专业化工作，需要其他专业人士和社会为之创造怎样的条件？如何前瞻其专业领域的兴衰，将受到哪些社会因素影响？以其掌握的专业知识和技能为工具，什么事能做，什么事不能做？这些问题都与一个人的专业发展密切相关，甚至对人生的影响大于专业能力的强弱，然而凭借任何一种专业的教育却不足以帮助学生找寻答案。哪怕多学几种专业也无济于事。真正需要的是对人、社会、国家的整体性理解能力，以及带有价值信念的判断力，这就是通识教育对专业人士培养所能做出的贡献。韦伯曾说："专家没有灵魂，纵欲者没有心肝"，为了避免人类文明因专业化而陷入这种局面，现代大学要培养良好的专业人士，离不开通识教育。

如今科学技术迅猛发展，科技工作常常在解决特定问题时带来其他始料未及的新问题。新技术对人类社会的变革力量空前强大，在科技人才的培养中，通识教育的重要性更加凸显。美国的麻省理工大学、加州理工大学，日本的东京工业大学等专门培养科技人才的一流大学都有各成体系并不断革新的通识教育。相比之下，国内不论是理工类大学还是综合性大学，很少有能做到以通识教育回应一流专业人才培养的此类教育需求。

在过去"又红又专"的框架下，中国大学的专业水平比较落后，对专业化发展的价值引领和约束问题被简化成了学习和追赶、"听话"和"出活"。随着近年来中国大学各领域专业水平的大幅提升，一些领域已经站在了全人类的最前沿，逐渐承担起探路和开路的责任，过去简化的教育不再适用。另一方面，当前大学通识教育建设的大部分工作由不熟悉科学技术的人文学者承担，凝聚文明共识的使命同样艰巨紧迫。这就造成了目前中国大学通识教育建设中的一个明显欠缺。因此，每个专业的人才培养都有责任立足于本专业的特性来思考需要什么样的通识教育配置。参照美日的经验，我们认为，B区域所要求的通识教育应涵盖这些要点，近现代的科技史和科技哲学可能成为主要的教学内容载体：（1）基于对自我和国家社会需求趋势的全面认识，确立自己的专业志趣，能认识到如何通过专业实现人生价值；（2）对科学、技术与人类的关系进行反思；（3）理解社会、政治、经济、文化等因素对其专业性工作的影响；（4）把握自己的专业性工作对社会、政治、经济、文化等方面可能带来的影响；（5）与不同专业领域的人深入交流。

（四）作为国民教育的思政课程（对应C）

各主要国家在其高等教育中均有其显性或隐性的国民教育，旨在熟习本国的意识形态和主要政治观念，培养对国家政体的理解与认同、社会责任感和相对高阶的伦理道德判断力。

杜鲁门《报告》中阐述的通识教育目标可见："民主理念与伦理行为、沟通与表达、掌握科学方法、身心健康、和谐相处、审美情趣、职业认同、批判性与建设性思维"这些条目显示出高教大众化后美国政府要求其大学通识教育承担起国民教育的目标。

在实践层面，美国的大学自 1990 年以来普遍开设批判性思维课程，并通常被纳入通识教育范畴，研究型大学也不例外。其课程教育目标既不是培养广义的或哲学的批判性思维，也不是任何专业领域内的创新力，而是为了青年学生能够理智地、恰当地参与民主选举政治。这类课程所注重演练的通常是读写、演讲、辩论等，属于民主能力训练，就其教育内容和议题而言，无外乎本国特色的公共政治议题，如种族、性别、堕胎、多元文化价值等，其讨论辩难和对不同价值的辨别均不会逾越本国的意识形态框架。因此可以说，大众化的高等教育机构要致力于养成与美国政体相匹配的国民，批判性思维课程是美国大学通识教育中指向国民教育的部分。在美国的精英大学，批判性思维课程与西方经典研读类课程并存无碍，前者代表着当代文明，后者代表着更古老悠久的文明传统，两者的思想内核一脉相承，并且都已转化为有效的课程教学。

中美政体不同，文明传统迥异，大学的国民教育形式与内容自然不同。思想政治理论课程是中国大学教育的一大特色。有的大学将思政课程等同于通识课程，有的将思政课作为基础课，由于缺乏理论分析与解释框架，它与通识教育的关系常常混淆不清。依据前文的框架可以说明，思政教育在理论上属于 C 区域，即高等教育阶段的国民教育，是大学通识教育中大众化的部分。大学的思政教育与通识教育并非叠床架屋的关系，也不是殊途同归的关系，它们有各自的使命，又同属于一个文明大传统之下。思政课程代表着最贴近当前时代的既定共识，人文教育的任务则是对文明传统的体认与接纳。当务之急是，思政教育及思政课程如何更加与时俱进地发挥好国民教育的作用，在内容和形式上提质增效，与人文教育各司其职,并且能够在中国文明的意义上与人文教育呼应贯通。

(五)支持大众的职业发展(对应 D)

近年来,中国许多地方本科和民办高校的管理者根据毕业生就业现实提出了通识教育的改革倡议。他们对就业市场的具体诉求比精英学校更加敏感,如今社会各行各业都需要不仅懂得一些专业知识技能,还能有一定的学习能力,对岗位需求能够灵活应变,适应社会、人情练达的人才。

通识教育可以是有用的吗?以就业为目标的本科教育应该提供什么样的通识教育?在先驱大学都是一流大学的情况下,通识教育与其说是需要被推广,不如说需要大众高等教育机构自发、自觉的创新。一方面注重人文主义、经典阅读、反思社会的能力等;另一方面注重就业能力、可迁移技能、社会化、灵活的社会适应性等,两者确实指向不同的方向。站在一方的教育目标上评价另一方的通识教育,往往得到负面的结论,要避免这种混淆和矛盾。因此,为了适应大众化的高教系统,通识教育的目标和手段势必应当实现分化,否则改革将陷入误解的泥潭。

驱动力出自就业市场的通识教育改革,要使职业教育走出专业学术和理论知识所限定的边界,以应用与实践为指引,并着眼于更长时段的职业发展来重新规划本科教育。为了职业发展目的的通识教育除了包括职业伦理、法律规范、人情习俗和各种实用技能等内容,更重要的是树立职业、行业的尊严感和认同感,即所谓"敬业乐群"的"敬"和"乐"。这比国际上流行的可迁移技能、通用技能等提法更适合中国国情。

四、高教大众化对当前通识教育的整体影响

大众化不仅拓展了通识教育的任务,也影响着通识教育的改革局面。许多通识教育建设中出现的特殊现象、问题与矛盾,其根源与高等教育大众化密切相关,要使改革举措奏效并可持续,需要深入理解高等教育发展的原理。

(一)自由就业带来求学动机变化

高教大众化不仅使学生群体在数量上扩大,学生的求学目标,对大学的态度与观念也变得多样化。大众化本身具有淡化精英高等教育的效应,在中国,主要表现为对专业主义的弱化。过去中国大学在计划分配模式下,根据国家和社会需求按专业招生,大学生的学费由国家财政负担,就业时将直接被输送到专业对口的重要岗位上。"包分配"是专业主义的精英高等教育的重要标志。随着2000年政府全面停止了"包分配"制度,大学教育属性相应发生质的转变。高教大众化以后,学生在市场上自由择业,所学专业不再决定其就业领域,学生对本科专业教育的态度和需求起了变化。毕业出路的变化影响到学习心态,教师也感觉到他们的学生中只有少数未来有可能成为专业同行。随着大学生就业实际上专业对口比例的显著下降,通识教育理念不仅是一种美好的理想,而且成为了得到事实结果支撑的教育观。

(二)师资匮乏与人文学者的作用

高等教育毛入学率从首次达到10%扩张至50%,在发达国家中高教扩张最迅捷的美国和日本先后都花了约50年,而中国只花了20年。中国高教大众化的步伐迈得很急,使各方面师资都发生了短

缺，而通识教育师资又更加缺乏。

中国大学通识教育几乎没有现成的师资。当前中国大学的授课教师主体出生在 1960—1980 年间，他们上大学时，大都没有接触过通识教育的理念和制度化实践。他们在进入大学、开始职业生涯时的身份认同完全是作为某个学科专业的学者和教师。起初，他们中的大多数对通识教育十分陌生，与学生没有差别。甚至由于专业化程度更高，他们的心智状态离这种教育可能比一般人更遥远。当然另一面，他们可能对过度狭窄的专业化对人的心灵与社会生活造成的影响有更切身的感受。教师们都堪称"第一代通识学习者"，这固然是很大的改革挑战，也是一件幸事。教师若能从我做起，自我革新，不断地再次成为学生，以一己之力突破学科边界去追问求知，进而打破既有认知稳态，在更高境界上取得再平衡，比起传统的教学，恐怕这份智识勇气与努力示范正是通识教育能带给学生最可贵的财富。

在通识教育面前，并非所有大学教师都是相同处境。人文学问的特殊性因此显现。大学人文领域的一部分学者不仅是现代学科化的专家，而且还是以传道、授业、解惑为己任，颇具古典气质的饱学之士。他们在学术上不仅致力于细分化的创新，还要追求对文明整体贯通性的理解、传承与反思。人文教育是精英通识教育的原点，可以解释为什么在中国一流大学的通识教育改革中，中西哲学、政治哲学、历史学、文艺学等教授积极参与并发挥着统领性的作用。

（三）被质量问题暂时掩盖的结构问题

一般认为，通识和专业会在本科教育中发生矛盾冲突，然而实际上却未必那样直接。如果通识课程的教学水平和学业要求都不高，学分也比较有限，师生都没有足够严肃认真地对待，通识教育对专业教育的侵占性就很弱。如果原本专业教育就不够充实，存在一些"水课"，那么通识课程的加入也会受到认可，因为能总体上提升本科教育质量。通识和专业，任一方的松弛，或者两方均松弛的话，未必会产生矛盾，只有当两者都追求最高标准时，两者的张力才会凸显。

大学教学质量强化，学业加码成为近年来的改革倡议。教育水准最高的大学通识课程和专业课程教学质量、学习强度比过去都大幅提升，课业不再有挤水分的空间，真正的结构性问题就显露出来。不只是通识和专业，一流大学往往雄心勃勃地为本科教育做了许多增量改革，教育供给比过去大大丰富，学业竞争水涨船高，学生不甘于放弃任何机会，热心投入却又草草收场，疲惫而茫然，这并非通识教育改革期待的理想状态。

通识教育通常首先以一种阻力较小的增量改革形式加入到本科教育，随后强化质量成为改革主题，最终则必须重审本科教育宗旨，结构性调整不可回避。对于国内一流大学而言，过去美国、日本通识教育提倡的"延后专业化"（late specialization）[1] 理念可能在高教大众化和研究生教育扩张背景之下取得了新的意义。2019 年本科毕业生统计数据显示，清华、北大、复旦等一流大学均有 70%—80% 的学生继续深造（包括海外留学）。在绝大部分学生将能够通过研究生教育来实现专业的深造的情况下，本科教育有理由给通识教育更多学分，毕竟本科阶段是塑造心智结构的关键期。

（四）巨型大学与教改试验特区

根据图 6 的分析模型，适应于大众化阶段的巨型大学（即克拉

---

[1] 长幸男：《矢内原忠雄の学問と思想》，东京：岩波书店1962年版，第308—318页。

克·科尔提出的 Multiversity）其本科教育囊括 A、B、C、D。多目标、多属性、多层次教育混杂的巨型大学往往会在学术标准上迁就多数学生，再通过规划不同的学程项目、辅修项目、荣誉课程、荣誉项目等来给不同志向的学生提供多种路径选择。当诸多不同指向的教育在同一所大学并存时，C 对 A，D 对 B 将难以避免地造成重心下沉的影响。为此，中国一些具有明显巨型大学特征的院校在校内陆续建立了特定目标的小型学院、荣誉学院等提供差异化培养的教改试验特区。

在这样的特殊学院里，教师和学生都经过了更精致的遴选，其理想是能够在大众化、教育和学习目标杂多化的大学里创造一个更专注向学的小环境，聚拢散布全校的志同道合的师生，做一些在整个大学的平面上无法实现的理想化教育实践。由于大学整体受制于历史惯性与保守惰性，改革与提质都不可能在短时间内一蹴而就，而这些相对较少历史负担、资源集中的精英学院则更容易做出改革成绩。此类学院一方面有利于维持 A 和 B 的教育专注力，避免平庸化，另一方面也带来新的问题，比如特区学院的师生在大学校内可能感到文化上的压力和孤立感，而站在校内其他人的立场来看，又会感到资源和利益分配得不平等。

在已然专业化、大众化的高教环境中，芝加哥大学的哈钦斯方案、日本的旧制高等学校都已经为过去时，美国的文理学院也在不断适应转型。中国特色的教改试验区虽然为精英通识教育理想提供了一些庇护，但难以长期逆势而为。国内一些博雅学院同样难以逾越制度性问题，其教育实践更呈现出给有志于文科学术的学生打下宽厚人文基础、涵养其人文精神的培养效果。从精英通识教育理想出发，通过十余年的办学实践磨合，它在实质上更接近于巨型大学内部的一个文科教育与文科建设的试验特区。长期来看，它可能成为理工型大学孵化人文学科的试验基地,也可能在综合性大学的环境中,因其优秀的毕业生和教师易于被专业上更强势的各文科专业院系吸纳,而成为文科学术人才的"基地班"。

(五)行业性大学的潜力

高等教育大众化表面上是量的扩大,实质上应当更恰当地理解为高教系统内部的层次化与多样化。在美国以外的国家,由于大众化之前的高教系统结构不具备大众化所要求的多样性,便会引起序列化的问题。也就是说,大众的高教机构倾向于处处模仿一流大学,沦为序列中的"二流""三流",却难以找准自身独特的办学定位,另起一列。此类情况在中国大学本科通识教育改革中同样也发生了。2016年以来,越来越多的大学都切实体会到仅仅提供细分化的专业教育是不够的,想要开启通识教育改革。随着改革的延展,人们很快意识到,绝大部分大学都无法像复旦、北大那样提供一整套通识教育核心课程,课程质量更是参差不齐。

中国的高等教育系统在步入大众化阶段之前,虽然不具备美国式的结构层次,却有另一种多样性。中国有一批行业性大学,除了一部分在大学合并中消弭了特色,还有一些行业在工业和技术革新中被更新迭代,仍有为数不少的行业性大学保持着较高的专业教育水准。近几年我们注意到,多所行业性大学不约而同地开始积极探索通识教育改革,比如财经类、政法类、外国语类大学。这些院校所代表的行业占据着社会的中上层,行业本身具有一定的优势地位。其中招生选拔性很高的院校近年来对通识教育特别是人文教育产生了鲜明的建设需求,因为他们希望提供具有精英教育属性的职业教育。由此,具有这些条件的行业性院校有理由设法提供 A 和 B 所需的通识教育,培养行业精英,不局限于 C 和 D。总之,在大众化的高教系统中，通识教育改革应激发院校挖掘自身积淀传统，强化和放大办学特色，而非趋同。

五、小结

中国大学通识教育改革的历史过程与急速大众化的过程高度重合，使得双重改革各自的问题在本科教育改革现场叠加并复杂化。不仅是通识教育，在分析高等教育的诸多问题时，这种由于高速发展使得两步并作一步走而导致的"叠加效应"时有发生。意识到这种"叠加效应"有助于我们理解改革中的困难，多因素的联动关系，以及一些特殊现象背后的合理缘由。大众化又不可避免地从量的增长延伸到教育定位的结构性变革，此时的质量问题不仅仅是质量问题，同时隐含着结构性不调。对通识教育改革而言，高教大众化既削弱着专业主义的氛围，又压缩了建设人文教育的空间，进而要求教育目标延展，将国民教育和职业教育都纳入进来。

虽然对中国大学而言，人文教育的建设依旧具有不可取代的重要性和紧迫性，我们对通识教育的任务理解与建设行动不能仅仅停留在精英的人文教育，也就是19世纪纽曼的时代。我们需要更加重视"通识教育和专业教育相结合"提法中所包含的弹性，以及中国高教系统固有的多元化发展潜力。根据本节提出的大众化高教目标分析模型，通识教育的讨论要从A拓展到B，进而是A、B、C、D。这个框架或有助于不同院校找到适合自身的四项教育目标的配比。未来，若能使中国文明传统在现代大学中被重新激活，理工科大学、行业性大学、致力于职业教育的高教机构，若都能从教育哲学思想和制度模式上确立适合大规模实业人才培养的通识与专业教育，将成为中国高等教育的世界性贡献。

附论一　日本战后的科技创新与大学通识教育

本世纪以来，有超过 20 位日本人获得了诺贝尔科学奖，他们中超过 2/3 出生在二战结束前，超过九成是在战后接受的高等教育。尤其是，这个群体 100% 在日本国内获得了高等教育的第一学历，即大学本科或专科。这些取得诺贝尔奖的成果八成以上是在上个世纪最后三十年里奠定的。

对于关心中国科技创新人才培养的人士而言，邻国日本的这些数字值得深思。日本战后涌现的一批足以代表创新能力制高点的诺贝尔奖获得者，在多大程度上与他们大学通识教育有关系？

拙著《教养与文明：日本通识教育小史》揭示了广义的通识教育在日本从二战前国家主义和教养主义的精英教育转变为二战后民主主义的市民教育的历程。前者具有浓重的本土文化特性，并与儒家修齐治平的志向有关联，后者在教育制度设计和教育内容上都受到二战后美国大学通识教育的直接影响，并受制于现实教育条件不得不进行适应性改造。总体而言，日本大学通识教育在二战后几十年的改革调整中并没有实现预想中的成功，也没有达到过美国大学通识教育最兴盛时期的面貌。书中分析了多层次的缘由，在此不复赘述。

长期以来，日本的一流大学没能通过专业教育与通识教育为日本社会培养大批有领导能力的精英。现实中，杰出的政治领袖和行业发展的领军人物很少来自大学教育的培养，他们的经世才干，对文明的见解和对国家前途的判断力有的来自家族的栽培，有的来自底层奋斗中积累的实践智慧。前一类如安倍晋三，虽然拥有高学历，其身份地位的获取却更具有门阀政治色彩；后一类如田中角荣，他没有上过好大学，依靠市民社会之力，个人影响力骤然崛起又迅速衰败。除去特征鲜明的这两类，那些由国家教育系统栽培的高学历人才则显得"底气不足"，其路线决断也更容易受到美国的干预和操控。另一方面，日本战后在市民社会建设、国民素质养成以及在社会和地方层面对传统文化的继承与现代化创新等则是相当成功的。因此我们认为，领导人物培养的欠缺和国民教育的成就共同反映了日本大学通识教育的两个侧面。

诺贝尔奖获得者是科学领域的专业拔尖创新人才，他们在科学世界有巨大的影响和贡献，却并不属于上述要横跨各个领域、对整个社会发挥领导才能的精英。我们恐怕不能说得到诺贝尔奖的科学家一定受益于通识教育，但是可以说国家和社会需要通识教育。值得一提的是，目前得奖的日本科学家都出生于1980年代之前，当时他们在日本所受的基础教育具有资源均衡富足、普遍高质量、考试竞争激烈的特征，他们从这样的教育系统中脱颖而出，进入了尚未充分大众化、普及化的高等教育机构深造。1986年起，日本中小学全面实施"宽松教育"改革，基础教育质量大不如前。目前高等教育不仅普及化，而且进入了报名人数不超过录取额的所谓"大学全入"时代，这使得高等教育在教育系统和社会中的结构性定位发生质变，即使是一流大学，校内教与学的导向和氛围都与过去大不相同。由于上世纪末教育导向的巨变，笔者所接触到的日本高教界人士对未来还有多少人能获诺奖是比较悲观的。

基于上述分析推论，日本战后的大学通识的建设水平与科技创新人才的涌现并没有直接的、点对点的关联性。两者的关联是潜在和间接的，大学提供良好的通识教育能带来两个层面的好处。其一，通识教育对高度专业化的研究型大学具有不可或缺的价值，它使大学里的学者在各专业上不断突破精进的同时大学精神不至于涣散和迷失。以育人为中心的通识教育能够带来汇聚与团结的力量，还有利于师生辨清自己的学问道路。其二，对社会而言，随着高等教育而得到普及的通识教育有益于形成普遍的文化风尚与共通的文化品位，这种潜移默化的社会氛围可能比具体制度和政策更加有利于天赋的发掘、人才的孕育与才华的施展，而相应的副作用也小得多。可以说，大学通识教育对造就科技创新人才所发挥的助益虽然不太直接，却具有改良土壤的功效。

附论二　大学通识教育土壤孕育创造性人才

2015年，在783件决赛作品的激烈竞争中第十四届挑战杯落下帷幕。笔者在复旦大学指导的学生作品获得了特等奖。[1] 消息传来，我十分欣喜。虽然近年来挑战杯的校际竞争意味渐浓，不过我们认为它本质上还是大学生自己的课外创造性作品的竞赛，特别注重学生的科技创新能力、对社会问题的关注及其分析解决问题能力。从指导老师和大学的角度而言，我们能做的、应当做的，就是耕耘培土，把整体的育人环境调适到最有利于创造性人才"冒"出来的状态。

什么才是有利于创造性人才"冒"出来的大学教育环境？首先，复旦大学在拔尖创新人才培养上一直以坚持"散养"著称，不搞选拔性的实验班，让学生凭借自身的努力、兴趣、抱负自由进出"拔尖计划"相关培养项目，基本不影响正常的培养方案。笔者在指导学生中体会到，这种非集中培养的最大好处是让学生的自主性

---

[1] 笔者指导获得挑战杯特等奖的学生作品是《用兴趣浇灌人才成长的苗圃——以复旦基础学科拔尖人才培养模式为例》，竞赛作者徐驭尧等。

代替了教育者设计的考试选拔,结果参与更高强度专业培养的学生未必成绩最好,但一定对科研抱有最大的热忱和投入。同时,学生对研究发自内心的向往也极大地激起了教师的育人热情。复旦在拔尖计划教育资源配置时以一对一的师徒相授为重心,因为最有效的教学总是发生在导师和学生面对面手把手的互动之中。再者,由于不设行政班,学生进出拔尖培养计划很少有"圈养"模式中淘汰制带来的心理负担,尊重学生自己的选择,制度上对学生的关爱一视同仁,没有等差。

我们还意识到创造力不可能被禁锢在人为设置的专业框架之内。专业领域内的创新,往往只是在前人的道路上向前走出一个新的脚印,然而人类还有大量的创造发生在专业的交叉、碰撞、交融之中,更重大的创造往往是对既有专业的挑战、颠覆、革命。如果教育被禁锢在专业内部,就等于关闭了四通八达的交通网络,闭塞了创新的源泉。

有意思的是,复旦此次获得2个特等奖项目都是本科学生从自己的专业跨出一步,在相邻近专业里获得的成果。笔者指导的历史系本科生以及包括哲学、新闻、管理、生物、电子工程和医学专业的同学完成了一个教育社会学范式的调查,另一个特等奖则是药学专业的本科生做出了化学领域的好作品。

这两个案例并非偶然,复旦的通识教育改革至今已有十年,这种以学生成长成才为核心而不提倡专业主义的教育理念和实践已经深入人心,渗透到通识核心课程、专业培养、导师学生互动、寄宿制书院、课外实践活动等大学育人的方方面面。当我们为每一位学生提供尽可能完整不偏狭的教育而坚持不圈定少数人给予特殊培养,当我们在教育中尊重学生的才性禀赋胜过对专业堡垒一厢情愿的固守,我们欣然发现,高度自主学习的学生"冒"了出来,他们不受专业阻隔，敲响了热心育人的教师办公室的门。更使我们对这种模式有信心的是，当学生获得了拓展自我的机会，真正找到自己的学术志趣之后，在专业上的造诣毫不逊色。

这就是广义的本科通识教育在创造性人才培养中的作用。"创造"凝聚着高度智慧，这是"人"独有的特性。所有"创造力教育""创新思维"之类技巧性的训练本质上只是一件很朴素的事——培养丰富而美好的人性。把一个心智尚未完全舒展开的青年早早地挤压进一个专业管道是令人遗憾的，会导致专业上欲速则不达，人格上萎缩不强健。

在这个意义上，经典的人文教育表面上和科创没有直接关系，在根本上却密切相连。在人类社会恒久的大问题上下功夫看似靡费，其实事半功倍。它指向对价值的关切、对他人的关怀，消除个人中心的思考方式。一方面，这些大问题是所有具体而琐碎的创新命题的本源。抓住本源既为各式各样的创新提供接通人心的动力，也有助于辨别那些伪问题和无价值的创新。另一方面，学习研讨这些大问题能够成为各种专业、职业人深度对话的基础。不同分工的人深度合作，开拓事业，才能实现超越奇技淫巧的重大创新。大学本科教育能以何种深度奠定一代人共通的思考、对话的基础，决定了国家未来重大创新的潜力。

不刻意圈定最强的学生和最强的教授，导师和学生之间反而更加志同道合，不把所有精力都投入专业化培养，专业教育反而健康茁壮。我们在人才培养的实践中体会到了几点有价值的做法，但更重要的是大学长期积淀的精神传统和不成文的氛围，对自身禀赋的尊重。不论是创新人才培养还是一流大学建设，中国大学可以更从容，更从本质上下功夫。

最后，以培养科技英才、科技领袖为目标的美国加州理工大学

曾说明为什么要在本科推行通识教育,包括开设扎实的人文类课程,以下几点理由可以带来一定的启示:

把握当今工业界和学术界的顶尖研究的趋势,前沿在于跨学科与学科融合;

提升将在专业课上学到的知识进一步理解、辨析、融汇、多样化运用、沟通表达等能力;

开拓科技类视野,帮助学生找方向;

成为一个完整的、独立思考的人;

能与不同专业领域的人深入交流;

能对科学、技术进行反思;

能理解社会、政治、经济、文化等因素对其科技工作的影响;

能驾驭自己的工作对社会、政治、经济、文化等方面可能的影响。

附论三　当数字智能逼近专属于人类的思考力

前文讨论的是大学通识教育对科技创新才能的施展会有怎样的影响,我们注意到,影响并不是单向的。科技创新成果并不仅仅是根据人的需求和便利被塑造出来,当人们普遍地习惯使用这些"方便",新技术就会反客为主地形塑人的能力,对于下一代的教育尤其如此。近几年数字智能技术的重大进展会反过来对教育工作和人的成长造成尚难估量的影响。乐观者认为 AI 等智能技术将有助于更加高效、便捷、个性化地提供教育机会、管理专业性知识学习。有的家长急切地希望孩子能尽早学会使用新技术,以免落后于人。但是,这说到底只是资源问题,真正值得担忧的是,进入教育领域的新技术总是在满足上一代人需求的同时，也改变了下一代人的成长环境与条件，以至于新环境下培养出来的下一代将带有更多新问题。这才是通识教育真正的关切所在。

由于数字技术、模型与算法突飞猛进，机器所能分担的劳动已经从体力延伸到脑力。过去的机器都很"机械"，它总是不知疲倦地用蛮力计算来完成指令。ChatGPT的出现改变了这一点，它不仅是在模仿人类自然语言的基础上"预测下一个词"，从而实现遣词造句，更是在输入和输出的交互中展现出某种原本只有人类才有的灵气。

对许多人而言，"智能"上的压迫感扑面而来。OpenAI联合创始人兼首席科学家Ilya Sutskever曾说，如果你能高效压缩信息，你一定已经得到知识。压缩，可以被理解为某种认知维度的升级，"概括"和"凝练"是其近义词。有专家声称，从ChatGPT 3.0开始，它"封装了世界上所有知识"，但不是以机械的、索引的方式，而是在吸收知识的同时能持续地提高语言模型能力，从而更好地吸收更多知识。要是确如其言，意味着ChatGPT的成功不仅在于海量数据的吞吐，还在于对信息的"学习"能力实现了突破。虽然这个过程目前还不能等同于人类的"思考"，但恐怕机器智能的进化已经开启。

当AI不断进化，它将越来越便利地为人所用，乃至成为教育和学习离不开的重要工具，教育界对此喜忧参半。一方面，这有望提升教学质量与效率、重构教学过程，使空前优质的教学资源惠及所有人。另一方面，如何确保人类年轻一代的心智不会因为智能外包工具的日益发达而不断退化？当今的教师自己在学生时代很少借助信息技术，更不用说其心智塑造的过程中有AI参与其中。然而未来的学生可能从上学第一天开始就与AI共存了。

在对大学生学习的观察研究中，我们已经发现一些令人担忧的习气。由于教育中很少展现知识的整体性和系统性，关键词和数据库便成了学生写文章的"法宝"，"查重工具"有时又从反面提供了掩护。写作过程如同把信息重新描述，整理、排列、组合，但是不必苛求理解和体会，尤其不作判断。学生喜欢量化研究，因为数据会自动替我们算出正误判断，只要照着数据结果去描述就能得到结论。否则，"结论"就成了整篇文章最难写的部分，因为找不到什么可以作为归结的东西。或许是在学分绩竞争的压力和工具便利的诱惑之下，聪明的大学生使自己像机器一样学习和写作——不是机器模仿人，而是人在受教育过程中刻意把自己当机器一样运用。看起来他高效地完成了学习任务，却轻易地略过了思考和辨析。

真正的思考意味着使自己沉浸其中，一步步推理因果，开启创新之旅；思考还意味着对研究正心诚意，排除自相矛盾，接受预料之外的结果。思考的成果可能并不存在于现成的范畴和理论之中，作者不得不搜肠刮肚，苦思冥想，以便找到最贴切的表达方式，设法运用恰当的语汇来论证与建构，将前所未见的成果贡献于学界。学生在这个过程中练习严密的逻辑推理，调动自己的学术积累，仔细比较甄别，形成观点，做出判断，再欣然拆改原有的认知模式。这一过程即便不能达成创新，他也将体会到由学习和思考所带来的心智增扩、豁然通达的快乐。

以自然语言为界面的人工智能横空出世，促使我们深思什么才是专属于人类的思考力。如果学校里充斥着以学业表现为宗旨的评价体系，"自我负责"的大学生很容易变成表面上勤劳却实质上"不走心"的伪学习家和毫无价值的论文生成工具。纯粹增殖生产力的训练会使人身心萎缩、劳而无得，直至完全失去内在驱动力。如果我们的教育目标和评价导向都只照顾工具性学习，那么在日益进化的机器面前，所谓"人力资本"还有多少意义？

在数字智能时代，必须让大学生领悟到对人类理性的非工具性运用，体会到学习真正的快乐。如何认识、呵护、培育这种专属于人类的才智与德性，目前还没有成为大学教育的中心问题，却将是未来成败攸关的大事。

第三章

提升通识教育质量的理念与方法

本书后两章的研究范式与前两章不同,以量化实证为主。这不仅是研究视角与方法的转变,也是笔者直接参与中国一流大学通识教育建设工作的结果。当多所一流大学的本科教育在理念与制度上实现了通专结合,稳定有序地提供一系列通识课程与教学活动,从大刀阔斧的变革进入到日积月累的阶段,研究者可以提供什么样的支援?一般而论,教学质量的监测与评估是维持这一阶段良性发展的保障机制。不过,通识教育在中国大学还是个新生儿,它还需要长期抚育以维持内在活力,简单粗暴的、流于形式的评估只会使之越来越乏味乃至夭折。所以,在通行的教学质量评估举措之下,如何在校内建立一种质量研讨机制,营造起聚焦于通识理想的凝聚力才是更加要紧的。

本章呈现为使用学术方法来研究通识课程教学质量的论文,也是笔者自从 2015 年开始参与复旦大学、北京大学、武汉大学、清华大学、中国海洋大学、北京航空航天大学等诸多一流大学本科(通识)教学质量提升的工作侧记。这项工作试图将学术理念与标准注入教学管理工作，审慎地使用数据，使之服务于而不是凌驾于教学过程。虽然数量化的操作难免会约化或掩盖一些教与学细节，但是运用统计描述与推断等方法有助于我们把握较大规模教学的整体情况。如何使具有行政性质的教学质量测评真正推进通识教育建设，避免对教学本身造成妨碍甚至"添乱"，在教学质量测评中又如何平衡量化、抽象的研究方法与情境化、具体的教学过程之间的矛盾，我们有意识地去把握其中的分寸感，并设法体现在文章之中。

第一节 通识教育改革如何消灭"水课"

一、本科教育的智识尊严

我们今天讨论大学本科教育质量时，不禁想起一个令人肃然起敬的名称——"老大学生"，它说明曾经在并不宽裕的条件下我们能够做到公认高水平的大学教育，也代表了老一辈中国人不受外部条件限制，勤奋求学并为家国担当的精神力量。

时代确实发生了巨大变化，最近二三十年，由于国家的持续投入，中国高等教育取得了举世瞩目的巨大发展。一方面，上大学的机会极大地增多，中国高教规模已经达到世界总规模的20%，成为世界高等教育第一大国。另一方面，在许多学科领域，中国学者已经走到了世界最前沿，为国家综合实力提升做出了实在的贡献。在这个新的局面重提本科教育质量问题，不能以一种妄自菲薄的心态急于去和其他国家的做法看齐，也不能顾此失彼为了解决当前的问题抛弃优良传统，而要出于一种全局性的、实事求是的自觉和自省。

"新时代"的崭新局面使我们更有条件和有自信来确认和发扬我国教育固有的积极能量。

大学，作为国家教育体系的最高阶段，首要应当确立符合中国国情的教育秩序。教育不是自选超市里的商品，也不是定制服务。教与学的关系是高贵而平凡的。它的高贵之处在于能够改变学生，能够使学生发生超出预想的美好变化。它的平凡之处在于，这种美好的变化能够发生在每一个尊重这种关系的人身上。最近十多年，美国大学本科教育深受秩序紊乱的困扰，由于高度的市场化和商业化，大学教育自我降格为知识商品和服务的提供方，这种病理的显著表象在于全面的"分数膨胀"和各种为了迎合学生的感觉良好、学生和家长作为消费者的满意度，而在教育上"放水"的行为，一旦大学教育变成了为就业购买文凭，修读课程变成了请老师导览感兴趣知识的旅游，那么自然越轻松愉快、越不辛苦的过程才是越令人满意的。在这种扭曲的秩序之下，教育不会发生，学业挑战度更无从谈起。这个问题的深层次则正在掏空美国高等教育强大的根基。

大学里教与学关系的可贵之处在于学生不仅具有向学之心，而且信赖教师，心甘情愿地跟从教师提出的严格训练要求和困难的学业挑战。哪怕学生一开始弄不清楚为什么、有没有用，等到有一天完全领会了艰苦训练的价值，大约就是学成之日。与此同时，大学教师的尊严不仅仅因为占据了教师的职位，而是因为道之所存，师之所存。现代大学的教师以学术之道立身。虽然上课精彩、关爱学生都是好老师的特征，但本质上，还是要通过精深的学术水平、不断突破极限的科研成就与贡献来体现人类才智的崇高境界，确立大学教师领路人的资格。因此，现代大学以学术水平树立智识尊严，以智识尊严引导学生。

学习固然辛苦，自我雕琢难免疼痛，这是扎根于中国人内心的常识。所以真正的教育会正视学业压力和负担，关心学生的身心状态，支持在战胜挫折中成长，给焦虑和失败留出空间。当今许多大学老师无奈地发现，智识尊严也敌不过学生的眼泪、家长的责难，更是在所谓心理问题的威势下彻底溃败。学生犯错误、学业遭遇失败都是正常的，为错误付出有限的代价是教育和成长的必经之路，教育者要在这个过程中付出耐心和关心，鼓励学生走出困境，但绝不是替学生消除困境。所以为了强化高等教育质量，制度上要为教育标准撑腰，包括修课、考试、论文、授予学位等每一个体现学业标准的环节。

最后，大学依旧是自由之地，这种自由意味着最讲道理，而不是胁迫压制或放任自流。因而大学既提供选择，考验学生的理性，也不放弃教育的规定性。大学的学业没有"满分"，这种上不封顶的学业挑战让人能够有机会窥见迄今为止人类的精神和心灵能够实现多大的自由，而不屑于肉体的轻松与享乐。严格而不失温情的大学教育使学生能够在自己亲历的成功与挫败之中既体验何为优秀，又懂得为弱者和不幸者担当。只有这样，大学教育才能树立教化，培养出有利于国家与社会的人才。

二、如何强化通识课程体系

有人认为，在通识课的设置上，若课程开设太多，容易导致课程水分掺杂，质量难以保证；课程开得太少，又让学生选择面太少，容易缺乏上课兴趣。通识课程的数量和开设的领域具体应怎么把握？哪些是通识教育的核心课程？

我们首先要纠正两个常见误解：

第一，课程开设多少和水分掺杂没有必然关系，只开1—2门课也可能都是水课。杂多的课程真正的弊害在于这所大学没能向学生呈现出知识体系的核心，而且这批通识课无法构成学生对这所大学以及大学所承载的文明的身份认同。举个例子，哈佛大学目前开设了547门通识课，这是2009年全校教师投票通过的方案，可想而知每个学生选的课程组合千差万别，他们体悟不出哈佛到底要传授什么最重要的东西给他们。五百多门课并不能显示哈佛的博大，反而透露出大学内部对什么是最重要的教育、什么是受过哈佛大学教育者必备的东西达不成共识，只能在核心问题外围达成松散的妥协，这是哈佛的危机，去年他们的自我评估报告已经对此提出了尖锐的批评。我们要注意到，正因为通识理念看起来对内容没有边界限制，不像专业教育有不言自明的边界，通识教育实践起来恰恰不是以提供的课程种类多来取胜，最终要看课程设置的精炼程度，也就是凭借上一辈人达成通识共识的质量来判定课程建设水平。

第二，如果学生缺乏上课兴趣，开出五花八门的课就会有兴趣了？要知道现在许多学生的问题并不是对某样事物特别感兴趣却得不到学习机会，而是对什么都提不起兴趣。能激发兴趣、培养品位的才是好的教育。如果不能激发兴趣，说明这种所谓的教育只是展示知识、演示技能，没有触动学生的心智结构。通识教育如果以塑造人为目标，不触及心智是不可能实现的。笔者所亲历的成功的通识课，往往是越上学生越感觉到有深意，逐渐触碰到了自己原先没有打开过的新世界，攀登上了原先没有站立过的新高度来看问题，兴趣和意义感便油然而生。不在激发兴趣的实质上下功夫，却标榜给学生很大的选择自由，其实是在逃避教育责任。

基于上述观点，要问通识课该怎么开设，首先要有理念，大学要能提出什么是最重要的、必要的教育。这个理念首先要在国家和文明层面来考虑，中西古典时代各个时期都形成了一套相应的完备的答案，但现代社会这一点成为重大的挑战，这是世界性的难题。其次大学基于自己的特色传统和与所在文明的关系来说出大学的通识教育理念。有了这套理念，再落实成一套在本科有限的学制内可完成的高度精炼的课程系统。

理想中这套系统应当基于一系列经典文本来构建，因为经典本身就意味着一种共识，也没有比经典文本更精炼、更重要、更具典范性的素材了。在现代大学，可以请各专业的老师都来讲这些文本，比如中文、历史、哲学、教育学、政治学的老师都可以开《论语》的平行课、《左传》的平行课，等等。学生选哪个老师的课是自由的——学生不是选内容，而是根据各自不同的天然心智倾向选择不同的引路人、不同的门径——这还能反过来激励教师优化教学，但核心文本是统一的，要体现这个大学的教育理念和标准。在笔者的理想中，课程名目不能太多，而平行班要多。能开出许多平行班体现了这所大学不同专业的老师都严肃地读过这些经典——这才叫通识。老师一辈人确实有这样的通识，那么才有充分理由要求学生学习这些内容来获得通识。目前复旦大学在7个模块的系统下又结构化地设置了"基本课程单元"，就是要逐步培育这样的平行课。

或许有教师担心，通识课程的改革是一种零和博弈——学校加大对通识教育的投入，就会相应地减损专业课程的资源供应。怎么看待这两者的关系？专业教育和通识教育的发展怎样保持平衡状态？

通识教育改革的困难就在于它不能只做增量，本科教育本身是非常紧凑、有限的，是增无可增的。中国大学原本具有结构系统完备的以专业培养为核心的本科教育体系，如果这个体系不变，通识教育的很多举措就是"横插一杠"，比如额外的课程加进来减少了专业课，又如住宿变成以书院为单位会打乱院系的学工系统，等等。

正是这个道理,许多更接近理想形态的改革只能在小规模的实验区里做,比如中大博雅、清华新雅。复旦是少数全校规模一起改革的大学,复旦为什么有这样的条件?虽然改革十多年来还是碰到许多叠床架屋、横插一杠的问题,但是复旦确实从上世纪末开始就对整个本科教育思想做调整,"宽口径、厚基础",还有长期以来全校浓重的人文氛围。所以笔者想说的是,把通识教育仅仅当作一项增量改革插入到原有的本科教育体系,一定会产生矛盾或者发挥不了太大作用,通识教育要真正立起来,必须全面重新审视本科教育理念,整体上转变本科教育模式。这不是说本科应该完全改成通识教育,笔者认为这不适合当代中国。笔者比较支持国家已经提出的"通识与专业相结合"的培养理念,具体如何结合,理论上要创建,实践上要探索。

国内一些高校采用的是让低年级学生接受通识教育,高年级学生接受专业教育的模式,这是否将通识教育等同于本科阶段的基础教育?这种模式与开设全校通选课的模式相比,有何利弊?

可以用东京大学与京都大学最近的案例来尝试比较两种模式的利弊。2013年,东京大学和京都大学先后宣布实行以通识教育为核心的大规模本科教育改革。东京大学依托教养学部和专业学部的合作,不断完善由大类招生、两年教养教育、专业分流、两年专业教育四个步骤构成的本科培养机制;京都大学不设教养学部,仍由专业院系主导贯通四年的人才培养,大学则为各专业提供系统的通识教育课程资源。这两种代表日本最高水准的通识教育模式都符合现代、综合性、高水平研究型大学的属性,可以在三个关键点上进行比较:

第一,他们各自如何在理论和制度上协调通识与专业的关系?东京大学将通识与专业教育分成前后两个阶段,互不干扰。两次选择与两种培养环环相扣,使学生能够习得"明智"与"教养",并以较小的试错代价选择自己的专业方向，逐渐由通入专。京都大学自得自发的自由学风比较适合于具有强烈、明确的兴趣驱动的学生，而非成绩名列前茅却在专业抉择中举棋不定、希望延后选择的学生。

第二，他们各自如何看待精英通识教育内部凝聚并传承文明共同体以及施展个性才华之间的目标张力？东京大学培养过日本历史上最多的政治家，京都大学则培养出最多日裔诺贝尔奖获得者。京都大学的育人目标立足于培养杰出的专业人才，而较少像东京大学那样立足于培养非专家型领袖人才。相应地，东京大学的立场偏保守，以共同性很强的前两年通识教育来夯实代代相传的"教养"，为个人发展奠定全面的人格、心智和知识的基础。两校共通的培养目标都是要使个体在社会群体中获得杰出成就——在精英教育目标上可谓殊途同归。

第三，两种模式在实践中各有什么样的沉疴痼疾？东京大学已较成功地建立起不输于专业共同体的教养共同体，但这种时间、空间、身份两分的模式极易导致两群人与两种主义的对立。教养主义与专业主义不能只是并存于一个东京大学的名号之下，也不能互不相干地各自分管学生两年了事，而要使两群人不再隔阂对立，相互依存，同心同德。这是东京大学模式的长期命题。京都大学的通识教育没有时间区隔、空间壁垒与身份区分，同时也就没有以通识教育为己任的共同体。在这种模式下，通识理念容易被分化、次要化乃至一次次瓦解于无形。不同于东京大学模式要在人与人之间达成和解，京都大学模式的长期命题是要让通识精神深入专家的内心，并与专业精神和谐互补。

这两种通识教育模式带给我们两方面的启示。首先，管理上的核心问题在于有没有深刻的通识理念和精神为指引，有没有一个能够通盘权衡本科教育的强有力的责任主体。其次，在通识教育的师资方面，中国没有日本那样的历史包袱，却面临几乎所有教师都未受过通识教育的另一种难题。通识教育的目的不是局部知识的增加，通识课的质量不取决于教师传授特定知识的能力，较好的专业课未必就是现成的通识课。教师自己是否拥有不息的求知欲、跨学科的判断力和触类旁通的经验，将决定对学生心智的唤起。

三、如何不让通识课沦为"水课"

一些学生认为通识课是"水课"，空有形式，课程质量不高，甚至还有高校出现学生利用通识课刷分提高绩点的行为。针对这种情况，管理者可以通过哪些途径保证通识课的教学质量，不让通识课沦为"水课"？

如何把握通识教育的真实效果，从阶段性成绩中找到切实的问题与不足，从而确认下一步政策方向是中国高校面临的首要问题。通识课程和专业课程一样，需要实证调查、科学评估。从通识教育理念的宣传与讨论到针对改革实施效果的精细测评，开启大规模、周期性的学生调查标志着通识教育改革进入了第二阶段。

在复旦大学近十年通识教育实践经验的基础上，我们通过与大学核心课程委员会、模块负责人、教师和不同专业的学生、毕业生等各个层面的深入讨论，使用国际主流的调查方法，研制了"复旦大学通识教育学生调查"工具。该调查工具设计了十一项核心可比指标和五项可选高阶指标，能够多角度刻画出每门课程、各模块及总体通识课程的教学质量。在调查数据的使用方面，基于指标数据生成"吹水指数"和"刻苦指数"，能直观地筛查出"高效能课程"、四类"水课"和"高投入低收获课程"，并一一对应给出管理建议。虽然学生调查是高等教育质量评估的重要工具，但在体制机制层面还存在导致"水课"的因素，亟待进一步改善。

在现实中，高水平的通识课往往会面临这样的尴尬："牛"教授亲自授课，讲课内容干货多多，吸引不少旁听的学生，但真正选修的学生少。高校管理者该如何解决"好课程没人选"的难题？

好课程没人选但有人听，是因为有更容易拿学分的课大量存在。复旦通识核心课委员会提出了"让学生逃无可逃"的质量管理目标，就是不能容忍存在学习投入要求很低、容易蒙混的课。

在这个所有课程都无法蒙混过关的前提下，学生的选课动机还是会很多样，他们会基于教师个人魅力选课、基于内容选课、基于特色教学形式选课、基于考核方式选课、基于给分松紧选课，甚至基于开课时间地点选课、基于同伴选课、基于人云亦云选课，还有实在选不上别的课而为了满足毕业学分要求选课。大学赋予学生选课的自由，每个学生怎么选择也就看他的自我期许、眼光和运用理性的水平了。

就复旦数据来看，通常公认高质量的通识核心课总是被选爆满，比如一门容量只有 200 的课曾创下 1000 多人选的纪录。复旦"逃无可逃"的课程建设逐渐显露成果，学生意识到一样要费工夫学一门，不如选收获更大、更吸引人的课上。

第二节 通识课程教学质量测评与提升方法

我国高等教育建设正步入全面刷新和提升本科教学质量的新阶段。2018 年 6 月"新时代全国高等学校本科教育工作会议"上，教育部提出：提升大学生的学业挑战度，合理增加大学本科课程难度、拓展课程深度、扩大课程的可选择性，激发学生的学习动力和专业志趣，真正把"水课"变成有深度、有难度、有挑战度的"金课"。[1]新近发布的《教育部关于一流本科课程建设的实施意见》不仅注重课程建设的质量，还体现了对教学实施过程的关注。将课程质量的评价范围拓展至对学生学习投入、学习方式和学习结果的要求。我们认为，这是不同以往的政策新意。美国高教界也意识到了同样的问题，有报告指出"在高等教育中，学生们学什么、学到多少，所学知识如何与教学质量挂钩，这些问题往往得不到重视"。[2]

大学课程的质量建设与保障取决于两个层面的努力，一是课程建设，二是教学实施过程。过去，不论是政府主导的外部评估，还是院校内部的自我评估，对课程的质量的评价均侧重课程建设。例如，当前本科教学比赛只关注课程的设计以及教师对这套设计的贯彻能力，仅仅是学生缺席的教学模拟。然而，良好的教学设计与贯彻执行只是其一，更重要的是学生的加入。教师的教学不是单向的讲授，学生在课程教学中不仅仅是在场的观众，而是足以影响教学实施过程、决定教学效果的重要参与方，应该被理解为能动的群体。

然而另一方面，中国大学教师感到近几年针对他们的评价纷至沓来。名目繁多的评价增加了行政性负担和非业务性工作量，却很少能真正有助于能力提升和质量改善，甚至不能为教师带去对教学事业的善意和尊重。当无效、低效甚至反效果的评价工作背离了真正的教学质量，我们必须反思，在质量提升的主基调下，什么样的

---

[1] 陈宝生：《坚持以本为本 推进四个回归建设中国特色、世界水平的一流本科教育——在新时代全国高等学校本科教育工作会议上的讲话》，http://www.moe.gov.cn/jyb_xwfb/gzdt_gzdt/moe_1485/201806/t20180621_340586.html，2018年6月21日。

[2] Sandy Baum, Michael, S. McPherson, "Improving Teaching: Strengthening the College Learning Experiencee," https://www.amacad.org/publication/improving-teaching-strengthening-college-learning-experience.（2019年12月3日）

课程教学评价才是有益可行的。

将"学生缺席"情况下的讲课水平等同于教学质量而忽略学生的学习情况，以及低效武断的传统评教手段增加了教师、学生和管理方之间的不信任，是当前大学课程教学质量保障中的两大误区。近五年来，我们团队先后在复旦大学、北京大学、清华大学、武汉大学、中国海洋大学、北京航空航天大学等院校开展通识核心课程、大类基础课程、思政课程等教学质量监测、诊断与评估，并使这项院校研究工作切实支持教师提升教学能力，助力教务管理手段的优化升级。基于中国一流大学近万门次课程调查，基本实现了大学教学学术的相关理论与中国大学教学现实的磨合，从而取得了一系列本土观念与实践知识。

具体而言，本节希望讨论大学课程教学实施过程中，如何针对教与学（teaching and learning）的质量开展评价并促进改善。为什么学生评教、同行听评课等诸多手段都收效不够理想？如何使教学评价支持教师的工作而不是增加教师负担和抵触情绪？学生在教学评价中应当扮演什么角色，学生究竟有没有评价教师教学的资格和权力？诸如此类，围绕教学实施过程的质量评价问题，我们将首先分析几种既有测量评价手段的不足与偏差，进而根据在实践图景中形成的对大学教学实质的理解，提炼出教学各方恰如其分的权责关系。基于该理论框架，构建符合中国大学实际情况的课程教学质量评价方法。

一、现行评教方式的缺陷与误用

(一)学生评教的失效与反效果

在世界范围内,对大学教学质量的评价手段包括学生评教、领导评价、教师自评、同行评价等,学生评教因其便捷有效,且学生是教学的主要接受者而被广泛使用。[1]对学生评教的定义为:由学生对教师课堂教学进行打分,分数的平均值和排名代表着教学质量和效果。而管理部门根据这些数据来认定教师教学工作业绩,实施奖惩等管理手段。

这种最常见的评教方式已经暴露出越来越多的问题。首先,当前采用的评教问卷大多缺乏测量的科学性、专业性和针对性。我国高校学生评教的问卷通常是上世纪90年代末至21世纪初设计并沿用至今,受限于当时条件,问卷质量本身不高,而且过于陈旧,无法很好地适应当前教学方式和师生关系的新变化。有的院校管理者或相关部门并不重视学生评教问卷的科学性,由非专业的管理人员依据经验或是别校的样例东拼西凑而成,也有不少院校的学生评教问卷是由承担问卷实施系统的非教育专业技术公司提供。[2]这一系列问卷设计的缺陷导致学生敷衍填答,在多数情况下,评教数据的分布非常集中在高分段,对绝大多数课程或教师而言并没有什么区分度[3],低质量的数据使评价效果大打折扣。其次,可能出于管理上的

---

[1] R. D. Renaud, H. G. Murray, "Factorial Validity of Student Ratings of Instruction," *Research in Higher Education*, 2005, 46(8), pp. 929-953.

[2] 韩映雄,周林芝:《学生评教的信度、效度、影响因素及应用风险》,《复旦教育论坛》2018年第16卷第6期,第74—81页。

[3] 李楠:《高校教师绩效考核中"学生评教"存在的问题及对策分析》,《首都经济贸易大学学报》2009年第11卷第4期,第96—99页。

便利以及学术支持的不足,此类问卷的编制中存在问题过于笼统、概观、指向不明和过于注重满意度等主观感受的缺陷[1],学生评教最主要的功能是测量学生的满意度,而学生的判断能力存在局限。[2]在课程教学过程中,学生无法做到统揽全局,不论其满意还是不满意,都不能等同于教学质量的优劣。师生关系不是服务员与消费者的关系,应用满意度模型工具相当于借管理之权威异化师生关系。在下文我们的理论模型中,学生有重要的发言权,但不具有绝对的裁判权,仅凭学生的主观意见很可能误导教学评价,背离教学规律。再者,在实际教学管理工作中,"学生评教"只起到了警告或惩罚排序在末位5%左右个别教师的作用,很少激励教师,更无法帮助和支持大部分教师优化教学。问题就出在,评教的排序或分数对大多数老师缺乏可操作的实质价值和内涵,教师仍旧不知道学生具体的学习感受和学习收获——"不知道"导致无从改进。对管理层而言,他们同样无法通过评教分数了解具体教学情况,对课堂优秀者和问题者都说不出所以然。于是教学管理工作只能局限于粗糙的形式和武断的裁决。

有学者调查发现,高校学生评教显著受学生背景因素的影响而不能很好地反映教学情况,比如:男生比女生、农村学生比城市学生,高年级生比低年级生;普通学生比学生干部都具有更加严重的评教行为偏差。[3]从心理学角度看,由于评教过程中存在爱屋及乌、礼尚

---

1 王瑛:《关于高校"学生评教"中若干问题的探讨》,《中国大学教学》2006年第7期,第46—47页。
2 B. Uttl, C. A. White, D. W. Gonzalez, "Meta-analysis of Faculty's Teaching Effectiveness: Student Evaluation of Teaching Ratings and Student Learning are not Related," *Studies in Educational Evaluation*, Vol. 54, September 2017, pp. 22-42.
3 周继良,秦雍:《高校学生评教行为偏差基本类型及其与学生相关背景特征的关系》,《复旦教育论坛》2018年第16卷第6期,第65—73页。

往来、感知平移等心理困境，学生评教的有效性大打折扣，可能带来降低学业要求、课堂教学的肤浅化和娱乐化等负面影响。[1]

欧美学者更早便关注到引入学生评教制度对师生关系的影响。有学者通过构建教师和学生的效用函数，发现适度使用学生评教可同时提高老师教学投入和学生学习投入与收获，但过度使用学生评教会导致分数膨胀。[2] 教师和学生有可能发生"共谋"，即教师放松学术要求、给学生打高分，以换取学生在评教中的好评价，从而使教与学的关系异化成"教学相'涨'"的尴尬局面。[3] 根据最近一项对我国高水平大学教师调查的实证分析发现，"学生评教"对教师投入热情具有显著的负面影响。[4] 意味着即使在师生认知能力都相对较高的高水平大学，学生评教不仅没能支持和促进教学提升，还消耗了教师可贵的教学热情。

（二）同行听评课的局限与文化约束

除了学生评教，目前常用的另一项课程质量管理手段是同行听评课。大学教师职业享有较高的学术独立与自由，职业特性使他们对行政上的官僚式作风更加敏感和拒斥，在涉及专业学术问题上，他们有理由拒绝非同行的评价。[5] 国际上也比较提倡由教师同行而非

---

[1] 吴洪富：《学生评教的心理困境干预》，《高教发展与评估》2019年第35卷第3期，第39—46页，另第111页。
[2] B. A. Weinberg, B. M. Fleisher, M. Hashimoto, "Evaluating Methods for Evaluating Instruction: The Case of Higher Education," *NBER Working Papers* 12844, National Bureau of Economic Research, Inc., January 2007.
[3] 哈巍，赵颖：《教学相"涨"：高校学生成绩和评教分数双重膨胀研究》，《社会学研究》2019年第34期第1卷，第84—105页，另第243—244页。
[4] 阎光才：《高水平大学教师本科教学投入及其影响因素分析》，《中国高教研究》2018年第303卷第11卷，第26—31页。
[5] 李立国：《大学教师职业特性探析》，《清华大学教育研究》2012年第1期，第66—71页。

管理者、政府等角色来评价教学和研究。[1]因此同行听评课能够为全面的课程教学评价提供一个无可替代的专家视角，但实践中仍存在一些局限。以学期为单位，课程教学的实施过程是个有机整体。同行听评课所能投入的时间精力有限，听课只能截取片段，无法把握课程教学全貌。同行听评课的视角是以"教"为中心，比较能够把握教师教授的方法和内容，却难以了解学生学习情况。同理，听评课的同行可能富有相关教学经验，但未必是教学专家，难以将个人教学经验上升到更普遍的教学规律。同行之间在教学上更多的是切磋关系，而不是评价权威与被评价者的关系。同时，由于知识专门化程度正在不断加深，管理层要在校内组织起一批真正的同行来充分实现这项工作并不容易，而"外行评教"的结果难免引起争议。除此之外，大学内流行的个人主义文化排斥教学同行评价，塑造着不干涉、不参与的消极惯习，抑制教师在教学同行评价场域中活动的深度与广度。[2]在我国，同行之间的人际关系则是不适感的主要来源，听评课的压力会影响人情和顺。许多教师在我们的访谈中提及，对课程教学评价很容易演变为对个人的评价、对个人学术水平的评价，结果造成双向人际阻力，甚至妨害人情学缘。

  总体而言，同行听评课的成本高昂，收效较小。作为科学、全面评价课程教学中的一个环节，同行听评课应该被纳入到评价系统中一个恰当的位置，使其效用最大化，并减少副作用。

---

1 R. C. Atkinson, "Academic Freedom and the Research University," *Proceedings of the American Philosophical Society*, Vol. 148, No. 2 (Jun., 2004), pp. 195-204.

2 周玉容，沈红：《大学教学同行评价：优势、困境与出路》，《复旦教育论坛》2015年第13卷第3期，第47—52页。

（三）新技术在教学测量方面尚无实质性进步

近年来，依托信息化、视频监控与物联网等技术的大幅进展，在大学校园内外涌现出许多教学测量评价方面的新技术。

首先，以视频监控摄像和人脸识别为代表，对教与学的行为举动进行编码分析。这类技术的卖点在于使教学过程这个"黑箱"得到很大程度的透明化、客观化和数量化。但恰恰是这种科学化诱使教学过程偏离其本质。理想的课程教学不仅在于可见的人际互动，更在于思想的碰撞，内在的共鸣。如果仅依靠视频监控技术开展教学评价，将不可避免地把管理上的注意力引向"外在化测量"，鼓励教师开展表演型教学和学生的"表面化听课"。这是对教育价值与意义的认知简单化，其评价模型刻意忽略对学生作为人的发展内在性、唯一性与完整性的关照，加剧了教育的功利性和工具化。[1] 目前的人脸识别技术已经能够捕捉人类的主要表情，但还远远达不到精细地识别其深层心理活动、思维活动的程度。换言之，新技术在没有发展到能够深入"人的内在"去测量之前，这类自动测评所获得的只能是初步、表面化，甚至引起误解的数据。

福柯曾在《规训与惩罚》中以监狱为原型揭示了现代化的管治权力能够通过全景敞视装置对众人实施深度控制。他敏锐地指出，即使监视在实际上是断断续续的，甚至并不在场，却能造成一种持续有知觉的被监视状态。[2] 利用大学教室内设置前后两个的摄像头作为测评教学质量的工具，学生和教师都在其规训之下，这种时时刻刻的监视和规训在多大程度上对教学质量产生积极影响，又在多大

---

1 金生鈜：《大数据教育测评的规训隐忧——对教育工具化的哲学审视》，《教育研究》2019年第40卷第8期，第33—41页。
2 米歇尔·福柯：《规训与惩罚》，刘北成、杨远婴译，北京：生活·读书·新知三联书店2003年版。

程度上过度侵夺了师生的权力与尊严，值得教育研究者关注。

其次，以应答器、电子黑板、弹幕等为代表的新教学工具，其特点是为一部分课堂教学提供了便捷高效的工具，同时也潜移默化地改造着教师的教学习惯和学生的反馈习惯，从而再造教学形式、教学过程和师生关系。如果课堂频繁使用这些工具，就会自动留存下大量教学行为数据，将有利于分析和评价教学情况。但是使用这些工具也会不可避免地影响教学节奏，改变师生直接对话关系、增加设施设备及日常维护成本。如果能做到小班化教学，师生的互动总是更优的，而此类新的教学技术工具属于大规模课堂增效的权宜之计。我们认为，如果教师并没有感觉到确切需求，仅仅为了利用新工具、为了采集数据而刻意使用，则可能本末倒置，不必要地增加了教学负担，分散了课堂中学生的注意力，疏远了师生关系。因此，IT 化教学工具无法整体上解决教学质量综合测评的问题。

总之，由技术驱动、技术导向的教学测评创新项目中，人们总是问，有什么新技术可以运用于课堂？并且出于技术和商业利益还能够采集到更多数据？教育事业所考虑的出发点则与之相反：当前课堂教学有什么问题和缺陷需要改进？为了更好的教与学，老师和学生需要做什么？如何做？总之，在当前的复杂情境中，管理层需要谨慎行事，避免假教育质量保障之名，行技术主义或商业目的之实，否则只能给教学强加负担而不是支持赋能。

对今天的大学教师而言，在自上而下不断加码的高等教育质量诉求下，针对他们的评价越来越多，但帮助他们了解学生、优化教学内容与方式、提升教学技能的支持却没有相应增加。真正希望改进的教师常常感到孤立无援、无从下手。更有甚者，一些存在明显缺陷和错置的评价工具却被高度权威化，许多难以服人的评价结果在赏罚中强行起作用。久而久之，管理上不恰当的测评结果越受重视,越诱使师生互相放水,评教分数和学生成绩一起水涨船高,形成不负责任的教学氛围和实质低劣的教学效果。管理者也意识到旧有的评教效果堪忧,如何避免教学质量管理与保障工作事与愿违?

二、教学评价的当代理论基础

(一)以学习为中心的评价视角与方法

传统教学质量评价以专业为中心、以教师为中心,关注学校和教师给予的教育资源,不那么注重教学过程与学生的参与。[1] 以学习为中心的理念,为高等教育质量观注入了新风,任何水平的高校都不能仅依靠既有资源和声誉在质量问题上高枕无忧。以学习为中心意味着关注有效的本科教育,即教育资源与学生之间的"化学反应"——促成高质量的"学习"。[2]

对"学习"的测量评价基于1985年泰勒、迈克柯兰、奥斯汀等提出的增值评价法,通过对学生在整个大学就读期间或某个阶段的学习过程、学习结果的分析,来描述学生在学习上进步或发展的"增量"。[3] 增值评价法把升入大学时不同的起点水平考虑在内,能够更确切地表征教学效果。[4] 基于增值性价值观,学生学习投入理论的价值逐渐凸显。学习投入(learning engagement)是影响大学生

---

[1] 梅萍,贾月:《近十年我国高校学生评教有效性问题研究述评》,《现代大学教育》2013年第4期,第29—34页。

[2] 白逸仙:《走向"以学生为中心"的评估模式——以中国〈本科教学质量报告〉与美国 NSSE 为比较对象》,《中国高教研究》2014年第11期,第64—68页。

[3] Terry Taylor, "A Value-added Student Assessment Model: Northeast Missouri State university," *Assessment & Evaluation in Higher Education*, 1985, 10(3), pp. 190-202.

[4] 涂冬波,史静寰,郭芳芳:《中国大学生学习性投入调查问卷的测量学研究》,《复旦教育论坛》2013年第11卷第1期,第55—62页。

学业成功的关键因素，包括有效学习。[1] 当前国际教育教学质量评价系统广泛采用此理论，如"全美学生学习投入调查"（National Survey of Student Engagement）、"研究型大学本科生就读经历调查"（Student Experience in the Research University）、"澳洲大学生学情调查"（Australasian Survey of Student Engagement）等。高等教育质量评估从"关注学校投入"到"关注学生投入"，从强调"教"到注重"学"，凸显了学生学习的主体性。不过，上述测评工具均以学生个人为单位，所讨论的课程教学质量评价则需将同样的原理转化为以一门/次课程为单位。

（二）有效教学理论

有效教学目的是通过有效的教学准备、有效的教学活动和有效的教学评价来促进学生学习与发展，不仅仅关注教师和学生在教学过程中做了什么，更为关注教学行为所实现的教学效果如何[2]。国内外对此研究众多，主要观点为教师的"教"应当从学生的"学"出发，充分考虑学生的学习结果和学习效率，教学活动实现有成效、有效率、有价值的结果。

国内研究认为主要影响教学效果的因素可分为三种类型的变量，分别为学习结果与效率；教学行为与学习行为；教学目标、教学内容、教学条件与学情。国外则认为教师教学行为与学生学习结果是以学生学习行为的变化为中介，学习环境与学生品质（presage）、学习投入（process）、学习收获（product）是分析学习过程的基本模型（3P model），将学生的学习效果视作内外部因素共同作用的

---

[1] 郭卉，韩婷：《大学生科研学习投入对学习收获影响的实证研究》，《教育研究》2018 年第 39 卷第 6 期，第 62—71 页。
[2] 陈佑清：《论有效教学的分析模型》，《课程·教材·教法》2012 年第 32 卷第 11 期，第 3—9 页。

结果并分别测量[1]。通过输入（input）、环境（environment）、输出（output）（IEO模型）三者的相互作用分析学习效果的实现过程[2]。

三、大学教学评价的结构性原理

大学教学活动是一种双中心、双主体结构，理想的教学发生在教与学双主体相互适配的互动之中。他们带着各自的积极态度与努力，致力于实现教与学双方共同的目标，即促使学生才智的边界拓展、结构优化、中心移动。[3] 与此同时，教师一方在广义的师生互动中也被唤起共鸣，丰富了学养，虽然教学相长未必是教学的主要目标，却是理想大学氛围下的自然结果。

所以，比起单纯考察教师教得怎么样，更重要的是教育一方认为理想的教学究竟有没有促使学生学习？教师的教学努力多大程度催化了学生的学习投入？学生仅仅是听得满意，还是学得带劲？以"教"为中心的传统评价虽然依旧有其价值，却并不能反映教学过程的全貌，无法覆盖到教与学的闭环。与此同时，在中国大学本科课堂上，教师的教学对象通常是数十人乃至几百人的庞大学生群体，应对学习者之间的差异也是教师的职责，以"教"为中心的传统评价很少顾及这些因素，而用笼统的结论掩盖学生多样性诉求。因此，为了全面测量和评价教学，学习者作为主体的视角不可或缺。[4] 学习

1　A. Lizzio, K. Wilson, R. Simons, "University Students' Perceptions of the Learning Environment and Academic Outcomes: Implications for Theory and Practice," *Studies in Higher Education*, 2002, 27, pp. 27-52.
2　A. W. Astin, *Four Critical Years: Effects of College on Beliefs, Attitudes and Knowledge*, San Francisco: The Jossey-Bass, 1977.
3　约翰·亨利·纽曼：《大学的理想》。
4　郝晓玲：《关于大学教师课堂教学能力现状的调查与分析》，《中国大学教学》2011年第2期，第84—85页，另第6页。

者不仅有权表达自己的学习体验与感受，而且有必要为评估提供学习者视角的反馈。如果缺少了学习者的声音，教学工作可能陷入"自说自话"的低效境地。

然而另一方面，学习者的声音，学生视角的反馈并不直接等同于教学评价。在西方大学民主化和市场化的背景下，以商业活动中顾客满意度为蓝本的学生满意度调查盛行，使大学里的师生关系发生质的变化。当前高等教育市场化和"以学生为中心"的价值取向盛行，来自学生的声音跃居高等教育领域的核心位置。[1] 在学术界，以学生为中心、以学习为中心[2]的教育教学理念兴起后，大学教与学的天平愈发倾向于学生。当大学教学评价直接采用学生的个人意见，或者采用学生群体意见的平均数，随之产生了新的问题和偏差。

除了前文已经综述的关于学生评教的种种缺陷，这里我们进一步指出，直接采用学生意见来评价教学存在结构性异化，扰乱了师生关系和教学秩序，使学生不像学生，教师不像教师。表面上，一些教师对学生评教具有个人化的反感和抵触情绪，深层而言，当"教"的一方越是认同和投入教师角色，教书育人的责任感越强，学生作为其工作的评价者所带来的排异感越强烈。反之，教师的教学越是"不走心"，越能够把学生评教看淡。这个局面便是教与学角色结构性错置造成的。

此外，由于中国大学较大的生师比，相对于需求而言教学供给并不充裕，教学组织安排也对课程教学质量有明显影响，比如选课规则设计、排课方式等，教师和学生都受此制约。因此，在中国大

---

[1] 王建中，刘畅，吴瑞林：《学生评教何去何从——基于美国、欧洲、澳洲4所大学的分析》，《中国高教研究》2018年第10期，第87—92页。

[2] 赵炬明：《打开黑箱：学习与发展的科学基础（下）——美国"以学生为中心"的本科教学改革研究之二》，《高等工程教育研究》2017年第4期，第35—51页。

学课程教学质量的全局视野下，教务管理的行政部门也应当作为影响质量的相关方纳入考虑，是"教与学"双中心之外的第三责任方。

既要倾听学生反馈，又不能将学生置于评价教学的凌驾性位置上。因此，我们需要一个中介角色来使教师和学生在教学关系中各归其位。于是，适合作为教学评价者的中介角色将是第四方。理论上，这个第四方应当兼具学科专业性和教育教学专业性，并且了解院校的实际情况。他们需要采取综合的全景视角，分析归因，并且有能力与各方开展良好沟通。目前很少有大学拥有现成的此类团队，引入外部专家是一种办法，但仍离不开院校内部人士的倾心投入。

四、"高能课"教学质量测评系统的设计理念

（一）高能：教学质量的动态标准

为了凸显教学实施过程质量的重要性，我们用"高能课"来界定优秀的教学实施过程。如果说"金课"这个名称反映了对课程内容含金量的关注，侧重于教学设计，属于静态质量，那么"高能课"的命名是为了提倡教师和学生在课程教学中的主体性行动。"高能"意味着高效能的教与学，并且以激活学习潜能为理想教学结果的标志，属于动态教学质量。

什么是教学质量的动态标准？"高效能"和"激活"等表述均避免了关于工作量、任务强度或取得"正确"知识的描述。高等教育与基础教育中教学与知识的关系存在质的差异。对基础教育而言"知识"是个名词，是学习的固有对象。大学的教学目标不是传授固有的知识，而要使学生能够像学者那样思辨地看待知识、驾驭和运用知识、研究拓展和更新知识，不再是像中学生那样对待知识。

对高等教育而言,"知识"不仅是名词,更是个动词,是一套理性求知的方法门径,包括学习态度与动机、特定专业对问题的思考架构、自我拓展学习的方法和对学问的判断力与品味等。大学教师要通过严谨的训练与师生互动将学生领上学问的正途,有严格的"家法"却无绝对的权威。因此,对大学教学而言,"课好""教得好"都不是第一性的,促使学生进入真正的主动学习状态才是最重要的。

因此,为了更好地把握大学教学的卓越特征,我们尤其强调这种高等教育特有的教学观念,侧重动态教学质量的评价,采用"高能课"来定义优秀的大学课程教学。

(二)测量:以可见行动为依据

根据我们对高等教育教学质量的动态化理解,测量评价的对象便具象化为"教"与"学"的投入行为。数据要刻画真实的学习环境、课程学习过程表现、具体学习体验,并考虑学生的起点水平,以增值性作为评价标准,问卷的问题设计切中课程学习痛点,能与学生共情。

表 5 列出了"高能课"教学质量测评系统的主要指标体系。一级指标的教学质量、学习投入各项均反映教与学过程的投入行为,即关于教师做了什么、学生做了什么。一级指标的学习收获则反映了对课程预设教学目标的达成度,以及这种收获的认知质量。二级指标则是对一级指标的具体化操作。

表 5 "高能课"教学质量测评系统指标体系

一级指标	二级指标	
	评价指标	反馈指标
教学质量	教学态度、讲课水平、有效指导、学业挑战等	内容难度、课堂规模等

续表

一级指标	二级指标	
	评价指标	反馈指标
学习投入	课堂参与、课后投入、延伸讨论、学习中的自律反思等	学业准备等
学习收获	部分课程教学目标的提升程度、从低阶到高阶的学习收获、成绩……	--
教与学满意度	--	教学目标、教学活动的组织方式、教学内容与教材、教师的投入程度、考核与评价方式、助教的投入程度、我的投入程度、我的收获等

（三）诊断：区分评价与反馈

"高能课"教学质量测评系统的诊断理念是课程质量需要师生共同承担责任。在表5中，评价指标兼顾了教与学两个方面。学生的反馈数据是了解教学过程的一把钥匙，得到反馈数据后还需要透过数据发现学生学习的本质，了解影响质量的原因，这便是诊断环节的主要任务。在清理数据后，我们充分结合教育教学的科学规律对数据进行分析，充分考虑教与学双方的相互作用，不仅仅把原因归于教师或学生的一方，也要将院校背景、教学管理机制等其他因素考虑进来。

基于前述大学教学评价的结构性原则，我们进一步将二级指标分列为评价指标与反馈指标。也就是说，存在一些确实影响着教学质量，但并非教师和学生的责任所致的因素。对希望改进教学的教师而言，他们有必要获知这些因素的存在，比如内容难度设置、课堂规模设置、学生客观上的学业准备等。我们获取这些数据，但不用于评价，而作为要素信息反馈给教师。

前面我们已经指出，教学关系并非商业服务关系，满意度模型不适用于教学评价。不过学生的学习体验，其主观情意面向的因素仍旧是影响学习的重要因素，因而我们创造性地做出两点转换。一是将满意度指标归为反馈指标，通过消除其评价效力来使其合理反映学情；二是将学生对自己学习投入质量、学习收获的满意程度纳入二级指标，使学生在参与这项调查时更全面地意识到自己的责任，也使师生关系在这个指标结构中摆脱评价者与被评价者、服务者与消费者的桎梏，恢复本来的正常关系。

（四）效用：赋能教师与支持管理

诊断环节过后，教师将获取关于其课程教学质量的分析报告，基于报告数据和初步诊断结果，进行进一步的自我诊断。针对报告中提出的课堂优势与短板，教师可以针对性地调整教学环节。这样的支持也是连续的。多个学期后，通过纵向数据比较能清晰看到教学手段和环节的效果及变换过程。如此一来，教师有的放矢，在自我发现问题的基础上，发现问题的根源所在，找到解决问题的抓手，了解问题解决的程度。

对于管理部门而言，"高能课"教学质量测评系统提供纵观全局的视野，能够在一张四维的可视化图表中清晰看到所有课程的动态分布情况。同时，为了破除学生评教残留的一维评价误区，我们反对"课程排序"，而比较折中地根据诊断分析提供"课程归类"。归类的明确度能满足管理所需要的识别功能，比如哪些是"水课"，哪些是"高能课"，还有其他诸多特征的课，便于行政上的有效作为，也能避免排名带来的混淆与误导。

五、"高能课"测评系统的应用

在确定了测评理念和基本指标后,团队参考国内外的权威评教系统,结合大量现场听课的经验,针对指标内容设计出通俗易懂、问题指向明确的问卷。为了保证问卷的信效度,团队先在个别课堂进行了小范围的预测试,根据回收得到的数据发现问卷中存在的问题,并针对问题进行调整。同时邀请部分学生与教师进行访谈,进一步优化问题的内容与表述。经过反复多次的修改与讨论,确保问卷能够引起学生的评教热情,从而真实地反映课堂问题。问卷基本成型后,问题与指标并非一成不变。随着核心课程结构的不断调整,教学形式与手段的革新,教学专家在听课过程中发现的问题,测评指标也随之优化更新。

(一)测评结果可靠性的讨论

在已有实践中,由于"高能课"测评涉及各类基础课程,有一个问题常常被理工科教授提出。那就是如何保证学生反馈的客观性?

对此,就方法论层面而言,正如所有以人的个体与群体行为为对象的社会科学调查研究那样,当我们要拨开表象(年龄、性别、身高、体重等容易客观量化的属性),探究人类复杂的行动、意义乃至内在活动(如学习)时,不可能取得绝对客观的量化数据。我们承认这种研究并不存在一个自然科学意义上的精确真实。能够容忍这种不够精确,设法驾驭这种部分真实性的前提下开展有实际价值的工作,是社会科学研究的特点之一。而对于单纯的自然科学者或许是十分陌生的侧面。

当然,在具体方法层面,社会科学调查与统计已有相当成熟的方法。本项目目前主要从三个层面来设法约束学生反馈的主观性偏误：第一，通过问卷设置技巧及对原始数据的清理技巧，将明显胡乱填答、误填等数据清除。第二，采取基于较庞大的数据集的统计分析与统计推断，而非简单小样本的描述性统计来分析数据。比如控制专业、年级、成绩等。第三，也是在设计系统中形成的思想：采取相对比较法来刻画与评价课程教学情况。将每一门课置于与具有可比性的课程群之中做比较，或者与其历年开课情况做比较，从而凸显其评价性特征，以此最大程度抵消由于院校情境带来的系统性偏差。

不断探索技术优化来进一步提高数据质量是我们未来的工作方向。另一方面，从本质上我们不会采取"数据至上"的评价观念。恰恰是对社会科学调查局限性的把握，对数据有节制地使用和采信才能体现这项工作的专业性。除了定量数据，我们会补充易于解读的质性调查结论，并建议管理者和教师共同探讨数据背后是什么，数据究竟能告诉我们什么。

（二）课程教与学的动态"体检报告"

自 2015 年起，我们团队应用"高能课"测评系统，对复旦大学、北京大学、武汉大学、清华大学等一流大学的数千门次课程进行了测评，其结果得到了教师和管理方的认可，并逐步嵌入大学整体的质量保障系统。

对于每位授课教师，在学期结束时都能得到一份有针对性的"课程体检"报告。根据"课程体检"报告中的各项指标高低，教师能够从总体上把握课程教学互动情况，特别是对学生的学习情况更加心中有数。

对上述学校的教学管理部门，我们提出从设计到实施、构建课程质量保障闭环的建议。授课教师设计构建课程，进而实施教学，随后在恰当的期间，在专业团队支持下合理地落实学生调查，得到学生反馈。教学学术专家团队根据学生反馈以及综合定量和质性数据分析，给出总体诊断报告和每一门课的"课程体检"报告。教学管理部门将"课程体检"报告分发到教师，同时根据诊断报告中显示的特征进行分类管理与支持，对特定课程开展同行听评课或课堂观察，从而不断积累翔实的课程教学档案。教师可以根据"课程体检"报告中显示的问题修订优化课程设计，开始新一轮的教学。

（三）营造尊重教学的氛围

对于开始提出的同行听评课低效率的问题，有赖于"高能课"系统积累的课程教学基础数据，管理部门得以掌握教学基本情况的全貌，对于在某些质量指标上表现突出、特异或存在明显问题的课，可以有选择地、带着明确目标地配置同行专家实施听课。此时，同行专家并非以容易引起尴尬的评价者身份出现，而是建设性地帮助授课教师，提炼其教学的优势特征，或结合教学内容与方式来发掘问题根源、提出具体教学策略建议等。任何落实的教学建议都是内容与方法的有机结合。同行专家不可取代的是其具有学科专业性，从而能够对教学内容与教学方法通盘考虑。在这一点上，不论是教育专家还是行政部门都难以做到。通过与"高能课"等大规模学生反馈数据相结合，同行专家的宝贵资源便能运用于急需之地和关键环节，发挥最积极作用。

我们认为，管理评价只是提升质量的手段，并不是目的。单纯的"评教"更不足以概括这项工作。课程教学设计的质量主要取决于教师个人及其学科专业共同体的水平，而教学实施过程的质量更有赖于教师、学生、学校三方合力。中国大学的课程教学质量不仅仅是教师的责任，虽然教师在其中负有不小的责任。基于这样的认识，在几年的实践中我们意识到，教师的教学积极性居于整项工作的核心位置，评价不能妨碍教师发挥教学积极性。[1]比起"评价"，我们更乐意将这些工作描述为"尊重并解读学生反馈"与"为教师提供专业支持"。我们希望通过一套专业性方法来取得大规模的教学质量评价及提升，并使这种提升可观察，可把握，最终在大学内部构建人人关心教学、具体地讨论教学、合力提升教学的氛围。

第三节　大学生通识学习收获调查框架

一、学习效果成为改革瓶颈

十多年来，从一流大学到地方本科院校，中国大学对"通识教育"概念不仅有了越来越丰富的认知，也陆续开始在实践上强化通识课程的建设。然而，我们几乎在所有大学的实践中都发现，赞同通识教育理念与批评通识课程现状并存，构成了鲜明的反差。以至于对课程的实施现状与效果的诟病成为了许多人对通识教育理念不以为然的主要原因。在历史经验匮乏的中国大学，探索什么是符合理念的课程体系，什么是有效的通识课，管理者、教师和学生都面临前所未有的挑战。于是，如何把握通识教育的真实效果，从阶段性成绩中找到切实的问题与不足，从而确认下一步政策方向成为了首要问题。通识课程和专业课程一样，需要实证调查、科学评估。

---

[1] 徐全忠：《回归教师发展本位的综合教学评价研究》，《中国大学教学》2018年第10期，第79—82页。

从通识教育理念的宣传与讨论到针对改革实施效果的精细测评，开启大规模、周期性的学生调查标志着通识教育改革进入了第二阶段。

在复旦大学近十年通识教育实践经验的基础上，我们通过与大学核心课程委员会、模块负责人、教师和不同专业的学生、毕业生等各个层面的深入讨论，使用国际主流的调查方法，尝试研制了"复旦大学通识教育学生调查"工具，直接回应改革新阶段的需求。本节不仅详细阐述问卷的方法与理论基础、研制过程，并报告基于大样本数据对通识学习效果模块信度与结构效度的验证结果。

二、通识学习效果测评方法综述

上世纪，国际高等教育质量保障的关注点从投入转移至产出，特别是通过对学生真实的学习效果来评价教育质量（outcome based）的理念与实践成为了主流。学生学习效果评估（Student Learning Outcome Assessment）指运用有效的技术手段持续收集大学生学习成效数据，解释大学或学院提供的教育是否符合教育理念与使命、学生真实的学习收获是否符合改革方向、并最终达到了改革行动预设的目标等，以此对高等教育机构和课程教学的有效性进行评估，并通过统计数据挖掘学习效果与教学行为之间的关系，为今后的持续改进实践提供参考指引。

由于和专业教育相比，通识教育的学习效果并不等于各门课程学习成绩的总和，以课堂为主的教育活动在课外也会发生各种难以衡量的潜在影响，需要以学生个人为单位做认知与技能、志趣与人格等综合评估才能说明教育效果。在美国，95%的四年制大学提供通识教育，通识教育的效果被大学、国家认证机构和高教协会普遍认为是本科教育的核心成果。[1] 学生学习效果评估的先驱正是芝加哥大学的通识教育改革。1933 年至 1947 年，芝加哥大学与"通识教育合作研究课题组"（Cooperative Study in General Education）合作开展了通识教育学习评估研究，设计了"由大学测试中心办公室负责命题、考试和评分"的直接评估，同时也编制了包括思维能力、学习过程、人生目标、社会理解等问卷量表。[2] 理查德·萨文森在梳理美国数十年来不断发展的大学学习效果评估时指出，如今对学习效果的认识除了传统的标准测验所能测验出的能力外，还包括认知、理解、理性思考的能力以及学生的人际、公民、社会和跨文化方面的知识和素养等"软性"成果。[3]

伴随着学习效果评估运动的深化拓展，"增值"（value-added）质量观成为了重要理论依据。1985 年，泰勒、迈克柯兰、奥斯汀等首先提出了增值评价法，增值评价是对学生在整个大学就读期间或某个阶段的学习过程、学习结果的分析，来描述学生在学习上进步或发展的"增量"，由于把升入大学时不同的起点水平考虑在内，"增量"能够更确切地表征教学效果。[4] 奥斯汀指出，真正的质量在于大学对学生认知和情感发展的影响程度，学生大学期间积极的发展变

---

[1] E. L. Boyer, *College: The Undergraduate Experience in America*, Harper and Row Publishers, 1987, p. 110.

[2] R. Frodin. "Very Simple But Thorough Going," in F. Ward (ed.), *The Idea And Practice Of General Education*：*An Account Of The College Of The University Of Chicago*, Chicago: The University Of Chicago Press, 1950, pp. 25-99.

[3] Richard J. Shavelson, *A Brief History of Student Learning Assessment: How We Got Where We Are and a Proposal for Where to Go Next*, Washington DC: Association of American Colleges and Universities, 2007, p. 1.

[4] T. A. Taylor, "Value-Added Student Assessment Model: Northeast Missouri State University," *Economics of Education Review*, 1985, 10(3), pp. 190-202.

化越大，反映出学校的质量就越高。[1] OECD 已计划推出一项高等教育领域的增值评价。[2] 哈维和格林补充说明，"增值"能够衡量教育质量，但大学教育究竟给学生增加了什么，增加了多少，这取决于评价的方法以及首先确定其中什么是有价值的。[3] 就具体测量方式而言，正如上述芝加哥大学的例子，主要有直接和间接两种对通识教育"增值"的测评工具。[4]

直接测量"增值"是采用测验考评的方式，如"大学学习成效评价模式"[5]、美国教育考试服务中心开发的"能力测试"和美国大学入学考试中心的"大学生学业水平评估"[6] 等。间接测量增值的工具通常不是测验，而是以问卷调查的形式邀请学生自我评估学习收获，并同时收集学生的学习行为、学习经历和教师的教学行为等各方面的教学过程数据，通过各种理论预设的中介变量预测、分析增值的结果。比如，"全美学生学习投入调查"（National Survey of Student Engagement，简称 NSSE）自 1998 年起，在美国和加拿大已对 1500 多所大学实施了测评，参与调查人数超过 200 万人。[7] 此

---

[1] A. W. Astin, *Achieving Academic Excellence: A Critical Assessment of Priorities and Practices in Higher Education*, San Francisco: Jossey-Bass, 1985, p. 23.

[2] "The Assessment of Higher Education Learning Outcomes", http://www.oecd.org/edu/imhe/theassessmentofhighereducationlearningoutcomes.htm , 2015-07-11.

[3] L. Harvey, D. Green, "Defining quality," *Assessment & Evaluation in Higher Education*, 1993, 18(1), pp. 9-34.

[4] A. W. Astin, *Assessment for Excellence: The Philosophy and Practice of Assessment and Evaluation in Higher Education*, Lanham: Rowman & Littlefield Publishers, 2012.

[5] S. Klein, R. Benjamin, R. Shavelson, et al., "The Collegiate Learning Assessment: Facts and Fantasies," *Evaluation Review*, 2007, 31(5), pp. 415-439.

[6] 周廷勇，杜瑞军，张歆雨：《美国大学生学习成果标准化评估工具的分析研究》，《复旦教育论坛》2014 年第 12 卷第 5 期，第 84—90 页。

[7] 参见如下文献，G. D. Kuh, "Assessing What Really Matters to Student Learning Inside the National Survey of Student Engagement," *Change: The Magazine of Higher Learning*, 2001, 33(3), pp. 10-17；NSSE Annual Results 2014, http://nsse.indiana.edu/html/annual_results.cfm, 2015-07-11；About NSSE, http://nsse.indiana.edu/html/about.cfm, 2015-07-11。

类另一种具有国际影响力的大学生学情调查是"研究型大学本科生就读经历的调查"（Student Experience in Research University，简称 SERU），由加州大学伯克利分校高等教育研究中心 2002 年起研发并组织实施，已被 17 所美国顶尖的公立研究型大学、英国牛津大学、日本大阪大学、荷兰阿姆斯特丹大学以及中国的几所研究型大学使用。[1] 还有 NSSE 的澳洲版本"澳洲大学生学情调查"（Australasian Survey of Student Engagement，简称 AUSSE）[2] 等均属于间接测量增值的调查。

事实上，对通识能力、素养的直接测试存在诸多困难，由于内容涉及价值道德观念和个人思维模式，且一些学习效果的显现需要较长时间，使得美国许多教师和管理者以"干涉大学自治"之名抵制州政府对学术事务、学习结果的直接考评。[3] 另一方面，虽然间接调查测量不具有直接测试那样的客观性，使用学生自我报告的问卷调查仍具独特优势。因为它将学生视作教育效果评估的共同参与者而非被动的测试对象，鼓励学生反思自己的学业、发挥自主性，对学生的负担也较小。更重要的是问卷调查能够为大学提供影响学习成效的因素等有利于改进的信息，使数据支持决策，而不只是单纯的学业结果。由于这些优势，间接测量增值的问卷调查在国际通识教育效果评估中得到了更广泛的使用。

在中国，针对大学通识教育学习效果的测评方兴未艾。清华大学的"中国大学生学习与发展追踪研究"（NSSE-China）已在数十

---

1 参见如下文献，"Student Experience in the Research University (SERU)", http://www.cshe.berkeley.edu/SERU, 2015-07-11；程明明，常桐善，黄海涛：《美国加州大学本科生就读经验调查项目解析》，《清华大学教育研究》2009 年第 6 卷第 30 期，第 95—103 页。

2 "Australasian Survey of Student Engagement (AUSSE)", http://ausse.acer.edu.au/, 2015-07-11.

3 刘海燕：《美国高等教育增值评价模式的兴起与应用》，《高等教育研究》，2012 年第 5 期，第 96—101 页。

所大学开展了测评，SERU 的汉化版也在逐步增加用户，它们的问卷中指向一般通用技能的部分题项有时被用来观测大学通识教育成果，但由于其设计理念毕竟源于美国大学通识教育的理念和现状，不完全适合中国大学，特别是其中公民政治参与部分难免由于国情差异而失效。此外，一些独立研究也试图提出设计愿景，但离实践运用还有距离[1]，有的开发了针对通识教育效果的问卷工具，有的测评某几项通识能力，未能完整地构建出各种能力的关系，以呈现健全育人的思想框架，[2] 另一些只是征询学生的意见或满意度，并不能充分基于通识教育理念测量切实的学习效果。[3] 而且这些研究绝大多数未能得到较大规模的实施和定量检验。

综上，方法上要采纳国际前沿，内容上要扎根本土，在既有国内外研究的基础上，我们试图以大学生学习效果的增值评估方法，研制调查问卷。

---

[1] 参见如下文献，曾德军：《大学通识教育课程设计与评价体系的研究》，武汉大学 2004 年，硕士论文；冯惠敏，黄明东，左甜：《大学通识教育教学质量评价体系及指标设计》，《教育研究》2013 年第 11 期，第 61—67 页。

[2] 参见如下文献，钟晨：《华中师范大学通识教育实施效果的调查研究》，华中师范大学 2012 年，硕士论文；李曼丽，张羽，欧阳珏：《大学生通识教育课程实施效果评价研究》，《教育发展研究》2014 年第 13 期，第 37—43 页。

[3] 参见如下文献，余凯：《关于我国大学通识教育的调查与分析》，《现代大学教育》2003 年第 1 期，第 87—91 页；陈小红：《汕头大学学生通识教育的调查及分析》，《汕头大学学报（人文社会科学版）》2005 年第 21 卷第 4 期，第 70—73 页；陈向明等：《大学通识教育模式的探索——以北京大学元培计划为例》，北京：教育科学出版社 2008 年版；胡莉芳，王亚敏：《理念和行为的矛盾与思考——基于某研究型大学师生通识教育观念调查的研究》，《现代大学教育》2010 年第 1 期，第 8—12 页；吕林海，汪霞：《我国研究型大学通识课程实施的学生满意度调研》，《江苏高教》2012 年第 3 期，第 66—69 页；钟贞山，孙梦遥：《"经典名著"融入大学通识课程的理性审视——基于 N 大学的实证调查》，《复旦教育论坛》2013 年第 11 卷第 4 期，第 33—37 页。

三、基于中国经典的通识教育目标框架

文献综述已知，以问卷调查为测量工具时，比较容易枚举出大量通识教育的知识、能力、态度、素养、情意、品格等各式各样的目标，比如书面写作、口头表达、批判性思维等，但真正的困难在于如何构成体系以体现完备性、健全性。换言之，测量一些通识能力的量表和能够测量整体通识教育效果的量表虽然是子集和全集的关系，却难以通过穷尽子集来获得全集。我们需要从对理想人格的认识出发提出一套具有完备性的框架，而不是简单地枚举教学目标。

我们设法从中国经典中提炼人格理想。子曰"质胜文则野，文胜质则史，文质彬彬，然后君子"（《论语·雍也》），"文"与"质"兼备是先秦儒家开创的评价君子品性的思想框架，"文"与"质"的内涵包容性很强，其基本含义囊括了外在与内里、礼乐文化与质地本色、教养与天性的关系等。不只喻人，"文质彬彬"堪称中国传统一切人文活动的理想型。"文，犹质也；质，犹文也"（《论语·颜渊》），两者看似对立，实则统一，构成了一组理想的概念框架。

宋明理学家在先秦儒家思想的基础上进一步阐发，朱熹认为"大抵学问只有两途，致知力行而已"，王守仁更树立了"知行合一"之教，影响深远。虽然许多思想家对"知"与"行"的先后、轻重、难易，各自做了内涵丰富的辩难，但理想人格应当知行并举、知行合一成为了基本共识。

先秦与宋明是中国古典人文思想的两个高峰，为我们提供了重要的思想资源。并且，文与质是属性，知与行是主体，两组概念相交而不重叠。于是既有属文的知，也有属质的知，既有属文的行，也有属质的行。使用这两组相反相成的概念框架，可以构建起符合中国人文理想且具有经典意义的健全人格标准（图7）。

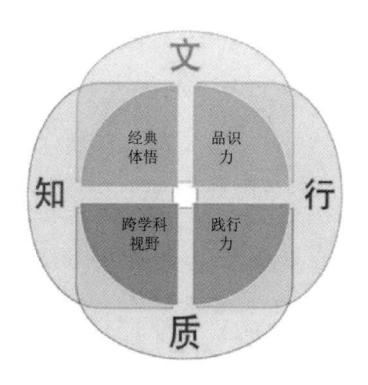

图 7　大学通识教育效果的理论框架示意图

简要描述，属"文"的"知"自古至今都是文教的内容，目标不止于认知，更要体悟，图中此象限可以称作"经典体悟"。"质"在古典时代多指传统道德，然而在现代，传统道德不适于成为大学的教条。恰是创立复旦大学的首任校长马相伯先生较早地洞察到学科分化、科学兴起的教育现代化趋势，提出"质学"即对应现代科学，"文质彬彬"意味着现代青年的教育需要人文与科学并重[1]。我们继承了这种贯通古今的创造性见解，由此推论属"质"的"知"对应为各种现代科学学科知识的驾驭能力，也就是"跨学科视野"。

属"文"的"行"是文化教养孕育的个人修为，表现为辨别、取舍、品鉴、判断等知好赖、辨美丑的德性。所以它未必是狭义的行动，而是有所为、有所不为的品格、品位与判断力，命名为"品识力"。属"质"的"行"则是朴素的行动能力，它不依附于文化和价值观念，就是能够把事办成的一些技能。我们命名为"践行力"。

图 7 可见，上半部分属"文"的"知"（经典体悟）与属"文"的"行"（品识力）依赖文化传统和相应的经典文本系统传承，不同

---

[1] 马相伯著，朱维铮编：《震旦学院章程》，《马相伯集》，第 41 页。

文明、国家的现代大学通识教育在这两个面向中将各有不同。示意图下半部属"质"的"知"（跨学科视野）和属"质"的"行"（践行力）回应了现代社会的需求，彰显着驾驭各种现代科学知识、响应职业岗位变化的可迁移技能等21世纪高等教育的目标，所以这两个面向是普世的。

四、"文质—知行"框架与既有指标的比较

良好的理论框架应该具有较普遍的解释力，我们采集了6套国际上已经得到大规模使用的指标或问卷量表来反观基于中国经典的通识教育效果框架的适用性。首先，AAU&C（American Association of Colleges & Universitis）是美国长期注重通识教育效果的全国性机构，2005年设置"自由教育与美国的承诺"项目，提出了3组16项关键学习效标，并基于这些指标开展了近10年全美大学的通识教育评估，具有不小的影响力[1]。在美国得到广泛运用的NSSE在实施15年后，于2013年做了更多关注通识教育的大幅改版，增加了"可迁移技能""多元文化体验""公民参与""书面写作""新技术辅助学习"等模块。[2] 我们将使用这一版NSSE这些模块中的具体题项作比较，还有同类的AUSSE和SERU问卷。

除了上述适用于多所大学的著名调查之外，我们还收集了美国的加州大学洛杉矶分校（下文简称UCLA）自编调查[3]和日本东京大

---

[1] "Essential Learning Outcomes", http://www.aacu.org/leap/essential-learning-outcomes, 2015-07-11.

[2] "NSSE Data User's Guide (since 2013)", http://nsse.indiana.edu/html/data_users_guide.cfm, 2015-07-11.

[3] Higher Education Research Institute, 2009-2010 college senior survey, UCLA Graduate school of education and information studies, 2010.

学"教养教育达成度调查"[1]等已长期施测的通识效果调查。它们的问题设置更具有本校针对性，接近本研究的定位。总体而言，这些调查、评估的指标或题项具有较大的可比性，将它们翻译后根据本研究提出的理论框架归类整理见表6。

表6可见，本研究提出的框架能够覆盖上述所有6套测评指标，揭示它们之间内在构成的统一性，同时也反映了这6套指标具有各自不同的侧重[2]。首先，东京大学的指标缺乏"经典体悟"的面向，"品识力"方面也较少涉及，可见东京大学通识教育的立意"质"重于"文"，高阶层面缺乏本文明的经典教育，低阶层面甚至没有包括公民政治参与和道德教养等内容，这一发现符合以往研究已经揭示的日本通识教育所具有的缺陷[3]。美国的4套指标在"经典体悟"方面主要是多元文化理解、国际国内主要议题的理解和认识自我，相对精英的大学指标除了在一般意义上接纳多元文化，还更明确地注重国际政治、经济、社会、文化的理解。

---

[1] 《教養教育の達成度についての調査》，http://www.c.u-tokyo.ac.jp/info/about/assessment/deguchi14.pdf, 2015.6.26/ 2015-07-11.

[2] 一套指标是否侧重某一方面并不能仅看表格行数，需要分析其内容，例如"跨学科视野"中广博的知识虽然在表格中只占一行，但可能包括大量内容，第二行各种学习能力也是同样。

[3] 陆一：《21世纪日本大学通识教育再出发：东京大学与京都大学两种模式的比较》，《北京大学教育评论》2015年第1期，第166—178页。

表 6 "文质—知行"框架下 6 种通识效果测评指标的比较

	适用于多所大学的调查				针对本校的调查	
	美国—AAU&C	美国—NSSE	美国—SERU	澳洲—AUSSE	UCLA	东京大学
文—知经典体悟	跨文化的知识	多元文化视角与体验	国际政治、经济、社会、文化理解；能欣赏文化差异	理解不同种族文化	理解不同种族文化；理解国际主要议题	
文—知经典体悟	公民政治参与（本土与国际）	关于社会、政治、哲学重大问题的研讨	对个人社会责任重要性的理解		理解本国主要议题；理解本族群面临的问题	
		认识自我	认识自我	认识自我；发展自己的价值观		
文—行品识力	公民政治参与（本土与国际）	公民政治参与		为自己的社区/族群做贡献的意识		
	道德推理	道德推理		发展自己的道德价值观		
			欣赏艺术的审美能力			
	解决问题			解决复杂的现实问题	综合思考问题	发现问题、解决问题
质—知跨学科视野		广博的知识		广博的知识	一般知识	掌握各种学问、知识
	阅读；终身学习；国际学习；整合学习	整合多渠道、多学科的信息、观点	阅读理解学术资料；使用图书馆资料进行研究	自学能力		

续表

	适用于多所大学的调查				针对本校的调查	
	美国—AAU&C	美国—NSSE	美国—SERU	澳洲—AUSSE	UCLA	东京大学
质—行践行力	协作共事	一般交往协作	社交技能	与他人有效合作共事	与各种背景者和谐共处	与别人有效研讨
质—行践行力	书面交流	书面写作	清晰有效的写作	清晰有效的写作		
	口头交流	口头表达、演说	清晰有效的口头表达；准备和做报告	清晰有效的口头表达		表达自己的想法
	调查、分析能力；批评性思维	讨论复杂的问题以达成较优策略	分析和批判性思维	分析和批判性思维	批判性思维	理性分析的思考能力
	创造性想法	创造性想法、改进优化的创见				
				对就业有用的知识与技能	就业能力	
			领导力		领导力	自主行动力
	量化统计分析能力		量化统计分析能力	量化统计分析能力		
	信息素养	新技术辅助学习	计算机技能；网络技能	计算机信息技能		

"品识力"方面上述6套指标中主要体现在为自己的社区/族群做贡献的意识、道德推理和解决问题等[1]，其中只有SERU涉及了艺

---

[1] 严格意义上，解决问题是多元能力，其中综合运用各种知识思考复杂的问题可归入品识力，而操作解决问题则可归入践行力。

术审美。在"跨学科视野"方面，除了广泛掌握知识的指标之外，还体现在驾驭各种学科的学习能力，如阅读、自学、整合学习、终身学习等，SERU 突出了阅读理解学术资料、使用图书馆资料进行研究的能力等以体现研究型大学特色。最后，6 套指标都最侧重"践行力"，交往协作、书面写作、口头表达、批判性/理性思考、信息化技能等多被涉及，相对精英的大学指标包括了领导力，AAU&C、SERU 和 AUSSE 包括了量化统计分析能力，AUSSE 和 UCLA 将就业能力列入。

综观 6 套指标，美国的指标在"文质—知行"构成的 4 个面向上比较均衡，SERU 体现了一定的精英性。所有指标均在践行力方面罗列得更周详。适用于多所大学的调查结构与内容比较全面翔实，仅针对本校的 UCLA 和东京大学指标比较简略，我们推测某几项（如 UCLA 的书面写作、两校的公民素养等）有可能在本校的其他调查或质量管理中体现，而日本东京大学的指标重"质"轻"文"是确切的。[1]

可见，本研究基于中国经典教育思想提出的通识教育效果理论框架不仅能够适用于规整各种国外既有量表，也能够比较它们之间的异同，具有跨文化的适用性。更重要的是，本研究提出的通识目标框架比既有指标更体现系统的整合性，将零散的、相互关系不明确的各项目标要素整合在一个以均衡兼备为主旨的框架内，兼顾人文与科技、兼顾本土价值与国际通行价值、兼顾古今一致的经典性目标和 21 世纪新兴的素质与技能目标，因此不仅能够衡量学生各项指标的"增值"，还便于比较不同大学的侧重，以及衡量特定大学提供的通识教育是否存在"跑偏"的问题。

---

[1] 包括东京大学在内，上文所有评价均是针对各套通识教育测量指标的设计，而不是针对大学实施的通识教育而言。

基于"文质—知行"的框架,我们为"复旦通识教育学生调查工具"中测量通识教育效果的量表设置了 19 个题项,分别归属于经典体悟、跨学科视野、品识力和践行力(详见表 6),对每个题项询问学生自我评价和入学时相比的提升或减退程度。该量表的信度、效度将在后文做统计数据检验。

五、量表的信、效度检验

问卷形成初稿后,我们邀请了 5 名在读本科生进行认知访谈,确认了题干表述清晰、记忆提取有效、测量内容适用等。经过几次修订,问卷表述得以优化。在问卷包括的所有量表中,通识教育效果量表是本研究的重点,也是最结构化、适用于信度和结构效度检验的量表。于是我们针对问卷的这一部分进行了信、效度分析,下面报告检验结果。

(一)样本

调查以网络问卷形式通过助教在所有本学期选修了通识核心课程的学生范围内发放,由于需要用统计方法检验结构效度的是通识教育效果量表,所以排除学习经历较短的一年级学生。四年级学生由于调查时间为春季学期末,获得的样本很少,相对偏误较大,最后采用二、三年级样本,其中二年级为主体,有效问卷共 924 份。样本描述见表 7,样本的学科专业大类和性别代表性较好。

表 7 样本描述

	类别	样本数
性别	男	411
	女	513
专业大类	人文学科	215
	社会科学	198
	自然科学	239
	工程技术科学	152
	医学科学	120
年级	大二	728
	大三	196
总计		924

（二）信度检验

首先对经典体悟、跨学科视野、品识力、践行力指标各自的内部信度分别做了检验，使用 IBM SPSS20.0。表 8 可见，四个指标的 Cronbach's Alpha 均高于 0.8，达到了很好的水平，对于全部 19 题的整体信度检验，Cronbach's Alpha 达到 0.951，可以说，整体信度和分量表信度都很好，且题量适中。

表 8 通识教育效果指标的内部信度

指标	Cronbach's Alpha	样本数	题项数
经典体悟	0.874	924	5
跨学科视野	0.847	924	5
品识力	0.815	924	4
践行力	0.886	924	5
全体指标	0.951	924	19

（三）结构效度检验

我们基于理论建构了四个指标及其下 19 题来测量学生自我评

价的整体通识教育效果水平，如能验证数据的关联结构与理论设计一致，则说明问卷的结构效度可靠。本研究使用 SPSS AMOS 17.0，验证性因素分析来实施拟合，参数估计采用最大似然法。

整体拟合结果见表 9，F 检验 p 值小于 0.001。拟合结果 NFI 为 0.929、CFI 为 0.941，均大于 0.9，说明模型较虚无模型改善程度较好；RMSEA 为 0.069，小于 0.08，说明不受样本数与模型复杂度影响下理论模型与饱和模型的差距较理想。综合各项指标可以说模型设计达到了较好的拟合。

表 9　全模型拟合指数

P 值	卡方	卡方/自由度	RMSEA	NFI	IFI	CFI	AIC	ECVI
***	712.048	4.877	0.069	0.929	0.941	0.941	922.038	0.999

样本量：924

通过迭代收敛后，我们得到了标准化的估计参数，图 8 为理论设计的四个潜变量（指标）与各自相应可测变量（题项）之间的关系路径图，表 10 列出了每一题项的具体内容和对应指标的标准化载荷系数。

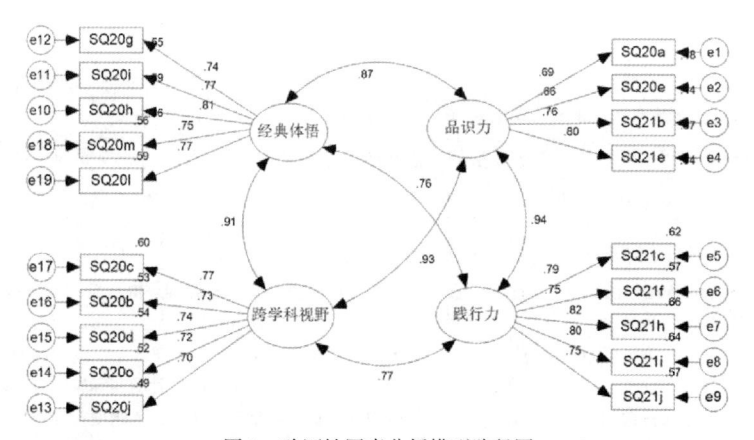

图 8　验证性因素分析模型路径图

根据表 10 显示，四个潜变量在 19 个可测变量中 16 个的标准化载荷大于 0.71，根据结构方程对结构效度的评价原则，说明理论设计的 16 题能解释量表对应指标的 50% 以上，其余 3 题标准化载荷均大于 0.66，总体解释力较好。图 8 也显示了四项指标的相关系数，它们均有显著的相关关系，符合理论假设。其中纵向两组的相关系数比横向两组的相关系数大，意味着"知"与"行"之间的差别略大于"文"与"质"之间，即属"文"的"知"与属"质"的"知"关系紧密、属"文"的"行"与属"质"的"行"关系紧密。总体上四项指标两两之间高度相关，且比较均衡，符合理论设计。

再看具体题项的贡献，对经典体悟指标影响最大的是"认识到历史、传统与当下具有很大关联"；对跨学科视野指标影响最大的是"多种多样广博的知识"；对品识力指标影响最大的是"综合运用各种知识思考应对实际问题"；对践行力指标影响最大的是"严密的逻辑推理、理性论证的思维力"和"口头表达自己的思想、与他人沟通的能力"，均较符合理论预设。经过上述信度和效度检验的通识收获量表即成为了复旦大学第一轮大规模通识教育学生调查的核心部分。[1]

表 10 验证性因素分析的标准化载荷列表

题项	标准化载荷	对应指标
SQ20g 找到自己真正有巨大热忱去追求的人生目标	0.740***	经典体悟
SQ20i 超越一时一地，克服流俗偏见地开展独立思考	0.767***	
SQ20h 认识到历史、传统与当下具有很大关联	0.812***	

---

[1] 整个调查还包括学生个人背景信息、个人学习风格量表、某一门课程评价量表、通识课程教与学行为量表、通识与专业课程态度与期待量表等。调查预计自复旦大学通识核心课程第二轮改革开始隔年周期性实施。由此，我们将从学生个人、教师教学、通识课程体系设置与管理等多角度考察影响通识学习效果的因素，评价不同课程的实际影响等，还将使用面板数据揭示通识教育改革带来的教学过程与效果的变化。其他题项设计及相关调查发现将在后续研究中分专题展开。

续表

题项	标准化载荷	对应指标
SQ20m 在中国文明传统中获得安身立命的认同感	0.746***	经典体悟
SQ20l 大体理解世界上其他主要文明，形成文明比较的视野	0.768***	
SQ20a 良好的品格、德性、是非观	0.693***	品识力
SQ20e 能够欣赏艺术作品，有确切的好恶，能产生共鸣等	0.661***	
SQ21b 理性地权衡利弊，对事件做出明智的判断	0.756***	
SQ21e 综合运用各种知识思考应对实际问题	0.798***	
SQ20c 多种多样广博的知识	0.773***	跨学科视野
SQ20b 在自己专业之外拥有兴趣爱好	0.730***	
SQ20d 理解自己的专业领域在人类知识体系中的位置、价值与前景	0.736***	
SQ20o 了解科学技术与人类社会各方面的相互影响	0.718***	跨学科视野
SQ20j 了解当代社会的政治、经济、法律等常识	0.703***	
SQ21c 把想法付诸行动的执行力	0.789***	践行力
SQ21f 在社会交往中游刃有余，人情练达	0.752***	
SQ21h 严密的逻辑推理、理性论证的思维力	0.815***	
SQ21i 口头表达自己的思想、与他人沟通的能力	0.801***	
SQ21j 条理清晰，有理有据的书面写作	0.754***	

注：***表示 p 值均小于 0.001，即标准化载荷在 0.001 水平上显著。

六、结论

从实践中的问题与需求、调查方法的讨论、理论框架的建构，到实证数据检验，本研究跨度较大，为的是给"复旦大学通识教育学生调查"工具的研制和应用奠定坚实的基础。

在"通识学习效果成为改革瓶颈"的问题被提出后，通过国际主流高等教育质量保障研究综述，澄清了在重视学习效果而非资源投入的背景下，为什么学生调查是高等教育质量评估的重要工具、为什么使用学生问卷的方式是有效的，为什么采取"增值"评价理念及其提问方式具有先进性等方法问题。

上述内容的核心创建在于由"文质—知行"构成的鉴别通识教育目标（或效果）的框架，以及确认"经典体悟""跨学科视野""品识力""践行力"四项名称和内容。通识教育的目标指向健全的人格和全面的能力与素养，正如对何为"健全人格"、何为"全面的能力与素养"在不同的教育哲学中会得到不同的表述，通识教育目标的框架一定不是唯一的。本研究提出的"文质—知行"框架具有以下特色：1）基于中国经典教育思想；2）具有鲜明的系统整合性与完备性，内容兼顾古典与现代、人文与科学，并且借助复旦首任校长马相伯先生的创见使古典理念的表述能够适应21世纪新兴的教育需求；3）不仅指出哪些方面是通识教育成果的标志，衡量学生各项指标的"增值"，也便于比较不同风格、不同侧重的通识教育，可用于院校间的多元比较；4）兼顾本土价值与国际通行价值，具有跨文化的适用性；5）比美国、日本等既有指标体系更全面、均衡；6）理论框架在实践中可操作，可进行量化统计分析；7）相应的问卷量表通过数据实证，信、效度都表现很好，优于同类研究。

本工具最大的局限性在于通识教育的效果本质上是潜在、长效、弥散在各种认知与非认知能力之中的。出于当下改革需求而设计的在读大学生的自我评价问卷只能是阶段性效果的反映，长期来看，校友调查可能发挥更大的作用。就在校学生调查而论，我们也认识到所有问卷调查共通的问题，即非认知性测量容易受到社会称许性影响，今后会考虑引入社会称许量表以纠正这种偏误。有条件的话还可补充认知性的直接测试，使某些通识学习效果得到更客观的评价。同时，该量表题项的具体表述在今后的应用中还将不断优化。

第四节　通识"高能课"与"吹水课"的成因分析与甄别

通识教育在中国大学已经历了十几年自发的探索实践。2017年，《国家教育事业发展"十三五"规划》中明确提出要改革人才培养机制，实行"通识教育和专业教育相结合的培养制度"，标志着"通识教育"在中国大学得到了全面确立。通识教育作为中国建设更高水平高等教育的必要组成部分，可以预见，越来越多的大学将系统化地开设大量通识课程，通识课程的质量保障无疑关系到通识教育改革的成败。

在课程建设初期，通识教育理念与目标还比较模糊，课程质量标准无从谈起。开设足够数量、门类齐全的通识课程是几乎所有大学通识课程建设的第一步。与基础课、专业课等目标明确、积淀深厚的课程相比，新开的通识课往往得不到同等的重视。几年下来，承载着崇高育人目标的通识课程竟然获得了"水课"的风评。这种现象已然成为所有大学通识教育不能回避的问题。

本节将指出在世界范围内通识课效果不佳的普遍现象，分析通识教育改革过程中"水课"的成因。在此基础上，接续《把握通识教育的真实效果："复旦大学通识教育学生调查"工具的研制与信度、效度检证》[1]一文，阐明一套精细定制设计，并在复旦大学和北京大学实施两年后证明可行的质量保障调研方法，供兄弟院校参考借鉴，支持中国大学通识课程质量的全面提升。

---

[1] 陆一：《把握通识教育的真实效果："复旦大学通识教育学生调查"工具的研制与信度、效度检证》，第23—30页。

一、"水课": 大学通识教育的世界性顽疾

作为全世界大学通识教育的先驱和榜样,美国大学对其通识课程未曾停止过批判性反思。上世纪末,艾伦·布鲁姆曾尖锐地指出许多美国大学标榜其通识课程的广泛性和选择性,于是学生不得不学习庞杂零碎的课程,周旋于不同教授的学术领域之间,到头来学无所成。[1] 哈佛前任校长德雷克·博克坦言,教师往往一厢情愿地认为通识课程能够达到教学目标,能够让学生形成持续的学术兴趣,但通常情况下不能。[2] 美国大学常常把写作、外语等必修的通识课程交给课时费不高、对学生要求宽松、教学能力不足的研究生或兼职助教来承担。即使是美国一流大学的教师会也在"学术自由"的名义下忽视教学方法,拒绝接受相关的集体研讨、质量评估和改进建议,对教学效果掩耳盗铃。2015年2月,哈佛大学通识教育评估委员会的中期报告指出,哈佛学生一方面希望通识核心课提升质量以变得更值得严肃对待。然而在实际行动中却倾向于选修课业压力较小、给分较宽松的核心课,这种风气已经成了师生相互不满的导火索。[3] 哈佛通识教育评估委员会主席肖恩·凯利教授认为,近五年来通识教育在哈佛盛名之下其实难副[4]。许多授课教师和学生都搞不清楚当前分布式核心课程的设置和通识教育目标之间有什么样的关联,还有些教师为了能实现更多的选课人数,向选课学生承诺降低

---

[1] 刘易斯:《失去灵魂的卓越——哈佛是如何忘记教育宗旨的》,第20页。
[2] 德雷克·博克:《回归大学之道》,侯定凯、梁爽、陈琼琼译,上海:华东师范大学出版社 2008年版,第29—30页。
[3] "General Education Review Committee Interim Report", http://harvardmagazine.com/sites/default/files/FAS_Gen_Ed_Interim_Review.pdf, 2015-6-5.
[4] 原文用了"chimera"(赫西奥德的《神谱》中记载的羊身、狮头、蛇尾合体的怪物)一词作比喻。

课程的学业要求并提高给分。[1]

日本在二战后立即仿照美国模式制度化推行大学通识教育,命名为直译 General Education 的"一般教育"。由于课程普遍含金量不高,学生戏谑地将通识类课程简称为"パン教"[2],相当于"水课"的代名词广为流传,课程质量和效果问题成为上世纪九十年代日本大学大范围取消"教养部"的一大原因。[3]

我国台湾地区的大学通识教育滥觞于 1956 年的东海大学。[4] 20 世纪 90 年代起通识教育在全台推行后大规模建设发展了数十年,课程质量和学习效果仍不够理想,教育主管部门所规定的通识教育必修学分被师生当作学分"[5],好比通识课程是日常膳食之外可有可无、效果不明或"安慰剂"作用的营养补充剂。[6]

2011 年北京大学老教授教学调研组曾明确指出北大通选课存在"水课"问题:有的"教师不够认真,经常迟到或找人代课;或内容浮泛,不得要领;或知识陈旧,了无新意;或照本宣科,索然无味"及"个别课程属基本知识或科普讲座一类,并无理论深度和多少启发,教师却利用录像、电影剪辑或某些物质奖励,吸引学生,甚至普遍给高分,迎合学生的某些趣味和要求"。[7] 浙江大学的本科核心

---

[1] "General Education under the Microscope", http://harvardmagazine.com/2015/05/harvard-college-general-education-criticized, 2015-6-5.
[2] "ン"即为一般教育中"般"的读音,同时也是日语"面包"的读音,带有营养单薄的含义。
[3] 陆一:《21 世纪日本大学通识教育再出发:东京大学与京都大学两种模式的比较》,《北京大学教育评论》2015 年第 13 卷第 1 期,第 166—178 页,另第 192 页。
[4] 陈以爱:《毋忘初衷——通识教育在东海大学的理念与实践》,《通识教育学刊》2015 年第 12 期,第 9—50 页。
[5] 宣大卫:《我国大学通识教育整体架构之策略规划》,《通识教育》1996 年第 3 卷第 3 期,第 137—149 页。
[6] 戴东清:《创新与感性:论通识教育之意义》,《立德学报》2007 年第 12 期,第 54—62 页。
[7] 北京大学老教授教学调研组:《北京大学通选课的现状、问题和建议》,《现代大学教育》2011 年第 2 期,第 96—101 页。

课程建设中也遇到"水课",被界定为内容"水"或要求"水"的课程。[1] 还有研究从教学角度罗列了"水课"的典型特征:1)出勤率不高;2)作业(考试)要求不高;3)为了"混学分"而选课、听课;4)学习效果不明显,收获不大;5)教师没有调动学生学习的积极性,缺乏互动。[2]

另一方面,学生对"水课"的形成也负有责任。通识课程建设者发现,学生喜选"水课",学习任务较重的核心课程不受欢迎。[3] 复旦、清华、北大的学生联合调查披露,学生认为水课是指老师要求松、打分好、容易过的课程,并且他们常常追捧"课水、人好、分高、好过"的课。[4] 2014 年清华学生的一项深度调查认为,同学对"水课"期待在慢慢改变老师的教学,"严师遇冷,水课被捧"的现实足以令以世界一流大学为目标的清华自省。[5]

同为大学本科课程,如果通识课程无法摆脱"水课"之名,其教学质量、学习效果始终不如专业性课程,那么方兴未艾的中国大学通识教育改革将成为空谈,通识教育理想将不可逆地被败坏,通专结合以达到更好的本科教育的目标将无法实现。

二、通识"吹水课"的界定

所谓"水课"本身还不是一个严格的概念,于此创制"吹水课"

---

[1] 陆国栋,周金其,金娟琴等:《从"制器"到"成人"的系列核心课程建设》,《高等工程教育研究》2014 年第 3 期,第 85—94 页。
[2] 梁林梅:《大学通识课程教学现状调查:教师的角度——以 N 大学为例》,《高教探索》2015 年第 5 期,第 73—77 页。
[3] 马凤岐:《核心课程作为通识教育的主要途径》,《中国大学教学》2015 年第 4 期,第 24 页。
[4] Cherry Huang,沈晴,白玉等:《被高估的"水课"——学霸不从"水课"出》,《大学生》2014 年第 19 期,第 14—18 页。
[5] 沈晴,白玉,骆怡男等:《何时向"水课"说不?》,《清华大学清新时报》2014 第 157 期。

一词对其做学术化的界定。"吹"代表吹牛，非学术、缺乏准备、夸夸其谈的教学形态，"水"代表掺水，意味着教学效能低下，学习收获少。"吹水课"与"高能课"相对，这组概念的含义不涉及是否容易拿学分等成绩评分因素[1]，仅抓住教与学的核心过程中1）教学投入不充分；2）学习投入少；3）学习收获少，三个基本现象来界定。

通过对国内高校通识课程的大量观摩[2]发现，与一般低效能的大学课程相比，通识课的问题既有共性也有一定的特殊性。本节对通识"吹水课"的诱因做了以下归纳，这四项诱因往往还呈叠加效应：

其一，教得不重视、不到位。由于教学工作量的认定、考核、激励等机制不健全，或者教师对通识教育理解的偏差、对非本专业学生缺乏教学兴趣等各种外部与内部原因，教师在通识课程的教学准备与实施中投入不足，态度松懈。表现为课程大纲编制粗糙，课程内容缺乏含金量等。同时，由于对通识教育缺乏经验和学习体会，教师在课程编排、教学实施中会发生各种不成熟、不到位的问题。教师的态度、未经充分打磨的教学行为会潜移默化地传达给学生轻视通识教育的看法。

其二，学得不重视、不投入。由于对通识教育的目标与价值缺乏体认，学生容易认为专业才是本分，非专业的学习不是"分内之事"。所以通识课属于闲暇的兴趣拓展，应当学得轻松愉快，而不用投入太多精力刻苦地学习。又如一些院校把通识课程全部设置在晚间，进一步强化了学生的这种差别化认知。学生中一旦形成了此类偏见的风气，仅凭授课教师一人之力很难转变。课程的实施是教与

---

1 教学投入、学习投入和学习收获都较高的课程，假如给分偏高也不属于"水课"，而那些含金量不高却评分严苛的课程不能说不是"水课"，所以本研究未将给分宽松程度作为"水课"的限定条件。哈瑞·刘易斯在其名作《失去灵魂的卓越》中花了整整一章阐明为什么分数贬值问题并不重要，笔者同样认为有效的教学才是问题关键。
2 笔者对复旦大学、北京大学、清华大学、中山大学的通识课程累计旁听观察了50门/次以上。

学不断互动的结果，学生会认为通识课上严格要求的教师是"刻意为难"，反而认为不太较真的教师"恰如其分"，进而通过评教等各种反馈，给教师带来压力。在缺乏质量保障机制的情况下，受挫教师妥协的结果必然是"放水"，学生则进一步固化了通识课本就不应该太较真的误解。

其三，与课程体系脱轨。不论专业的学习还是通识的学习，课程之间应当有机联系，构成系统。中国大学的通识课程多数采取了统一规划设置，而由全校各专业院系分担授课的方式。这就意味着通识课教师不像专业课教师那样直接属于一个紧密的共同体，造成课程名称设计是通识的，但内容是教师自设的，或者本来就是"因人设课"。久而久之，虽然课程名称还体现了对多数大学生有价值、有意义的内容，课程实施的却是教师个人最近的研究兴趣，也不对学生提出学习训练要求（因为那只是教师的兴趣）。于是，一门门通识课之间的实质性关联断裂了，学生学到的只是一些孤悬在本专业知识体系之外的片鳞半爪，了无意味。通识教育的总体目标就无法通过课程传达到学生内心。

其四，非专业即科普。由于目前中国大学绝大多数的教师本人没有受过大学通识教育，也没有经过系统化的教学法训练，他们的教学方式往往来自于当年求学的记忆。在某些专业规训较强的学科，教师擅长严格的专业训练，然而面对非专业志向的学生，他们若不是一如既往地实施专业训练，就是把课上成仅仅提供初级知识和研究结论的科普讲座。前者学生可能由于缺乏准备知识和专业兴趣应对困难，后者则对学生提不出学习要求：虽然教师精心准备，这些课就好像一本课外书、一部纪录片，仅仅展示了一些互联网上容易获得的知识资料，没有深度系统的学习参与就没有真正的收获。

实际上，专业学术造诣深厚、教学投入较大的教师也会产生第四类情况。如果教师对外行无法深入浅出地讨论本专业,则意味着教师本身通识性能力的欠缺。进而,如何通过专业训练传达特定专业的精神,审辨问题的方式,看待世界的系统化视角则是突破第四类问题的关键。因此,和前三类问题管理手段能够相对直接干预不同,第四类问题则需要教师自我突破,管理上只能提供间接的教研支持。

三、指标设计:刻画有效的通识教学

近年来,以"学习"为中心的教学理念[1]被越来越普遍地接受,现代大学的课程质量保障不能只关注制度设计和师资投入,更重要的是切实把握学生的学习情况与学习效果。有效教学应当成为所有大学课程的质量标准,建设中的通识课程概莫能外。笔者团队自2015年起为复旦大学和北京大学设计并实施了针对通识核心课程的学生调查,相关理论依据、设计思路、统计验证,特别是如何刻画通识学习效果等内容参见已发表论文。本部分侧重于从两所大学的实践经验出发,用实例来说明常态化的学生调查能够对院校层面通识课程质量建设发挥重要作用。

表11列出了调查指标体系设计,作为一级指标的教学质量、学习投入和学习收获是对任何大学课程都具有通用性的有效教学框架[2],反映了教和学的互动过程及其结果。由于调查针对学生实施,学习投入和学习收获是学生的自我报告,属于直接信息,教学质量则通过学生实际感受来反映,也就是学生对教学的评价,属于间接信息。

---

[1] M. E. Huba, "Freed J. E. Learner Centered Assessment on College Campuses: Shifting the Focus from Teaching to Learning," *Community College Journal of Research and Practice*, 2000, 24(9), pp. 759-766.

[2] A. Lizzio, K. Wilson, R. Simons, "University Students' Perceptions of the Learning Environment and Academic Outcomes: Implications for Theory and Practice," pp. 27-52.

表 11　通识课程质量保障指标体系

一级指标	二级指标	
	基本指标	高阶指标
教学质量	教学态度、讲课水平、有效指导、提出学业挑战、激发兴趣	教师个人影响力
学习投入	选课动机、课上参与、课后投入、延伸讨论	学习意义感
学习收获	总体通识学习收获、增进通识理解	经典研读能力提升

在参考了 The Course Experience Questionnaire（CEQ）[1] 和多套 Students' Evaluations of University Teaching（SET）[2] 指标体系设计的基础上，从本土实际出发，设计了适用于中国大学现阶段通识课程教学的二级指标，除了总体通识学习收获题项较多，其余每个指标包括 3—5 个具体问题。

教学质量的二级指标中教学态度、讲课水平、有效指导、提出学业挑战和激发兴趣 5 项是理想的大学课程质量要求，不仅对通识课程适用，专业课程或其他大学课程都应当适用。先行研究显示，学生评价教学和评价教师是相关但不同的调研取向，应当区别对待。[3] 考虑到通识教育的目的不是课程教学，而是成人，指向心灵的锤炼、人格的完善，在某些情况下教师作为活生生的个人所传达的"通识"比课程内容更重要。所以将教师个人影响力，即作为学术大师或人格榜样的魅力和感召力设置为参考高阶指标。

学习投入的二级指标中选课动机是分类变量，选项来自实地调

---

[1] P. Ramsden, "A Performance Indicator of Teaching Quality in Higher Education: The Course Experience Questionnaire," *Studies in Higher Education*, 1991, 16(2), pp. 129-150.

[2] H. W. Marsh, "Students' Evaluations of University Teaching: Research Findings, Methodological Issues, and Directions for Future Research," *International Journal of Educational Research*, 1987, 11(3), pp. 253-388.

[3] L. P. Schmelkin, K. J. Spencer, E. S. Gellman, "Faculty Perspectives on Course and Teacher Evaluations," *Research in Higher Education*, 1997, 38(5), pp. 575-592.

查所得，大致可分为积极的与消极的，内部动机与外部动机等。其余各项：课上参与、课后投入、学习意义感和延伸讨论，均为学生自我报告的课程学习行为，操作化为定序变量。通过多次调查分析，我们意识到对通识课程而言"学习意义感"的指标敏感性很突出。因为学生选修通识课和专业课的心理准备和投入预期有质的不同，通识类课程对多数学生而言起初只是孤悬在专业知识体系之外的内容，为什么要学这门课？这门课和其他课程是什么关系？我要从这门课中学到什么？如果不是为了专业上的成就，到什么程度能说学好了这门课？不弄清这些问题，学生就无法自主自律地展开学习，只能迷茫地完成课业任务。作为影响教学效果的一个重要指标，如果不重视学习意义感会造成努力教学却陷入事倍功半的境地。

学习收获指标包括总体通识学习收获、经典研读能力和增进通识理解三方面。总体通识学习收获通过文质—知行两个视角设定了四个维度：经典体悟（文—知）、品识力（文—行）、科学素养与多元视野（质—知）、践行力（质—行），参见已发表论文。由于北京大学和复旦大学的通识核心课程设置注重经典研读，并且，经典研读能力的提升是总体通识学习收获（文的方面）的重要基础，某些课程可能达到了经典研读训练目标，但尚未在最终的通识学习收获上有所体现，对这样的课程效果也应当认可。而那些内容不涉及经典研读的课程对该指标不作要求。

通识教育最终要改变受教育者的心智模式，所以对通识教育的理解是一个参与中逐渐习得的过程，通识的概念不容易被文字简单地描述和界定出来，就好比食品说明书无法替代亲自品尝的体验。因此通识课程不仅传授相关知识、技能和素养，一门门课程作为范例也在建构着学习者对什么是通识教育的观念。某些课程在增进通识理解上特别积极有效，另一些课程则难以单独起到这种作用，需要学生在学习一系列课程后形成一种概观的认识——这是通识课程建设中需要兼顾的两个层面。我们设计了"增进通识理解"作为参考性结果指标用以识别。

四、数据分析与运用

在使用数据之前,有必要检验样本的代表性。在北大和复旦的多次调研实践中,总体和课程组(模块)的代表性都不成问题,但对单门课程而言,有效样本数必须大于选修人数的50%,否则将视为代表性不足。有效样本数占实际选课人数30%—50%的课程在数据报告上标明"可能样本代表性不足",有效样本数低于30%者将不做单门课程的数据统计。

在有效样本量达标的前提下,对通识课程的教学质量可以做4种基于客观数据的统计分析。

(一)相对分值比较

相对分值比较取决于该校所有核心课的总体平均水平,目的是辨识出哪些课程在某些方面表现较高或较低。依据课程建设的结构可以确定不同的总体。复旦大学设置了七个模块及五十多个基本课程单元,因此对每项指标,在样本量充分的前提下,我们可以获得三个层面的数据:1)单门课程得分;2)基本课程单元的平均得分;3)模块平均得分。于是可以将单门课程得分与基本课程单元平均分、模块平均分做统计比较,并将结果反馈给相应课程教师、基本课程单元和模块负责人。如图9所示,同属于N模块的A、B两门课程,在相对分值检验中A课程所有指标均高于模块平均值,教师个人影响力和有效指导优势更大。B课程的教学态度、学业挑战和模块平均值基本持平，讲课水平、有效指导、教师个人影响力高于模块平均值，而激发兴趣和体现通识特点两个指标则相对较低。一般而论，A、B两门课的教学都较好，而相对分值比较有助于更确切地把握课程建设的优势点和薄弱点。

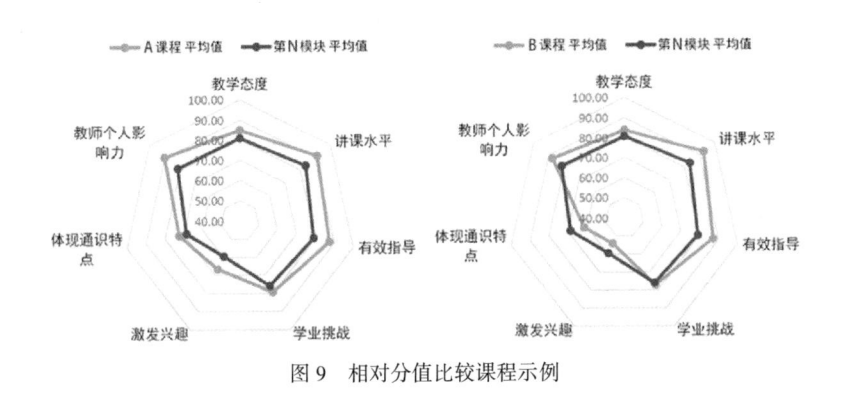

图9 相对分值比较课程示例

（二）绝对分值比较

绝对数值比较时，我们提出两个指数刻画教与学。首先，将教学态度、讲课水平、有效指导、提出学业挑战加权合并为"高能教学指数"（或"吹水指数"）。在总体上"吹水课"问题较严重的建设初期，为了生动凸显教学投入不足，态度不重视，课上夸夸其谈，不对学生提出智识上的挑战，缺乏有效的指导和反馈，考核评价标准随意松懈等问题，调查使用逆向计分题，在报告中称作"吹水指数"以强化警示效果。该指数数值越高说明学生反馈的教学问题越大，设置超过25（百分制）意味着有"吹水课"嫌疑。同时，将课上参与、课后投入、延伸讨论、学习意义感加权合并为"刻苦指数"。数值越高说明学生自陈的在该课程上刻苦努力程度越高，设定高于

75（百分制）意味着课程促使的学习投入较大，很可能属于投入大、收获大、含金量高的"高能"课程。图 10 中 X 模块的 C 课程"刻苦指数"较高，进入了高能课程区，是高质量核心课的范例。图 10 中 Y 模块的 D 课程"吹水指数"较高，进入了水课嫌疑区，并且 Y 模块的平均值也处于水课嫌疑区，意味着该课程和该模块都需要改善教学。真正的教育效果总是产生于师生间实实在在的教学互动之中，两个指数的设计体现了课程质量应当由教师和学生共担责任的理念。

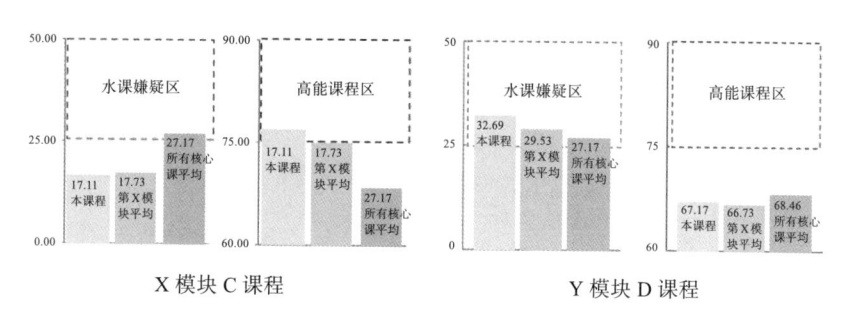

图 10 "高能教学指数"与"刻苦指数"课程示例

（三）历史分值比较

通过几年持续的调查与诊断，对同一门或一批课程的历史分值比较能够把握住变化趋势。特别是历史数据能够凸显出一些教师把握住了改善教学的问题关键所在，改变了原有的教学行为，显著提升了教学效果，从而给教师本人和管理者明确的积极反馈。图 11 显示了某课程 2015 年春季学期和 2016 年春季学期两次授课质量提升的证据。2015 年春季，该课程的教学态度、讲课水平、激发兴趣等多项教学质量指标都较高，然而有效指导指标显著低于模块平均值，尤其是"我不知道如何才能学好这门课，不得要领"一题得到较多学生认同。教师根据这组数据意识到只是精心地准备、努力地讲课是不够的，以学习为中心的教学理念要求教师更注重传授应该如何投入学习，对学习方法、门径、标准做出确切地指导，课程学习不只是上课听讲。于是教师对自己的教学内容和方式做了针对性的调整，在 2016 年春季学期的调查中，该课程的有效指导大幅提升，显著高于模块平均值，见图 11。还值得关注的是，该课程两次调查的学习投入指标中课后投入也有显著的提升，见图 11。可以说，有效指导的教学改善同时促进了学生课后投入的增加，两个指标的变化互相印证，显示出实证数据对教学提升的切实效果。

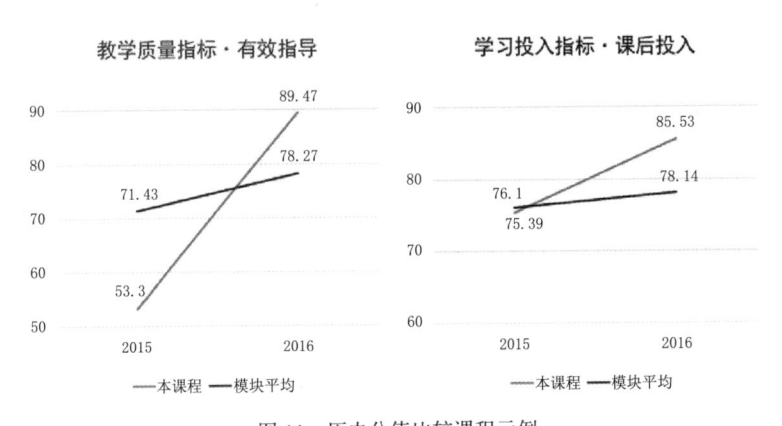

图 11 历史分值比较课程示例

（四）综合评价与分类

基于多个指标维度，对同次调查的一批通识课程做特征归类（注意并非排名）并且归类的结果将回应对几种"吹水课"成因的分析。图 12 是对某大学 2015 年秋季学期所有通识核心课程质量分类结果的桑基图。我们抽出了教学质量、学习投入、学习意义感和通识学习收获 4 个指标，对所有通识课程的每个指标做了简单的分值聚类，区分出"高""较高""中""低"4组，进而综合每门课程的4项评价，得到了6类通识课程：

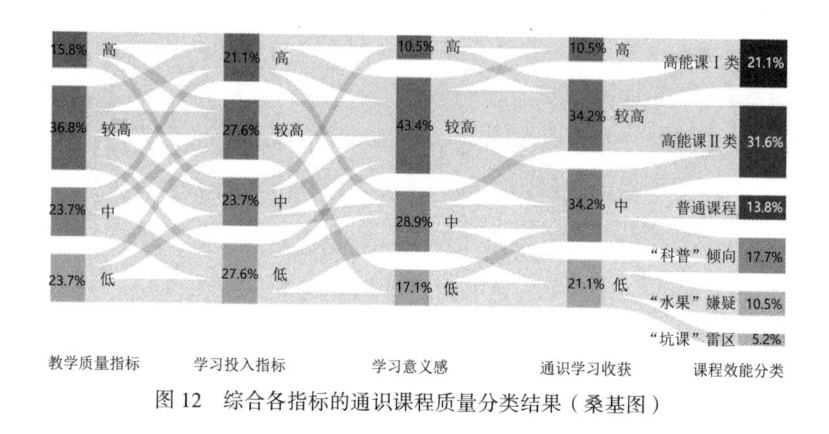

教学质量指标	学习投入指标	学习意义感	通识学习收获	课程效能分类
15.8% 高	21.1% 高	10.5% 高	10.5% 高	高能课Ⅰ类 21.1%
36.8% 较高	27.6% 较高	43.4% 较高	34.2% 较高	高能课Ⅱ类 31.6%
23.7% 中	23.7% 中	28.9% 中	34.2% 中	普通课程 13.8%
				"科普"倾向 17.7%
23.7% 低	27.6% 低	17.1% 低	21.1% 低	"水果"嫌疑 10.5%
				"坑课"雷区 5.2%

图12 综合各指标的通识课程质量分类结果（桑基图）

"高能"课Ⅰ类：教学质量高，学生学得刻苦，学习意义感高，通识学习收获的分值也较高。接近专业课特征，不少是通识、专业双编码课。

"高能"课Ⅱ类：教学质量高或较高，学习投入中等，学习意义感强，通识学习收获较高。典型的通识好课。

"普通"课程：由于对分值做的是相对比较，这一类课程各方面都属于中等。

"科普"倾向：教学质量较高或中等，学习意义感也不低，然而学习投入、学习收获均不太高。

"吹水课"嫌疑：教与学的投入都比较低、学习收获也低的课程，需要找到问题加以改善。

"坑课"雷区：教学质量低，学习投入高，缺乏学习意义感，学习收获中等或较低。学生对这类课程意见最大，必修时态度消极，选修则会逃离。需要改善教学，激发兴趣或学习意义感。

可见，教学质量、学习收获等某一方面的指标都不足以刻画不同的课程特征，教学质量较高的课程学习投入、学习收获可能偏低。"高能"课I类、"普通"课程和"吹水课"嫌疑三类在各指标的表现比较一致，而"高能"课II类、"科普"倾向与"坑课"雷区课程的识别则需要多个维度的测量。进一步，针对数据刻画出的课程教学特征，提出了管理上的六类对策（见表12）。

表 12　调查数据、实际教学情况与相应管理措施建议

	数据刻画的教学质量特征	对应课程分类	对应教学情况与"吹水课"成因	管理对策
教学有力且学习刻苦	教学质量高、学习投入很高、通识学习收获相对稍低。	"高能"课I类	近似专业好课	提出表彰，并借助调查数据证据宣传介绍有效教学经验、独特优势等树立典范。
	教学质量很高，学习投入相对稍低，通识学习收获很高。	"高能"课II类	典型通识好课	
教学有力但学习投入低	选课动机消极，学习意义感低。	"吹水课"嫌疑（学得不重视/投入）	"吹水课"成因二：学得不重视、不投入	加强在学生中的引导、讨论和宣传教育，提升学生对通识教育理念与目标的认知和认同，使其理解通识与专业相辅相成。如果此类课程较多，则需学校在制度设计上切实体现对通识教育课程和教师的重视。
	选课动机积极或一般，学习意义感不低，但学习收获偏低。	"科普"倾向	"吹水课"成因四：非专业即科普	建议教师改变讲授式教学，增加学生参与式学习、自主学习的环节，提出学业上的挑战，并提供有效的方法指导，提升学习卷入。同时酌情容许部分通识课程维持现状。

续表

数据刻画的教学质量特征		对应课程分类	对应教学情况与"吹水课"成因	管理对策
教学吹水且学习投入低	各项教学质量指标均低。	"吹水课"嫌疑（教的不重视/不到位）	"吹水课"成因一：教的不重视、不到位	要求教师全面改善或重新设计课程教学。如果此类课程较多，可能意味着学校在理念上对通识教育的宣传和内化不足，或在制度上没有给予通识课程应有的重视和保障。
	教学态度或教学水平不太低，但学习意义感低。学习收获与课程定位有偏差。	"普通"课程或"吹水课"嫌疑	"吹水课"成因三：与课程体系脱轨	加强课程体系设计者、课程团队和该课程授课教师的沟通，进一步明确该课程在通识教育体系中的位置、分工与承担的教学责任。通过管理和公布教学大纲约束教师的教学发挥需以完成通识教学任务为前提。
教学吹水但学习投入高	学习收获偏低。	"坑课"雷区	学生评价最低、意见最大的课程	建议教师加强教学准备的同时明晰教学目标、调整课程大纲。建议教师设置精炼、针对性强、学习目标明确的作业要求，并提供有效的方法指导，旨在提升学习意义感、收获感。

五、小结与反思

（一）超越"学生评教"

国内外既有文献显示，过去传统的"学生评教"存在只问学生好恶脱离教学本质[1]、评价教师个人与评价课程教学混淆[2]、难以排

1　L. M. Aleamoni, "Student Rating Myths Versus Research Facts From 1924 to 1998," *Journal of Personnel Evaluation in Education*, 1999, 13(2), pp. 153-166.

2　K. A. Feldman, "Identifying Exemplary Teachers and Teaching: Evidence from Student Ratings," in R. P. Perry, J. C. Smart (eds), *The Scholarship of Teaching and Learning in Higher Education: An Evidence-based Perspective*, Dordrecht: Springer Netherlands, 2007, pp. 93-143.

除学生背景等干扰因素[1]、对非极端的教学情况区分度（敏感性）很低[2]，以及对学生评教数据过度阐释和误用等问题[3]。为免重蹈覆辙，本研究所展示的调查工具在以下六个方面与"学生评教"有质的差别。

第一，这项调研工作的出发点是为了教师、学生和管理者之间的有效沟通，特别是使教师能从总体上把握学生的反馈，横向与同类课程、纵向与本课程的历史数据做比较。数据分析结果只为管理评价提供参考，而不是最终评价结论。第二，本测量工具关注学生反馈客观的教与学行为，通常"学生评教"所重视的学生对教师的主观评价则是次要的，这一定程度上增强了测量效度。第三，它不仅是学生对教学和教师的反馈，也要求学生自我评估（学习行为、学习收获等），参与调查促使学生反观自身，对学习自我负责，这符合通识教育精神。第四，本工具对教与学行为的量化刻画比一般"学生评教"更详细，十分有利于事后利用统计方法控制学生背景和非课程教学因素，确切提炼课程丰富的教与学特征。数据分析方法是利用多指标维度进行课程分类，不计算总分，不做简单排名。第五，数据分析最重要的目的是为教师提供自我诊断的支持——详细的可视化诊断报告，提示学生的学习行为和收获是否符合预期，哪些得到了学生积极的反馈，哪些问题值得注意、需要调整改善。最终的裁量和对策仍掌握在教师手中。最后，实践证明，本工具能清晰地捕捉到大部分课程各不相同的教学特征，区分度显著优于"学生评教"。

---

1 J. E. Sprinkle, "Student perceptions of effectiveness: An Examination of the Influence of Student biases," *College Student Journal*, 2008, 42(2), pp. 276-294..

2 H. W. Marsh, "Students' Evaluations of University Teaching: Dimensionality, Reliability, Validity, Potential Biases and Usefulness," in R. P. Perry, J. C. Smart (eds), *The Scholarship of Teaching and Learning in Higher Education: An Evidence-based Perspective*, Dordrecht: Springer Netherlands, 2007, pp. 319-383.

3 H. K. Wachtel, "Student Evaluation of College Teaching Effectiveness: A brief Review," *Assessment & Evaluation in Higher Education*, 1998, 23(2), pp.191-212.

（二）体制机制上仍存在促成"吹水课"的因素

利用本工具已经完成的调研表明，通过师生共同努力，一部分通识核心课程确实卓有成效，通识课不必然是"吹水课"。然而本工具所能揭示的不同课程教学情况的差别仍局限于一定的制度框架之下。那么，"吹水课"成气候背后还隐含着体制机制上的原因也不容忽视。

第一，课堂规模过大是中国高等教育大众化后通识教育面临的客观现实，短期内不可改变。[1]这直接导致了师生间距离疏远，互动大大减少。在上百人的课堂上，哪怕教师和学生都有积极的动机，学生却只能被动听讲，个人化的学习兴趣难以被激发，更难以获得针对性的有效指导和反馈。国内多所大学在近几年开始着力建设"大班授课、小班讨论"型课程作为一种有效的补偿。首先，教师和助教需要为此大幅增加投入，演练组织讨论的技能，这大大提高了教学成本。其次，"大班授课、小班讨论"并非只涉及教学方式的变化，传统的大教室并不能有效服务于小班讨论，扩建、改建出足够数量适合小型研讨的物理空间成为了当务之急。

第二，本科培养方案中设置了过多的课程，总学分要求较多而每门课程的学分较少，每学期选十多门课才能毕业的情况下，制度并不鼓励学生在每一门课上都投入大量努力。近年来各大学、各专业都已经开始减少总学分数的改革努力，但从专业培养的系统性和基本要求来看，进一步减少的空间已经非常有限。更成问题的是，被减少的学分往往来自原先高学分（6—8分）的专业核心课程，而门类的减少并不显著，这可能导致本科学业变得零散，知识体系重

---

[1] 史静寰，陆一：《不断逼近理想：中国大学通识教育课程建设路径分析》，《通识教育评论》2015年第1期。

心不稳,削弱原有的专业培养优势。课程体系的改革全面影响着学生的选课和学习行为乃至教师的教学方式,目前只能说还在艰难摸索过程中。

第三,当学生学业评价机制中非常重视分数(或学分绩),比如专业排名取决于平均绩点小数点后两位,并以此决定保研、奖学金等的情况下,有学生会极端理性地选择一种"东食西宿"的方式,即选修比较"水"的课刷分,再旁听同主题要求严格、含金量高的课。更常见的是学生趋向于依靠非专业课刷高分,通过专业课学知识的选课原则。以上两种学生私利最大化的策略对于严格要求的通识课教师都非常不公,过度看重学分绩的学业评价制度将导致学生选课意愿与通识课程质量背离。

第四,大学对教师教学投入的激励远不如对科研投入的激励,每位教师都不得不平衡两者的压力。然而在这个天平上,通识课程的教学比专业课程的教学更没分量。虽然部分大学已经为开设通识课程的教师在教学工作量、绩效奖励等方面做了一定的倾斜性制度设计,还是只能体现学校对开课的承认,与课程质量关系不大。高质量的专业课教学能够为本专业培养下一代接班人,能吸引优秀的学生投到自己门下,还可能为自己的研究工作找到助手——这些能够打通教师本人教学与科研的好处在通识课程上几乎不存在。用心尽责的通识课程教学的益处主要在于帮助学生成人,也可能在通识教育的平台上成为明星教师发挥全校性影响力,以及激发学生投身本专业的兴趣——对多数教师可能看不到较大的成功几率。

通识教育课程建设可以说是在原本已经构建成型的高度专业化的中国现代大学教学体系中"横插一杠"的工作。体制机制需要转型与理顺,每一门课程的教学效果也要保障强化,两个层面的变革正在同时推动,其间的纠葛与挑战正是当代大学通识教育工作者迎难而上的使命。

（三）以院校研究支持教育改革

我们试图以院校研究支持并强化大学的课程建设与质量管理，不仅使学术研究具有更实在的价值，也使管理层获得科学的测量技术和严谨的学术支撑。复旦大学和北京大学在通识教育课程建设上先行一步，相应课程质量保障的研究需求也就应运而生。我们将有依据地回应对通识核心课建设效果的质疑，用实证数据说明究竟"吹水课"占比多少，主要是哪一种原因造成了"吹水课"，"吹水课"的占比是否正在减少等。可以说通识教育改革赋予了我们运用院校研究的机会。

"吹水课"问题并非通识教育所独有，中国高等教育在迈向世界一流的道路上，教师、学生、管理者和研究者要围绕教育质量提升形成合力。我们希望分享探索经验，推动中国大学教学质量保障的范式革新。

附报告　中国一流大学通识教学调查与优化建议[1]

通识教育是大学本科教育的重要组成部分，这一理念已经获得了广泛共识。中国大学的通识教育发展至今，已经由探询"是什么"转入"如何做"的阶段，进一步做好通识教学的质量评价成为了重要抓手。

对教学实施过程的评价对于通识教育课程的质量建设与保障至关重要。教师的教学不是单向的讲授，学生在课程教学中是足以影响教学实施过程、决定教学效果的重要参与方，应该被理解为能动的群体。本文基于对全国多所一流大学的通识教育课程教学实施过程现状的研究，希望针对通识课程质量开展阶段性的评价，并讨论教学改善。

一、数据与方法

（一）数据来源

本研究的数据包括了五所大学三个学年共六个学期的通识教育课程情况。这五所大学均为双一流综合性大学，并且在国内率先建成了较为完整的通识课程体系，地理位置上分布于华东、华中和华北地区。五所大学代表了我国通识教育课程建设的先驱，也是国内通识教育成熟度最高的一流大学。6个学期为2018年秋、2019年春、2019年秋、2020年春、2020年秋和2021年春，横跨了"新冠"疫

---

[1] 复旦大学王欣欣老师、林珊老师及多名研究生，上海交通大学张蕾老师，都参与了本报告的数据处理与写作。

情前后。问卷发放时间为每学期期末。填写问卷的学生涵盖大一到大四等各年级本科生。样本的年级分布与实际上课比例相当，以大一和大二学生为主。

问卷源自本团队开发的"通识教育课程教学质量调查工具"，数据具有一定的全国代表性和校际可比性。问卷题项主要包括学生背景、学生学习动力、教学行为与考核方式、学生学习投入、学习收获、教与学满意度等。本研究团队通过对五所大学共29个学期[1]的通识问卷数据进行比较、汇总、重新编码和缺失值处理，结合研究框架，最终确定了展开分析的题项。其中选课动机为二分类变量，教学方式和学习收获为有序分类变量，分别赋值1—4分，每个变量的均值和标准差如表13所示。

表13 研究框架与各级可比指标

研究维度	一级指标	二级指标	平均值	标准差
选课动机 （0或1）	内部动机	对课程的主题或内容感兴趣	0.64	0.48
		喜欢任课教师	0.07	0.25
	外部动机	能锻炼到有用的能力	0.07	0.26
		与我的专业有关	0.05	0.22
		容易拿高分	0.01	0.11
		选不上别的课	0.05	0.21
	其他动机	没想法，无所谓	0.06	0.23
学习投入	课后学习	每周课后花费的学习时间	2.91	1.21
	期末复习	准备期末花费的时间	4.29	1.52
	阅读量	完成规定阅读量的程度	4.28	1.82

---

[1] A大学没有2018年秋的数据，但经过研究小组讨论决定仍然比较五所大学六个学期的数据，这样能更好地看出各大学过去三学年的通识教育各指标变化趋势。

续表

研究维度	一级指标	二级指标	平均值	标准差
教学方式 （1—4）	教学准备	在学期初老师明确给出了课程规划（包括课程的目标、修读要求）	3.66	0.56
		老师为上好这门课做了充足的准备	3.76	0.49
	内容设计	课程内容的逻辑性强	3.63	0.60
		老师的教授过程能照顾到我们的接受程度	3.60	0.61
	课堂讲授	老师的讲授清楚、明白	3.69	0.55
		课程内容富有挑战性，有一定的深度和难度	3.59	0.61
		老师的讲授富于启发性，能激发我的求知欲	3.63	0.60
	互动启迪	老师在课上能有效地引领我们展开讨论	3.54	0.68
		老师对学生的问题及观点持开放态度	3.71	0.52
	评价指导	老师提供了明确的学业评价标准（衡量学到了什么水平、学得好）	3.46	0.72
学习收获 （1—4）		细读人文经典著作或重要科学论文的能力	3.09	0.92
		对经典作品（文本著作、音乐或各种形式的艺术作品）的鉴赏力	3.14	0.93
		理性地审视、选择和自我校正个人生活	3.21	0.87
		克服流俗意见和偏见，开展独立思考	3.27	0.81
		严密的逻辑推理、分析的能力	3.19	0.85
		批判性思维：理性、审辨、反思地看待问题	3.25	0.81
		跨文明的眼界：能对不同文明做比较、判断	3.14	0.91
		对知识的好奇心	3.32	0.76
		创新思维	3.19	0.85
		了解科学技术发展与人类社会各方面的相互影响	3.16	0.90
		掌握一套科学探究方法或特定学科的思维方法	3.18	0.85
		围绕某一问题大量泛读的能力	3.13	0.90
		立论辩析论证式的学术性写作能力	3.04	0.96
		口头表达自己的想法并与他人沟通的能力	3.13	0.90

(二)分析方法

本文以学生为评价主体,以选课动机、学习投入、教学方式和学习收获四个维度为分析框架,首先通过描述性统计概括通识教育课程的动态变化过程,其次对所有课程进行分类,呈现不同类别的通识教育课程的特点。

二、调研结果

(一)数据概述

本次研究共收集五所大学共 91026 份有效问卷,各学校各学期样本量如表 14 所示。

表 14 各学校历学期填写问卷人数

	总计	2018 秋	2019 春	2019 秋	2020 春	2020 秋	2021 春
A 大学	9246	无	1351	530	2727	2018	2620
B 大学	16791	3532	3261	2819	2864	2561	1754
C 大学	21635	3687	4444	2807	4602	2067	4028
D 大学	14143	3869	3270	2244	1980	1479	1301
E 大学	29211	5569	5353	4197	6133	5120	2839

注:A 大学无 2018 秋学期的数据,分析数据过程中已经进行缺失值处理。

从课程内容来看,五所大学的通识课程可以归为人文学科、社会科学、自然科学和艺术四大类,归属每个大类的课程有几门到几十门不等,其中大部分通识课都集中在人文与科学模块。不同大类课程的学生填答率大致相当。调查数据中,人文类通识课程的学生样本最多(40%),选科学类课程次之,社科课程再次之,艺术类最少，这与开课量和课容量均有关。其中人文和科学类两类课程选课人数占到总体的四分之三。图13所示，样本比例反映出目前中国一流大学通识课程教育资源的供给类型分布。

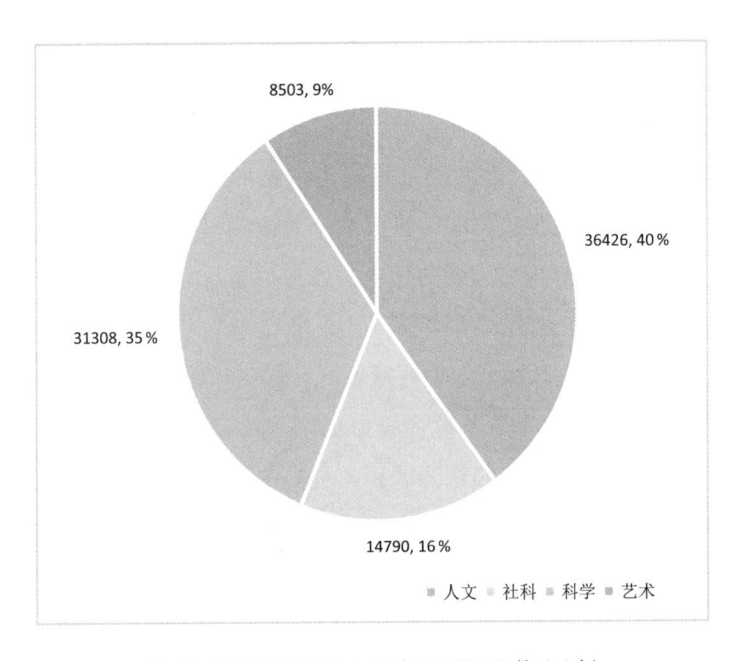

图13　五所大学的四大类别通识课程人数及比例

（人文 36426, 40%；社科 14790, 16%；科学 31308, 35%；艺术 8503, 9%）

（二）选课动机：兴趣为主、教师魅力和通识能力的锻炼为辅

学生对于通识教育课程的选择具有较强的兴趣驱动性，其次是任课教师的吸引力以及个人能力的锻炼。图14刻画了过去三学年六个学期五所大学所有学生最强烈的选课动机。过去六个学期，超过三分之二的学生认为选课的最大动力是对"课程的主题或内容感兴趣"，很明显通识课程的选择很大程度上是兴趣为主，只有不到2%的学生选择通识课的动机是"容易拿高分"。

排在最大选课动机第二位和第三位的分别是"喜欢任课教师"

和"锻炼到有用的能力",并且在过去六个学期的学生比例变化上没有太大的波动,由此可见教师的个人特质也是吸引学生选学该课程的重要原因,并且学生对通识教育的功能是比较认可的,认为可以锻炼到相关能力。尽管有观点认为学生上通识课是为了选水课和容易通过,但是在一流大学,学生对于课程内容和教师水平还是有很明确的要求。

"选不上别的课"在各类动机中也占据一定比例,这提示我们即使在这些建设较为成熟的一流大学,通识课程总量仍显不足,进一步开拓课程资源将是长期的任务。数据也显示,秋季学期"选不上别的课"往往比春季学期更多,这究竟是学生在不同学期有不同的心态所致,还是教师开课偏好所致?

另外值得关注的是,尽管所占比例很小,但是对于选课"没想法、无所谓"的学生和认为课程"容易拿高分"的学生比例近年来有所上升,上升的分水岭是疫情开始之后,是否疫情带来学生对生活和学习的态度的改变?或者与不同学校的通识课程推进情况有关?具体原因值得关注。

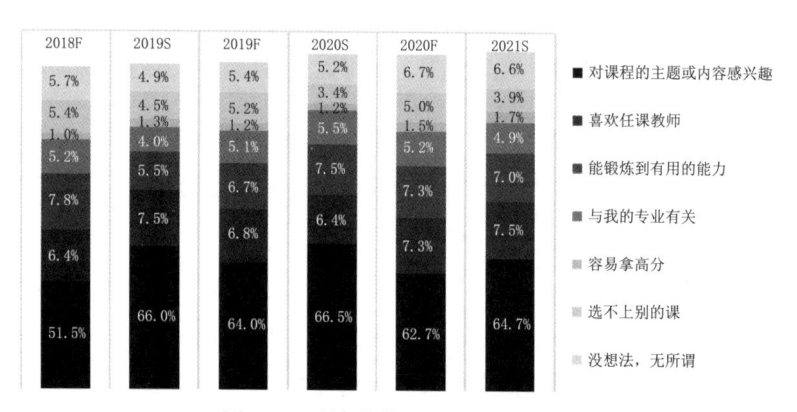

图 14 五所大学学生选课动机变化图

(三)学习投入:课后学习、期末投入与阅读时间动态变化

该部分从学生每周课后花费的学习时间、期末复习时间投入以及学生对教师布置的阅读作业的完成度三个方面来看学生对学习的投入程度。整体来看,学生对通识课程的投入不算很多,超过60%的学生每周投入2个小时以内的时间进行学习。过去六个学期超过三分之一的学生平均每周花费1至2个小时进行课后学习,这也是学生学习投入人数比例最大的时长。其次平均每周花费小于1小时的较多。同时,图15显示的不同学期变化可见,在2020年春季学期,因疫情转线上授课,花费2至3小时学习的学生明显增多。

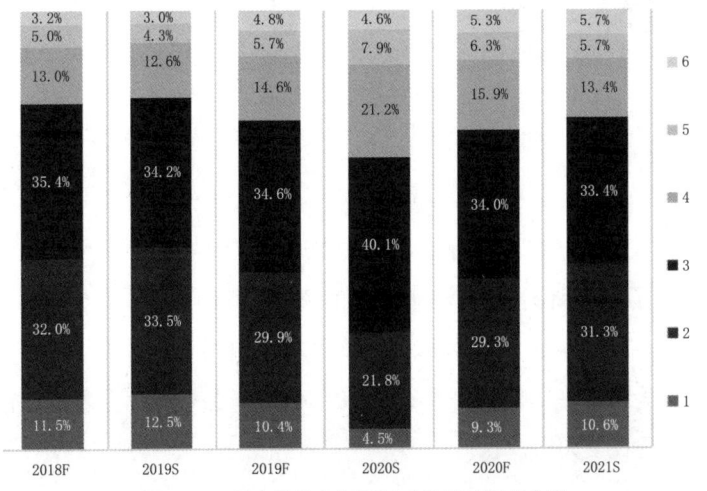

	2018F	2019S	2019F	2020S	2020F	2021S
6	3.2%	3.0%	4.8%	4.6%	5.3%	5.7%
5	5.0%	4.3%	5.7%	7.9%	6.3%	5.7%
4	13.0%	12.6%	14.6%	21.2%	15.9%	13.4%
3	35.4%	34.2%	34.6%	40.1%	34.0%	33.4%
2	32.0%	33.5%	29.9%	21.8%	29.3%	31.3%
1	11.5%	12.5%	10.4%	4.5%	9.3%	10.6%

图15 五所大学学生每周课后学习时间变化图

注:1=基本不花时间;2=小于1小时;3=1—2小时;4=2—3小时;5=3—4小时;6=4小时以上

图16所示,学生对通识课程期末复习投入的时间较多。最多比例的学生会花费8小时以上进行期末准备。值得注意的是,截至

2020 年春季学期，超过三分之一的学生花费 8 小时以上进行期末备考，而疫情初次爆发之后，愿意花费更多时间备考的学生比例逐渐减少。到 2021 年春季，只有约 1/4 的学生花费 8 小时以上准备期末考试，而花费 2 至 4 小时的学生比例逐渐上升。

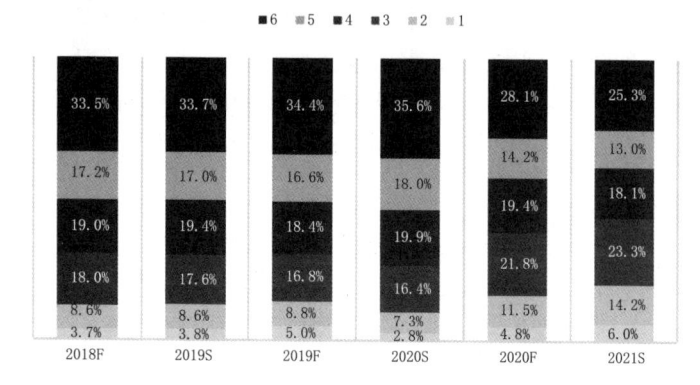

	6	5	4	3	2	1
2018F	33.5%	17.2%	19.0%	18.0%	8.6%	3.7%
2019S	33.7%	17.0%	19.4%	17.6%	8.6%	3.8%
2019F	34.4%	16.6%	18.4%	16.8%	8.8%	5.0%
2020S	35.6%	18.0%	19.9%	16.4%	7.3%	2.8%
2020F	28.1%	14.2%	19.4%	21.8%	11.5%	4.8%
2021S	25.3%	13.0%	18.1%	23.3%	14.2%	6.0%

图 16　五所大学学生期末投入变化图

注：1= 基本不花时间；2= 小于 2 小时；3=2—4 小时；4=4—6 小时；5=6—8 小时；6=8 小时以上

阅读是通识教育，特别是人文类通识课程的主要学习途径。图 17 表明了学生课外完成教师布置的阅读材料的情况，每学期均有 40% 左右的学生读完了大部分阅读材料（包括全部读完）。在 2020 年春季学期这一比例上升到近 60%。有四分之一的学生表示对阅读材料只是看个大概。

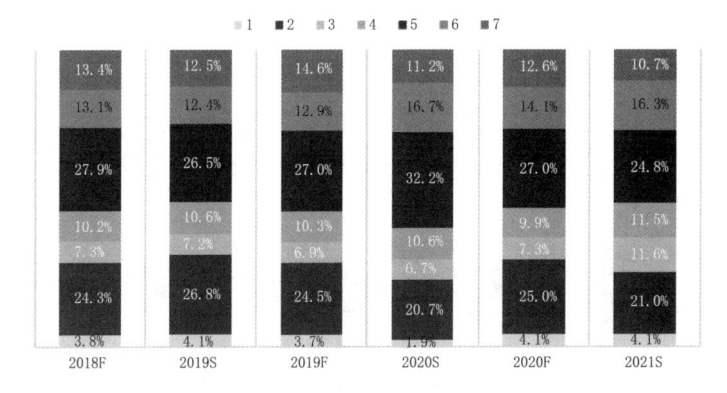

图 17 五所大学学生阅读作业完成度变化图

注：1= 基本不读；2= 看个大概；3= 读完 1/4 左右；4= 读完 1/2 左右；5= 读完大部分；6= 全部读完；7= 老师没有要求过

（四）教学方式：教学质量稳步提升，师生互动较为薄弱

总体来看，过去六个学期，通识课程教学质量稳步提升，如图 18 所示。教学过程的各个环节质量都有提高，并且在学生反馈中得以体现。学生普遍对教师的教学行为持比较积极和赞同的态度。将教学阶段分为课程规划与准备、课堂教授、课程内容和课程评价四类，从图 18 可以看出，整体上学生感知到通识教师在课程规划与准备和课堂教授方面做得相对更好，而课程内容设计（比如深度和挑战性）和课程评价方面相对不足。在学生眼中，教师在教学中做的最好的地方是对课程有充分的准备，能够较好地把控所授课程的知识量。"老师对学生的问题及观点持开放态度"也获得了较高的分数，可以看出通识教师整体上开放包容的教学形式，并且尊重和鼓励学生学习的趋势。

然而具体的师生互动方面似乎仍有局限，相对来讲教学过程中最薄弱的地方是课堂讨论和学习评价，学生们相对最不赞同"老师在课上能够有效地引领我们展开讨论"和"老师提供了明确的学业评价标准（衡量学到了什么水平、学得好）"。

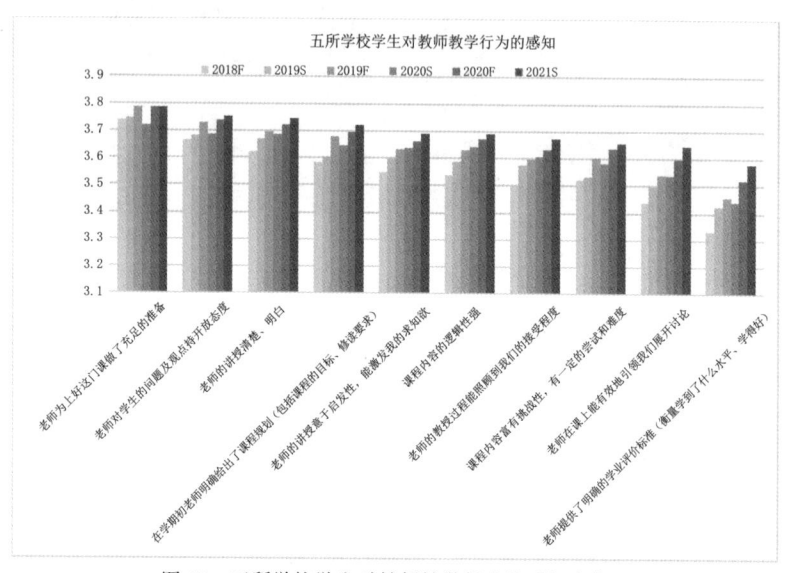

图18　五所学校学生对教师教学行为的感知变化图

（五）学习收获：打开通识能力的"大门"

图19表明，学生认为通过通识课程的学习，多方面能力得到提升，提升程度中等，介于2分到3分之间。其中提升程度最高的是"对知识的好奇心"。六个学期相比，该数据有逐年升高的趋势，好奇心的增长有助于长期持续的学习，是通识教育所期待的长效目标。数据显示，通识教育在培养学生"克服流俗意见和偏见，开展独立思考"，"批判性思维：理性、审辨、反思地看待问题的能力"与"严密的逻辑推理、分析的能力"等独立思考能力方面，起到了明显的作用。不过，虽然越来越多的大学注重学术写作能力的培养，但目前从学生反馈来看，写作能力的提升是相对最小的。同样提升

不大的也包括口头表达和学术阅读能力。当然，这几项能力在多大程度上是通识的，又在多大程度上是专业的，可能也是值得进一步探究的问题。

三、通识课程的质量类型

为了凸显教学实施过程质量的重要性，我们用"高能课"来界定优秀的教学实施过程。"高能"意味着高效能的教与学，并且以激活学习潜能为理想教学结果的标志，属于动态教学质量。对高等教育而言，"知识"不仅是名词，更是个动词，是一套理性求知的方法门径，包括学习态度与动机、特定专业对问题的思考架构、自我拓展学习的方法和对学问的判断力与品味等，因此需要侧重动态教学质量的评价。

为了破除学生评教残留的一维评价误区，我们反对"课程排序"，而比较折中地根据诊断分析采用"课程归类"的方式。归类的明确度能满足管理所需要识别功能，比如哪些是"水课"，哪些是"高能课"，还有其他诸多特征的课，便于更直接地改善课程，也能避免排名带来的混淆与误导。根据问卷中各个指标的统计运算和专家意见，参与本次研究的课程可归类为"高能课""高能大班""高能高投入""教学佳""一般讲授""普通课""低效讲授""低效控制""学习支持不足的大班""最低收获"以及"超小班"等11类。

我们将前四类（"高能课""高能大班""高能高投入""教学佳"）、中间两类（"一般讲授""普通课"）、后三类（"低效控制""学习支持不足的大班""最低收获"）分成三个层次。通过近5年的建设，五所院校的第一个层次课程都超过半数，第三个层次的课程都有明显减少。大体上呈现6：3：1的分布。

表 15 各类课程的特征及改进建议

分类	特征	改进建议
高能课	教学质量高或较高，学生学得刻苦，学习意义感强，学习收获也较高。	
高能大班	不仅具有高能课的特征，而且班级规模较大，意味着教学难度比中小班额更大，教师贡献也更大。教师较高的教学水平能够弥补大班额的不利影响，保持较高的学习效果。	
高能高投入	教学效果较好，强调学生的学习投入较大，且有比较严格的训练。	
教学佳	教学质量高或较高，学生学习意义感一般或较强，学习收获也较高，但学习投入偏低。	建议任课老师可适当布置学生的课后任务，引导学生积极学习。
一般讲授	教学质量较高或中等，学习意义感也不低，然而学习投入、学习收获均不太高。此类课程还是以讲课、介绍知识为主，没能有效激发主动学习。	建议增进师生互动与学业情况反馈，使学生更有参与感，激发学生主动学习。
普通课	各方面都处于中等水平，各方面都有提升的空间。	建议适当优化课程设计，借鉴同类高能课程。
低效讲授	教学以讲授形式为主，教师的讲授可能是积极投入的，但未能充分调动学习行动积极性，学习收获偏低。	建议考虑尝试更多样的能够引导学习的教学形式，围绕学习过程开展教学，增进师生互动与学业情况反馈，使学生更有参与感，激发学生主动学习。
低效控制	教师要求较高但教学质量低，学生学习投入高但感觉劳而无获，学习收获中等或较低，缺乏学习意义感。学生对这类课程意见比较大，必修时态度消极，选修时则会逃离。	建议教师不仅严格要求，也进一步优化教学，精炼作业，增加作业反馈。
学习支持不足的大班	班级规模较大，教师教学效果一般，学生学习投入和学习收获欠佳。	建议缩小班额；如果不能缩小班额，建议教师优化课程内容的学习设计，增进师生互动与学业情况反馈，或增设助教、答疑等，使学生更有参与感，得到更大的学习支持。
最低收获	教与学的投入都比较低、学习收获也低的课程。	建议重点改善。
超小班	选课人数≤15人且采样率≥50%的课程。超小班的质量没有具体界定，由于人数过少，不便于用统计方法评价，与人数较多的课程不具有同等的可比性。	建议教师通过直接与学生互动获得教学情况反馈以改善教学。

四、教学优化的启示

（一）"倒置"教学计划激发学习兴趣

教师和学生作为高等教育教学过程的双主体，任何一方对教学过程与学习效果的影响都不可忽视。近年来我国高等教育越来越注重以学习为中心的课程建设模式，学生的学习动力、学习投入和对教学过程的反馈都是影响学生学习发展的重要因素。数据表明，学习兴趣是构成学生选课动机的最主要因素，而教师个人特质和能否提供有用的能力锻炼也是学生选课的重要考虑因素。学生的兴趣不是课程评价的终点，而是从认知的角度优化通识教育教学过程的窍门。

在一些"高能课"案例中，我们发现了值得推广借鉴的经验。有的通识课程在最初的教学设计中先讲解原理性知识，再提出案例与讨论，最后引入参与式实践活动来集成整个学期的学习收获。这是按部就班的顺序，与专业课并无质的不同。但是，为了激发学习兴趣，有教师尝试将最后的实践活动置于课程的最开端，让学生在不了解原理和知识的前提下根据提示直接去做，去体会。此举带来了显著的"激活"效果，非本专业的学生不是通过讲授，而是通过亲身参与的实践活动产生了求知的好奇。学生通过践行能够多角度地体会到这门课程知识结构与视角的特色，凸显意义感，使后续知识传授的学习投入变得更加顺畅。最终，通识课上的学生不会成为课程领域的专家，但是这样的教学设计能够给学生留下对某一类知识和求知方式强烈鲜明的印象，从而掌握初步的门径，这便是值得期待的效果。

（二）早期求学回忆促进师生对话

国际上通常认为，师生互动是一种动态的交互性的活动，良好师生互动不仅影响学生的"学"，也影响教师的"教"，还会影响学生的价值观、学习态度等情感与观念因素。师生互动包含正式和非正式的表现形式，正式的表现形式比如研究中提到的课堂讨论、教师对学生观点的反馈等。在中国大学的课堂上，优秀的教学讲授也是一种"对话"，学生会给予多种形式的无声的反馈，有经验的教师总能捕捉到这类信号。

更重要的是，教师如何摸索到能够有效打开学生心扉的讲授方式。课堂观察中，许多教师由于长期精深地钻研自己的专业领域，反而不擅长与"外行"学生对话。这就需要一种回忆式的教学技巧，设法从"教"返回"学"，再推己及人。教师要回想和反观自己最初作为"门外汉"的思考方式，以及当时受到了怎样的点拨、得到了怎样的启发而豁然开朗、登堂入室，再用这种经验和体会去帮助学生。在专业上越是资深的教师可能对这类记忆越是淡薄，但这类记忆对通识教学很有价值，在师生互动和教学安排中都能带来重要的启发。

（三）从专业课转化为通识课的诀窍

通识教育注重的是能力培养，而课程教学总是要以高质量的知识为中心。换言之，要通过以精炼的知识为中心的教学互动，使学生特定能力得到锻炼和增长。这就要求教师既不能从知识出发最后止步于知识传授，也不能脱离知识而空论能力，最后却得不到实在的能力增长。

通过对教学案例的观察，教师能够将具有专业性的高深知识转化为面向通识目标的教学是"高能课"的共通特征。这种有效转化因授课内容不同大致可以分为两类。

对于人文类的通识课程,优秀的教师能够引导学生转向一种人文主义的学习态度。就是说,人文教育并不仅仅意味着学习内容,更重要的是习得人文性的求知方式。它不是一种技能,而是一种心智状态。对此,教师做学问、讲学的个性气质有明显的影响。

对于其他专业内容的通识课程,有效的转化则需要重构教学内容。通常在学科专业中注重的知识结构的完整性对通识课程而言不仅不那么重要,而且可能成为束缚。有教师谈到,最初为了顾及知识的全面性和学生的非专业性,教学设计不得不浅尝辄止,令人乏味。当他不再强求维持知识结构的完整传授时,教学的空间得以打开,深度和力度反而提升了。这是因为,通识课的学生最后并不会带走一整套专业知识,但是在最有共鸣的一些要点上将会受益匪浅。

第四章

通识课程教与学的实证研究

参与多所一流大学通识课程教学质量保障工作使我们对中国一流大学教学质量的理解变得更加全面，为抽象的大学教与学理论增添了许多细节知识。由于上述工作积累了大量教与学过程数据，我们在遵守调查研究伦理的前提下利用这批数据发现了一系列教与学的规律，形成了本章的四篇论文，论题包括：哪些因素影响着通识课程的教学效果；大班授课小班研讨模式的教学特征；线上教学对通识课程质量的影响；家庭第一代大学生（通常缺乏家庭文化资本）到了一流大学能否从通识课程中得到更多教养。

值得一提的是，在这七八年的通识课程教学调查周期中，新冠疫情迫使2020年全国大学一律实施了线上授课，对调查而言是个影响全局的突变。持续多年的调查使我们采集到了一批宝贵的对照性数据，对同一所大学、同一名教师主讲的同一门课程，在疫情发生前线下、疫情时期线上、疫情过后恢复线下，不同时期做了同样规格的测量，由此不仅能够从更多侧面了解通识课程教学，也借此得以控制其他因素，增进了对在线授课的认识。

第一节　通识教育效果的影响因素

一所大学实施全体本科生通识教育已经十余年。改革的效果如何？管理者、教师和学生都需要科学的自我评估来总结经验，明确方向。2015年起，我们对甲校本科生开展了大规模的通识教育学习效果调查，将着重揭示哪些因素影响着通识教育学习效果，试图在控制学生个人背景和大学学习情况的基础上，刻画大学通识核心课程的有效教学特征，为其他同类建设通识课程的大学提供借鉴。

作为一项院校研究，定量分析结论将有助于本校教师了解学生的学习情况，尤其是学生对不同教学方式的接受度，从而自主地完善教学；同时支持管理层更确切地把握衡量通识课程质量的标准，排除非教学的因素干扰，针对性地出台政策措施。

一、调查工具与变量的操作化

"大学通识教育学生调查"工具采纳了国际主流的大学生学习结果调查理念和方法，构建了基于中国经典教育思想的"文质—知行"通识教育目标理论框架，设置了贴合甲校通识教育建设实际情况的题项，总体上在预调研中信效度检验良好[1]。

（一）因变量：通识学习收获

为考察通识教育效果，根据"文质—知行"理念的结构化设计，我们将"通识学习收获"设为因变量，包括四个维度：经典体悟、

---

[1] 陆一：《把握通识教育的真实效果"复旦大学通识教育学生调查"工具的研制与信、效度检证》，第23—30页。

科学素养与多元视野、品识力、践行力。经典体悟指基于文化传统和相应的经典文本系统，通过充分体悟，逐渐形成一种对文明的古今演变具有反思力的人文观念；科学素养与多元视野是指以科学理性对待各种现代学科知识，掌握现代学科的学术性质，初步驾驭不同学科，具有一定的知识面；品识力是文化教养所孕育的个人品味和审辨，表现为辨别、取舍、品鉴、判断等知好赖、辨美丑的德性；践行力是朴素的行动能力，它不依附于文化和价值观念，就是能够把事办成的一些可迁移技能。总体通识学习收获取四个维度学生自我报告上大学以来提升幅度大小的平均值。

需要指出的是，甲校十多年来采取通识教育与专业教育相结合的方式培养本科生，提出在专业教育过程中贯穿通识教育的目标，希望学生通过同时学习专业课程和通识课程，并结合书院中的共同生活实现人的全面发展。实际上，中国大学以通识教育为名的改革要能真正实现，必须全面重新审视本科教育体系，而非在原有的教育体系中挤出极有限的空间插入通识教育模块[1]。所以在这项调研中，很难将通识课程的效果从本科教育整体效果中单独分离出来。本研究的因变量"通识学习收获"对应的是甲校本科阶段整个通识教育体系的效果，并非仅限于通识核心课程的单独影响。

（二）自变量

综合国内外大学生学情调查相关的研究和实地调查成果，本研究设计了学生个人先赋因素、个人在大学的学业特质、通识核心课程教与学三组自变量：

---

[1] 陆一：《从"通识教育在中国"到"中国大学的通识教育"——兼论中国大学专业教育与通识教育多种可能的结合》，《中国大学教学》2016 年第 9 期，第 17—25 页。

1. 个人背景因素

性别与年级。已有的学生调查相关研究文献中只要涉及学生个人因素的，基本都将其设为控制变量或自变量。父母受教育水平和家庭经济情况。国内外很多研究都发现父母受教育水平和家庭经济背景与学生的学习成就有密切的关系[1]。对通识教育效果而言，父母带给子女的文化资本（在此操作化为父母受教育水平）和学生自陈的家庭经济情况很可能直接影响学生对通识教育的需求、认同和学习动机。

2. 学业特征

学业特征指学生的大学学业整体倾向性特征和专业课程学习情况。在探究通识学习效果的一般性规律时，学生的学习动力和学习成绩是需要控制的个体差异。除此之外，我们也关注学生的专业背景和学习风格有什么影响。以专业为单位、以专业水平为标准来培养学生是中国大学教育的基本条件，学习某项专业是一般学生上大学的期待，而学生进入大学后的组织管理方式、周围小环境的氛

---

[1] 参见如下文献，E. T. Pascarella, "College Environmental Influences on Learning and Cognitive Development : a Critical Review and Synthesis," in J. C. Smart (eds), *Higher Education : Handbook of Theory and Research 55*, New York : Agathon, 1985, pp. 1-62 ; J. Weidman, "Undergraduate Socialization: a Conceptual Approach," in J. C. Smart (eds), *Higher Education : Handbook of Theory and Research 55*, New York : Agathon, 1985, pp. 289-323 ; G. D. Kuh, J. Kinzie, J. A. Buckley, et al., "What Matters to Student Success: a Review of the Literature," NPEC, 2006, https://nces.ed.gov/npec/pdf/kuh_team_report.pdf, 2007-01-10；鲍威：《未完成的转型——普及化阶段首都高等教育的人才培养与学生发展》，《北京大学教育评论》2010年第8卷第1期，第27—44页，另第189页；史秋衡，郭建鹏：《我国大学生学情状态与影响机制的实证分析》，《教育研究》2012年第33卷第2期，第109—121页；杜桂英，岳昌君：《高校毕业生就业机会的影响因素研究》，《中国高教研究》2010年第11期，第67—70页；高耀，刘志民，方鹏：《家庭资本对大学生在校学业表现影响研究——基于江苏省20所高校的调研数据》，《高教探索》2011年第1期，第137—143页；石雷山，陈英敏，侯秀等：《家庭社会经济地位与学习投入的关系：学业自我效能的中介作用》，《心理发展与教育》2013年第29卷第1期，第71—78页。

围都与专业有直接关系。中国大学总体上不具备采取美国式的四年制博雅教育的基础，通识教育"与专业教育相结合"才是明智的方向[1]。因此学生在本科阶段将同时受到专业教育和通识教育交织的影响。本研究重点探究的两个专业背景因素是学生的专业大类属性（客观）和对专业的兴趣（主观）。

每个学生都有自己的学习风格倾向，这会影响其上大学所有课程的学习收获。我们借鉴了东京大学"全国大学生调查"的学习方式量表[2]，并做了本土化调整，旨在区分倾向于自主掌控学习的内容、节奏、方式等，还是习惯于教育者系统详密的规划安排的领受型学习；倾向于广博地还是精深地展开学习；倾向于高挑战的还是简易的学习任务等方面来刻画学习风格。这几个侧面可能与学生对通识课程的接受度有关，我们将这个变量设置为分类比较的标识。

3. 通识课程教与学

甲校通识核心课程教学方式多样，通过全面的预调研，将所有课堂形式和可识别的教学手法归纳为 9 项：100 人以上的大课；30 人以下的小课；课程之外有组织地进行小班研讨；阅读经典的较完整原文；以专业学术的高标准来要求非专业学生；整个学期有 3 名以上老师共同讲授的课；要求观看视频课、纪录片、Ted 等数字资源；亲自操作、体验、创作、感知等实践性活动；介绍学科基本概况科普导论性的课。将这些教学方式的运用频率作为自变量。

对学生的学习而言，除了课堂教学，作业与考核方式可能对课外学习投入和效果影响更大、更直接，因此我们将所有通识核心课的作业或考核方式归纳为 9 项：基于阅读、思考的论文；基于实地调

---

[1] 林建华：《什么是成功的大学教育》，《光明日报》2015 年 12 月 17 日 13 版。
[2] 东京大学大学院教育学研究科、大学经营・政策研究中心编集：《全国大学生調査—第 1 次報告書》，东京大学大学院教育学研究科，大学经营・政策研究中心 2008 年 5 月版。

查的论文;整合、综述既有文献的论文;独立做课堂报告;详细的读书报告;论述题为主的考试;客观题为主的考试;小组讨论;团队合作完成的任务。将其实施与否设置为虚拟变量。

学生为了通识核心课的学习所投入的时间也是重要的自变量。个人努力和投入是收获的前提,国内外实证研究结果都表明学习投入对学习收获有很大的影响,[1] 通识教育也不例外。在本研究中我们将检证学生课后学习通识课程的时间与通识学习效果之间的关系。

二、样本描述

本次调查以网络问卷形式通过助教在所有本学期选修了通识核心课程的学生范围内发放,有效问卷为2146份。如表16所示,样本的性别和学科专业大类分布能够代表甲校本科学生总体情况。同时,样本的年级分布并不代表学生总体,而是代表了核心通识课的选修情况。这是由于调查的抽样框以核心课程为单位,选修通识核心课的学生数随年级递减,所以本次调查样本也以大一、大二占主体。样本在各模块分布均匀,说明样本能够表征甲校春季学期通识课程的整体情况,详见表17。

下文首先分析通识学习收获在学生个人先赋因素上的差异,然后分析学业特征与通识学习收获之间的关系,最后探讨通识课程的教学因素对通识学习收获的影响。

---

[1] 王纾:《研究型大学学生学习性投入对学习收获的影响机制研究——基于2009年"中国大学生学情调查"的数据分析》,《清华大学教育研究》2011年第32卷第4期,第24—32页。

表 16　样本描述一

		有效样本数（人）	样本占比
性别	男	916	42.7%
	女	1230	57.3%
专业	人文学科	505	23.5%
	社会科学	447	20.8%
	自然科学	430	20%
	工程技术科学	318	14.8%
	医学	446	20.8%
	总计	2146	100%

表 17　样本描述二

	有效样本数（人）	2015春季学期通识核心课程实际修读学生数
大一	1160（54.1%）	3332（49.0%）
大二	728（33.9%）	2439（35.9%）
大三	196（9.1%）	728（10.7%）
大四	59（2.7%）	235（3.5%）

三、调查结果与数据分析

（一）总体通识收获

调查结果显示，甲校的通识教育体系在四个主要方面对学生都有促进，总体收获和分项收获幅度均介于大幅提升和有提升之间[1]，其中学生感到科学素养与多元视野的提升幅度最大，其次为品识力，而经典体悟和践行力方面提升幅度较小，参见表18。甲校在通识核

---

[1] 使用李克特量表，大幅提升（赋值100）、有提升（赋值66.67）、几乎无提升（赋值33.33）、未涉及（赋值0）。

心课程建设之初就非常注重经典研读、开经典导读课，而要达到对经典的体悟是高阶的教育要求。调查显示经典体悟的均值较小且标准差较大，解读时需要考虑到样本分布和现时调查的局限，对经典文本从学习到领悟需要在人生体验和社会经历的积累中不断反刍与消化，其完整的效果可能需要到毕业后很多年才有所显露。科学素养与多元视野均值较高，体现出大学的课程设置和低年级书院共同生活使学生拓宽视野，增进科学素养，接触到更多元的价值。

表 18　通识学习收获描述

	均值	标准差
总体通识收获	71.94	16.52
文—知：经典体悟	69.62	20.20
文—行：品识力	73.10	17.56
质—知：科学素养与多元视野	74.43	17.20
质—行：践行力	70.60	18.61

（二）家庭文化资本、经济资本与通识学习收获

1. 父母学历

方差分析发现，通识学习收获在性别、年级上没有显著差异，而父母最高受教育程度（以下简称父母学历）不同的学生，其通识收获存在显著差异（F 检验，P < 0.05）。具体是父母学历为本科的学生（占样本40%）通识学习收获最大，显著高于父母学历为研究生和初中及以下的学生，具有统计学上的意义。父母学历与通识学习收获呈现"倒 U 型"关系，见图 20。方差分析事后检验"本科"显著高于"初中及以下"（P < 0.01），"研究生及以上"显著低于"本科"（P < 0.05）。大致上父母学历低于本科的学生，其父母受教育

程度越高者通识学习收获越大，而父母学历为研究生的学生（占样本13%）通识学习收获反而较低。由于所测量的"收获"是相较上大学前的基础水平而言，学生自陈的提升幅度大小很大程度上取决于自我期许。上述结果推论，通识教育的收获和家庭文化素养有很大关联，父母学历越高则越有利于学生做好准备以便在大学取得较大的通识学习收获，然而以本科为分水岭，父母学历高于本科的高级知识分子家庭则可能对子女的价值观念和文化素养有更早期的具体影响，学生进入大学时起点高、自我提升的期许可能更高，因此体验到大学通识学习收获相对较小。

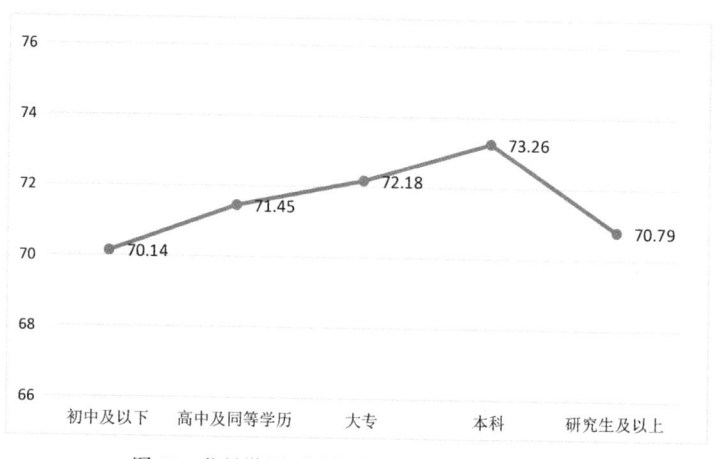

图20　父母学历不同的学生通识学习收获的差异

学历	收获
初中及以下	70.14
高中及同等学历	71.45
大专	72.18
本科	73.26
研究生及以上	70.79

2. 家庭经济情况

家庭经济情况方面，除家庭经济收入最低的学生外，家庭经济收入越高者通识学习收获越大，彼此之间差异显著（F检验，$P < 0.05$），家庭经济收入与通识学习收获呈现出"U"型关系（见图21）。

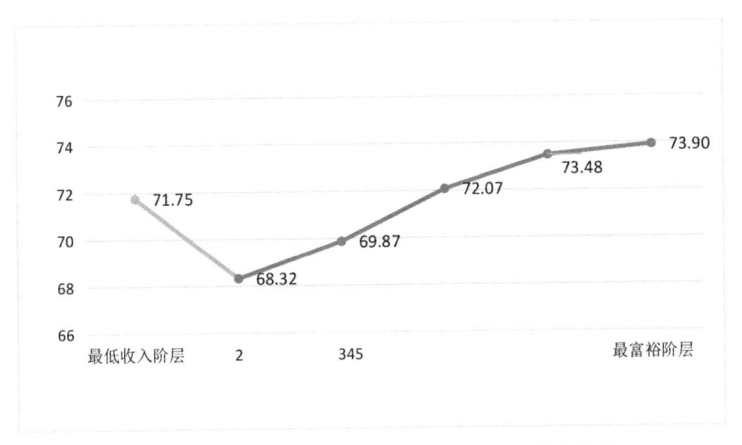

图 21　不同家庭经济情况的学生通识学习收获的差异

不同于古典贵族教育，通识教育是现代教育理念而非少数人的特权，其对象应具有普遍性和平等性。然而实证数据显示，在有教无类的通识教育面前，家庭经济状况还是难免影响学生的通识收获。不仅通识教育，许多研究都获得了大学学习结果（成绩、自陈学习收获、就业情况等）与家庭社会经济背景正相关的实证证据。这是教育试图改变又很难彻底改变的现实。另一方面也提示教育者，对于家庭社会经济背景较弱势的学生，他们更需要大学代替家庭在人文通识、文化素养、综合能力等方面提供教育与训练养成。

（三）学生学业特征与通识学习收获

1. 专业属性影响通识收获

不同专业大类的学生在通识学习收获上存在显著差异，人文社科类学生的通识学习收获显著大于理工医类学生。具体是，社会科学类学生的通识学习收获最大（73.48），医学类学生的收获则最小（70.53）。方差分析发现，社会科学学生的通识学习收获显著高于自然科学（71.02）和医学两个专业大类的学生，人文学科（72.63）和工程技术科学（71.90）居中。通识教育的总体目标在人文与科学贯通、知行合一的意义上，与社会科学类的专业目标更接近，所以社会科学类的学生通识学习收获最大有其专业影响。

进一步探索不同专业学生在经典领悟、科学素养与多元视野、品识力、践行力四个子维度上的收获，见图22。首先，所有专业大类的学生在四个维度上趋势大体一致：科学素养与多元视野维度的收获最大。其次的是品识力，经典体悟和践行力两个维度的收获相对较小。医学学生的四维度得分均为五个专业大类中最低。图中也显示，收获较大的科学素养与多元视野维度、品识力两项的专业间差异不大，但是在经典体悟维度上人文、社科学生的收获显著大于理、工、医科学生。当然，大学人文、社科大类的专业教育内容中包涵了较多的经典研读，而理、工、医的专业教育很少涉及。

以上两组数据可见，专业教育对通识收获有明显的同向影响，即专业内容和通识目标接近者促进了通识学习收获。然而，如果从通识教育要为专业教育纠偏的角度来看，专业本身越精专、越不涉及通识者应当更加需要通过通识课程学习得到平衡和充实，但实证数据尚不能支持这个理想。医学、自然科学等专业的学生通识收获反而较低。

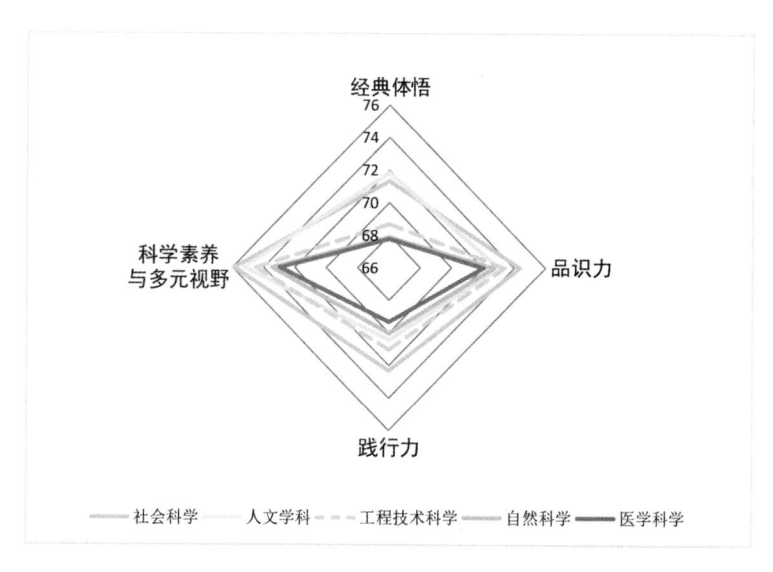

图 22　不同专业大类学生通识收获四个维度上的差异

2. 专业兴趣与通识收获正相关

学生对自己所学专业感兴趣程度与其通识学习收获呈现显著的正向相关的关系（相关系数 0.23，P < 0.001）。为什么专业认同度越高的学生通识学习收获越大？理论上，通识教育的目标之一是对不同专业的理解和驾驭，是对本专业在人类知识积累、社会演进中的位置和价值的认识和反思，使学生能够不局限在专业之内来看待特定专业。并且，通识教育也要让学生更加认识自我，包括自己的才能禀赋、专业倾向、职业选择与人生目标等。所以理想中通识教育的积极效果应当能够促进专业兴趣和认同。再者，在中国大学目前的招生与培养框架下，专业兴趣较强的学生很可能学习能力较强，这使他不仅没有排斥通识教育，通识学习收获反而更大。数据证实了通识教育与专业教育不仅不是互斥关系，在学生的学习中也是相辅相成的。甲校强调通识教育贯穿本科教育，用通识的理念重构本

科专业教育，这个统计结果有力地支持了改革愿景。

3. 学习动力与通识收获正相关

学习动力大小不同的学生通识学习收获存在显著差异（F检验，P=0.000 < 0.05）。学习动力最大的学生学习收获最大，显著大于所有其他组别的学生。除学习动力最小的学生（样本仅占0.01%）外，学习动力与通识学习收获也呈现出正向相关关系。学习动力是影响学生整体学习状态的重要因素，学习动力大的学生会投入更多时间学习，各类学习收获自然更多。

4. 总成绩与通识收获关系不大

不同成绩段的学生在通识学习收获上存在组间显著差异（F检验，P < 0.001）。学习成绩为前5%的学生通识学习收获最高，显著高于除"前5%—10%"之外的所有成绩段学生。成绩在"70%以后"的学生通识学习收获最低，显著低于所有其他成绩段的学生。可见，学习成绩拔尖或者居于末尾的情况会影响通识学习收获，这很可能与该学生一贯的学习能力、态度有关，而学习成绩处于5%—70%的大部分中间段（65%）学生通识收获没有显著差异。

5. 个人学习风格倾向与通识收获有一定关联

自主学习偏好者[1]与相对应的领受学习偏好者[2]在总体通识学习收获上没有差异。不过，分题项检验显示，偏好"为我系统地规划好学习内容和次序"的学生在"科学素养与多元视野"和"践行力"的提升上显著高于偏好"让我任意选择学习课程的内容、次序"的学生（T检验，均为P < 0.05）。这可能意味着系统有序的学习安

---

[1] 自主学习偏好者的标识题项：希望让我自己去发现、定义课程的意义、必要性；让我任意选择学习课程的内容、次序；课堂作为入门、激发兴趣、交流的场合，让我课后自主自学。
[2] 领受学习偏好者的标识题项：偏好由教师明确讲解课程意义和价值；希望由学校或教师为我系统地规划好学习内容和次序；希望在课上把重要的知识系统讲授清楚。

排较有利于多学科知识与能力（属"质"的知与行）的获得，具体影响机制还需要进一步研究来揭示。

学习内容偏好方面，认为自己更喜欢高挑战的学生比偏好学习通俗易懂知识的学生总体通识收获显著更大（T检验，$P < 0.05$）。喜欢广泛涉猎不同领域课程的学生的通识收获显著大于偏好喜欢精深地学好少数课程的学生（T检验，$P < 0.001$）。

学习目标偏好方面，希望"大学教育使我具备在社会上发展的各种能力、素养"的学生其通识收获显著大于偏好"希望大学教育使我得到专业上精深的训练，获得一技之长"的学生（T检验，$P < 0.001$）。

综上，目前甲校提供的本科教育对领受型或自主型学习偏好者通识收获的提升幅度大致相当。其通识核心课程按模块选修的方式既有系统规定性，也有一定的选择自由度。鉴于目前选修通识核心课程的学生以低年级、领受型为主（三题选择偏向领受型的分别占样本总数的73.6%、66.8%、75.2%），这个数据结果说明课程开设和选修制度等安排是比较合适的。同时，偏好较高挑战度、广泛涉猎的学习内容，偏向以在社会上发展所需的综合能力为学习目标的学生通识学习收获显著。后两项特质意味着该学生对通识教育具有基本认同。

（四）通识课程教学因素与通识学习收获

通识教育课程教学自变量组主要包括两个子自变量组：通识教育课程教学方式和作业考核方式。两组教学变量各由9题组成[1]，题干内容源自对通识核心课的实际听课预调研，具体题干参见前文自变量说明。进行多元回归运算前，分别对这两组自变量进行组内的

---

[1] 通识教育课程教学方式和作业考核方式对实施频率提问，李克特四点量表，操作化为连续变量。

Pearson 相关关系检验。结果显示，所有自变量均与通识教育效果显著相关。而在每个组内的自变量之间不存在较强的显著相关（相关系数均小于 0.5），多重共线性的可能性较小。

使用 IBM SPSS Statistics 21 软件，以分层的同时进入的方式做多元线性回归，得到三个具有统计学意义的回归模型。模型 1 是将学生的个人属性及一般学情因素投入回归模型，表 19 的回归结果显示在学生的个人因素中，仅有家庭经济情况、学习动力、专业兴趣三个自变量是显著相关的。将这三项显著的自变量作为控制变量，放入第一层，将通识教育课程教学方式的 9 个自变量组放入第二层进行回归，得到模型 2，结果见表 20。同理保留第一层不变，将通识课作业和考核方式的 9 个自变量组放入第二层进行回归，得到模型 3，结果见表 21[1]。

模型 1 能解释通识学习收获变异量的 12.7%，模型 2 能解释通识学习收获变异量的 21.1%，模型 3 能解释通识学习收获变异量的 33.1%。对比三个模型可以发现，课程教学方式对通识教育效果的净变异量解释 8.4%，通识教育作业和考核方式对通识教育效果的净变异量解释 22%。在三组变量中，通识课程作业和考核方式对学生通识教育效果影响最大，课程教学方式次之，学生个人因素影响最小。从三个模型可以发现，学生个人特质、通识课程教学方式、通识课程作业和考核方式都与通识教育效果变异有显著关系，下面具体解读。

首先，个人特质的所有自变量中，性别、父母学历与通识学习收获始终没有显著关联。家庭经济情况仅在模型 1 中有显著性，系数较小。对照表 19、表 20、表 21 可以发现，仅有学习动力、专业兴趣两个变量在三个模型中都具有显著解释力。学习动力的标准化

---

[1] 验证了所有自变量（连续变量）与因变量有显著的线性相关，且两两之间不存在高于 0.5 的中高度相关。

系数为正，绝对值较大，可以判断学习动力与通识学习收获有较大关联，而专业兴趣也与通识收获有显著的正相关。

通识课程教学方式方面，在控制学生个人特质变量后，5种教学方式的使用频率："阅读经典的较完整原文"，"课程之外有组织地进行小班研讨"，"介绍学科的基本概况或科普导论性的课"，"要求观看视频课、纪录片、Ted等数字资源"，"亲自操作、体验、创作、感知等实践性活动"与通识学习收获都有显著的正向关联。"阅读经典原文"的标准化系数最大，说明课堂上研读经典的教学方式与通识学习收获有相对较大关联。经典作品是关于人类本性和行为的经验知识的积蓄，无论是在形式上还是内容上经典文本都是完美的杰作与典范[1]。讲授经典研读课程的挑战在于师资的水平而不在于是否形式上符合。如果教师能够有效地驾驭导读，引领学生真正地进入文本聆听、思考与对话，经典文本的教育价值就能大大发挥。数据说明甲校在全校范围一视同仁地推行、建设研读经典的通识课程，在教师中得到了认同和实践，在学生中取得了切实的效果。

其次，数据显示，"100人以上的大课"和"30人以下的小课"均不是显著的影响因素，而"课程之外有组织地进行小班研讨"与通识学习收获有显著的正相关。于是推论，班级规模大小不直接影响通识学习效果，而是取决于教师对课堂的掌控和教学方式，尤其是为大课配上小班讨论的话，学习效果将显著提升。

在课程内容的安排方面，介绍学科的基本概况的导论性讲授方式和要求学生观看视频课等数字资源也体现出对通识学习收获具有一定的促进作用，然而那些以专业学术的高标准来要求非专业学生的教学方式却与通识学习收获没有显著相关。这意味着在当前通识

---

[1] 约翰·密尔：《密尔论大学》，孙传钊，王晨译，北京：商务印书馆2013年版，第37页。

课程教学实践中，教师不能默认学生不论上什么课、学习什么内容都具有同等良好的动机和投入。和本专业学生相比，非专业学生的知识准备和学习心态都不尽相同，还不容易把握到学习目标。所以为了教学避免事倍功半，适当降低进入门槛，循循善诱，使用那些更吸引人、容易被接受的教学方式有利于学生进入陌生的领域，从而获得预期的学习收获。当然，在激发兴趣上更下功夫并不意味着降低学习的质量标准和最终要求。

同时，甲校的通识核心课程对各模块课程都要求教学注重能力的训练与综合应用而非停留在知识的了解层面，其中第七模块"艺术创作与审美体验"特色鲜明，其教学目标并不是以知性为主，而是要求学生在亲自参与、操作、演习、尝试和创造中获得成长。调查数据中"亲自操作、体验、创作、感知等实践性活动"显著促进了通识学习收获，可以说明这类比传统讲授更加生动的实践性教学方式已经成规模地、有效地开展起来。

控制学生个人特质变量后，通识课程中实施的多种作业和考核方式都与通识学习收获有显著的正向关联，参见表21。其中"基于阅读、思考的论文"和"客观题为主的考试"系数相对较大且显著性明确。写小论文和考试是通识核心课程常用的作业与考核手段，数据显示，在阅读文献的基础上撰写思考性论文比撰写整合、综述既有文献的论文和基于实地调查的论文更能促进学习收获。而要求更严格、确切的客观题为主的考试比论述题为主的考试对促进学习可能更有效果。

表19 模型1：学生个人背景对通识学习收获的多元回归

自变量	标准化回归系数	标准误
性别（男）	0.010	0.751

续表

自变量	标准化回归系数	标准误
年级（基准组为大一）		
大二	0.007	0.760
大三	0.009	1.231
大四	0.008	2.162
学科（基准组为社会科学）		
人文学科	-0.015	1.026
自然科学	-0.058 *	1.091
技术科学	-0.013	1.189
医学	-0.037	1.077
父母学历（基准组为本科）		
初中及以下	0.006	1.135
高中及同等学历	0.036	1.116
大专	-0.005	1.766
研究生及以上	-0.005 *	1.050
其他		
家庭经济情况	0.065 **	0.358
学习成绩	0.016	0.015
学习动力	0.284 ***	0.308
专业兴趣	0.110 ***	0.346
常数项	41.139 ***	2.436
R^2	0.134	——
校正 R^2	0.127	——
F	18.446 ***	——

注：* 代表 $p<0.05$，** 代表 $p<0.01$，*** 代表 $p<0.001$（两端检验）。

表 20　模型 2：课程教学方式对通识学习收获的多元回归

自变量	标准化回归系数	标准误
学生个人背景因素		
学习动力	0.253 ***	0.296
专业兴趣	0.090 ***	0.331

续表

自变量	标准化回归系数	标准误
家庭经济情况	0.044 *	0.343
父母学历_研究生	-0.048 *	1.045
通识课教学方式		
100人以上的大课	-0.008	0.015
30人以下的小课	0.024	0.016
课程之外有组织地进行小班研讨	0.055 *	0.016
阅读经典原文	0.131 ***	0.017
介绍学科基本概况等科普导论性的讲授	0.073 **	0.016
以专业学术的高标准来要求非专业学生（教师对专业、非专业学生一视同仁）	0.032	0.015
整个学期有3名以上老师共同讲授的课	-0.005	0.019
要求观看视频课、纪录片、Ted等数字资源	0.065 *	0.018
亲自操作、体验、创作、感知等实践性活动	0.082 **	0.018
常数项	34.703***	2.434
R2	0.217	——
校正R2	0.211	——
F	21.552***	——

注：* 代表 p＜0.05，** 代表 p＜0.01，*** 代表 p＜0.001（两端检验）。篇幅所限，模型2中学生个人背景因素仅列出有显著性的变量，其余不显著项参见模型1。

表21　模型3：作业及考核方式对通识学习收获的多元回归

自变量	标准化回归系数	标准误
学生个人背景因素		
学习动力	0.156 ***	0.330
专业兴趣	0.068 **	0.373
通识课作业及考核方式		
基于阅读、思考的论文	0.110 ***	0.017

续表

自变量	标准化回归系数	标准误
基于实地调查的论文	0.041	0.015
整合、综述既有文献的论文	0.044	0.015
独立做课堂 presentation	0.076 *	0.014
详细的读书报告	0.066 *	0.015
论述题为主的考试	0.083 *	0.015
客观题为主的考试	0.089 **	0.014
小组讨论	0.080 *	0.016
团队合作完成的任务	0.062	0.016
常数项	31.115***	2.646
R2	0.335	——
校正 R2	0.331	——
F	26.659***	——

注：* 代表 $p < 0.05$，** 代表 $p < 0.01$，*** 代表 $p < 0.001$（两端检验）。篇幅所限，模型 3 中学生个人背景因素仅列出有显著性的变量，其余不显著项参见模型 1。

四、讨论与建议

本研究所能实现的定量分析结果显示，不同因素对通识学习收获的影响程度不尽相同。第一，家庭社会经济背景对通识学习收获有一定影响，但并不太大。第二，在个人学习相关因素中，与专业相关的因素（所属专业大类、对就读专业的兴趣等）会显著影响通识学习收获。自然科学和医学两个专业大类的学生通识学习收获在几个维度上都相对较低。这需要引起重视，并进一步研究揭示其原因。学生的学习动力无疑对通识学习收获有较大影响，制度设计和授课教师都应致力于激发学生的学习动力和热情、在专业之外创设学习支持环境。第三，通识课程教学因素方面，带领阅读经典的授课方式，布置基于阅读、思考的论文，实施客观题为主的考试能够明显促进通识学习收获。

总体上，我们发现专业的影响是重大的，专业属性塑造了学生对待所有课程的学习动机、意义感、投入预期和学习方式等。通识核心课程的建设与发展不能与专业教育构成对立的此消彼长关系，而应当在承认专业教育的前提上展开——这也符合现代社会的基本前提。理解学生的专业学习开展教学，意味着通识核心课程的首要教学目标是激发学生在本专业之外的求知欲，帮助学生建构比专业领域更大、更周全的知识体系感，拓展心智，提升智识，最终又能在更高、更宏阔的视野下反观自己的专业和其他专业，为长远的人生实现提供意义和价值的源泉。如何实现这一目标？带领学生精细地考察由于打动了历代知识精英而得以传承的经典文本被数据证明是比较有效的教学方法。另一方面，这种以心智的开启与激发为首要任务的教学既不同于专业课程的教学，也不同于任由学生兴致的宽松愉快课程，数据印证为：要求学生通过阅读、思考而不是拼凑综述来撰写论文，实施严格的客观题而非开放的主观题考试才能更大地提升学习收获。

本科生的通识学习收获是多种因素复杂交织影响的结果，这种效果的显露往往在课程学习结束后还要延续很长时间。对在学期间的学生进行定量调查的研究方法能够帮助我们总体上把握现状，控制变量发现相对重要的影响因素，以及辨别大学教育的和非大学教育的因素，但目前的研究仍旧是有局限的。研究使用的量表针对学生个人的学习发展，因变量是就学生上大学以来的通识收获的累积而言，并非针对某一门课程而言的收获；自变量是每个学生的个人特质和他在所有通识核心课上经历过教学方式的累积，而没能引入特定课程中的师生互动因素、教师个体差异因素等。由于甲大学通识核心课程的修读要求，每个受调查学生都参与过一定量带有小班讨论的核心课程，所以本研究无法识别小班讨论的效果。关于小班讨论促进通识学习效果的研究可参见另文[1]。本研究认为这些因素也很重要,以课程为单位的调查也已经落实。考虑到教育效果的滞后性,今后还预备开展纵向追踪调查来更全面地揭示通识教育效果。

第二节 "大班授课、小班研讨"的改革效果

2005年起,复旦大学在全校范围开启了通识教育改革,基于通识教育的理念置了六个模块的核心课程,将必须在每个模块至少一门修读课程设定为所有本科生的毕业要求。这套通识教育课程在实施十年后,为了全面升级课程质量提升通识教育效果,2015年复旦大学推出了以"学"为中心、突出学习效果的新一轮改革。其中,一项措施对课程教学产生了立竿见影的影响:第一模块(文史经典与文化传承)和第二模块(哲学智慧与批判性思维)的所有课程每学期在大班授课之外实施不少于5次的小班研讨。由于每位本科生都必须选修这两个模块的课程,意味着每届3500名左右的学生都将经历至少2门课10次小班研讨。

这项强制性的教育改革一经推出就在校内引起很大反响:有的学生发现自己原先沉默的学习方式不够用了。有的学生虽然能够滔滔不绝地发表意见,却在辩驳交锋中意识到自己并拿不出多少站得住脚的观点。更多学生感到必须投入超预期的时间精力才能完成小班研讨的课业,他们说"通识课无法轻松'水过'(蒙混过关)了"。

不必讳言,通识核心课大班授课之余全面增加5次小班研讨,

---

1 陆一,刘敏,冷帝豪:《通识教育核心课程"大班授课、小班研讨"的效果评析》,《高等教育研究》2017年第38卷第8期,第69—78页。

对学生、助教、教师都大幅增加了教学性卷入，改革初期就有人质疑"多此一举""劳而无获""徒有讨论的形式而已"。为数不多的先行研究也显示，国内大学成规模推行小班研讨还存在不成熟之处，比如针对北京大学以专业课为主的大班授课小班研讨的研究表明：小班研讨课开展现状大体良好，但部分课程在上课方式、师生间沟通、教室硬件条件等方面仍存在问题。[1] 同时，教师角色定位，教学内容选择，学生平等参与，学生学业评价等方面存在困境，需要进一步探索。[2] 针对某校"思想道德修养与法律基础"课的小班研讨学生认可度较高，但发言的独立性还有很大欠缺，独立思考的能力还有待加强。[3]

为此，我们在复旦通识核心课程一二模块全面推行 5 次小班研讨一学期后实施了全体学生调查，试图用实证数据探讨改革的初步效果、经验和不足。本节将确切的研究问题概括为：1）学生总体上的学习效果评价和学习收获如何；2）为了提升小班研讨的效果，课程教学中的哪些做法或措施应当强调和推广，哪些应当避免；3）"大班授课、小班研讨"这种教学方式是否能确立其在我国大学本科教育中不可或缺的地位。

一、理论基础

小班研讨的理论基础关联到 Seminar。这种教学模式是指学生

---

[1] 陈雅清,刘淑彦,张艺苧等:《北京大学小班研讨课教学改革的实证研究》,《教育学术月刊》2013 年第 11 期，第 25—30 页。
[2] 朱红,马莉萍,熊煜:《"大班授课、小班研讨"教学模式效果研究》,《中国高教研究》2016 年第 1 期，第 42—47 页。
[3] 应兆升:《思想政治理论课"大班授课小班研讨"教学模式研究》,大连理工大学 2011 年，硕士论文。

在教授的指导下就某一课题结成小组，在大量调查研究的基础上与教师、同学自由地进行学术探讨，其核心是"充分挖掘课程参与师生的学理潜能，进行多角度、多层次的认知互动。"[1]

追本溯源，Seminar 来自拉丁文 *Seminarium*，原意为"苗圃""发祥地"，[2] 它被用来专门表示一种高等学校教学形式是从 19 世纪初洪堡改革普鲁士教育创办柏林大学开始的。一般认为，Seminar 是洪堡思想在大学教育实践中的具体体现[3]，是贯彻"教学与科研相统一原则"的主要操作工具。正如伯顿·克拉克所说 Seminar"采取研讨班的形式，把教授的科研兴趣集合起来，并且使学生参与科研的实践。"[4] 由于洪堡思想把握住了现代研究型大学的本质，Seminar 产生了世界性的影响。为了避免在翻译中丢失其特定的教学理念与内涵，英语国家把这个德文词原封不动地吸收到英文词汇中，日文与俄文都采取了音译。费孝通先生将其译作"席明纳"，意为"席"地而坐，"明"经辩理，广"纳"群贤，可谓信达雅兼备。

将"小班研讨"确立为本科通识教育重要的教学方式，并且作为大班授课的补充，就需要继承和发展 Seminar 教学的理论基础。

第一，当今中国大学广泛推行本科小班化的基本背景是高等教育大众化。研究表明，班级规模与课程评估结果负相关，10—20 人小班教学效果最好。[5] 为了在高教大众化时代保证高水准的教学质

---

[1] 方征：《Seminar 教学法在教育类课程中的应用研究》，《湖南科技学院学报》2007 年第 7 期，第 144—145 页。
[2] 晓力：《值得"拿来"的一种大学教学形式——习明纳》，《外国教育资料》1985 年第 6 期，第 61—63 页。
[3] 李均：《习明纳：历史考察与现实借鉴》，《石油教育》1996 年第 10 期，第 62—64 页。
[4] 克拉克：《探究的场所——现代大学的科研和研究生教育》，王承绪译，杭州：浙江教育出版社 2001 年版。
[5] 董礼，薛珊，卢晓东：《本科课程评估结果群体特征研究》，《中国大学教学》2015 年第 2 期，第 87—92 页。

量,越来越多的学者开始倡导高校缩小班级规模。更有学者直接提出,小班研讨课虽然成本高昂,却是世界名校继续实现精英教育、培养未来精英的教育要素。[1]哈佛大学本科生院设置15人以下的一年级席明纳[2];普林斯顿大学本科广泛采样多种类型的小班研讨课[3];斯坦福大学面向大一大二学生开设入门研讨课(IntroSems)[4]等被许多研究者列为精英大学教育的教学典范。所以,为了实现高质量的本科教育,通识核心课程成规模地实施大班授课小班研讨是在顾及教育成本,又要为全校学生提供平等的教育机会前提下,弥补大班授课不足的有效尝试。

第二,许多研究已经论证了小班研讨凸显学生在学习中的主体性,能够激发主动学习、提升学习投入、发展认知水平、锻炼读写听说辩论等多元能力,研讨的过程还有助于构建更融洽的师生、生生关系、培养合作意识、创新能力等,并且这些收获不会因学业的结束而消亡,而将使学生终身受益。[5]小班研讨补充、提升大班授课教学质量的显著效果在相关实证调研中得到了证明。再者,通识教育的

---

[1] 孙燕君,卢晓东:《小班研讨课教学:本科精英教育的核心元素——以北京大学为例》,《中国大学教学》2012年第8期,第16—19页。

[2] 参见如下文献,刘宝存:《美国研究型大学一年级习明纳尔课程》,《外国教育研究》2005年第3期,第64—68页;张家勇,张家智:《新世纪哈佛大学本科生课程改革及启示》,《比较教育研究》2006年第1期,第28—33页;沈蓓绯:《哈佛大学新生研讨课教学模式分析》,《辽宁师范大学学报(社会科学版)》2013年第4期,第536—541页。

[3] 张伟:《跨学科教育:普林斯顿大学本科人才培养案例研究》,《高等工程教育研究》2014年第3期,第118—125页。

[4] 马莉萍,周姝:《美国研究型大学本科教育改革举措及其成效评估——以斯坦福大学为例》,《教育科学》2016年第3期,第90—96页。

[5] 参见如下文献,林培锦:《Seminar在大学本科教学中的价值及应用》,《宁波大学学报(教育科学版)》2010年第1期,第32—36页;唐轶:《美国研究型大学新生研讨课教学模式研究》,《北京林业大学学报(社会科学版)》2009年第S1期,第44—46页;姚睿:《优化"大班授课、小班研讨"教学模式的探讨》,《教育教学论坛》2016年第13期,第184—185页;丁宜丽:《新生研讨课:美国本科教育的特色课程》,《中国大学教学》2005年第8期,第58—59页。

目的不是教，而是学习，是要培养能够终身学习的动机、能力和心智状态。换言之，上述小班研讨的预期效果完全符合通识教育的目标。

综上，通识核心课程试图通过大班授课小班研讨来探索大众化背景下的高质量本科教学，实现 Seminar 所具有的以学生为中心、强化学习效果的特性和作用，给予学生在传统课堂上无法得到的表达、思考、沟通等通识能力训练，而并不突出通常研究生 Seminar 所要求的"师生共同科研"。

二、案例说明与调查设计

复旦大学通识核心课程委员会规定，每次小班研讨学生人数不超过 20 人，由 1 名助教或教师带领，围绕大班授课相关主题讨论 1 至 2 小时，举行的时间地点自行约定。学生一般需要在课前阅读相关文献，拟定发言提纲，讨论的具体形式可以是自由讨论，也可以是主题性发言、分小组讨论等。学生在讨论中的表现将计入课程成绩。

通识教育要达到心智模式（mind-set）的塑造和提升，复旦大学的本科教育希望学生学会贯通、学会沟通、培养领袖素质。这种心智的塑造、能力和素质的养成都不可能一蹴而就，需要一定的训练频率和强度，经历一个克服惰性、挑战自我的锻炼过程。正是出于这样的考虑，改革设计者坚持所有讨论班每学期不少于 5 次讨论。

以上讨论了小班研讨作为核心的大学通识教育改革的价值期待，以及复旦大学的人才培养目标，我们将其操作化为 4 项小班研讨效果指标：一项是学生对特定课程小班研讨环节实施效果的评价，另有一组指标是学生自我报告的小班研讨学习收获。基于政策意图，小班研讨学习收获分解为 3 项：1）课程知识学习的深化或强化；2）研讨相关能力的训练与提升；3）交往理性的实践与养成。因此，定量分析便集中于 4 个因变量：效果自评，知识深化，研讨能力提升，交往理性实践。具体题项构成和结构效度 α 值参见表 22[1]。

表 22　因变量设计与描述统计值

小班研讨实施指标（因变量）	均值	标准差	α 值	题项
效果自评	77.04	20.04		a. 你对这门课的小班研讨实施效果总体评价如何？
知识深化	74.54	22.35		b. 我对课程知识的理解更深更透彻了
研讨能力提升	67.66	20.94	0.90	c. 我提升了现场口头表达的能力、演说技巧
				d. 我更能够倾听、理解别人的观点，把握其中要害
				e. 我提升了合作能力
				f. 我提升了辨别、整合不同观点的能力
交往理性实践	74.25	19.16	0.89	g. 我接触到了之前完全不了解的视角、立场、思维方式等
				h. 我更能宽容地看待和自己不同的立场、观点
				i. 我改变或充实了自己对许多问题原先不成熟的看法

除了上述因变量，我们还设置了性别、年级、专业大类、参与小班研讨的期望（动机）、为了准备讨论的阅读量，讨论相关的课外学习时间、是否担任小组长，讨论课平均发言次数，是否修改讨论稿等题项，既有助于从总体上掌握小班研讨和相关学习现状，其中部分也能作为自变量检验它们与因变量的关系。

---

[1] 所有题项均为李克特量表，均以 0—100 等距赋值，效果自评为 10 点量表，其余题项为 4 点量表。

2015 年学期末[1],我们对该学期一二模块所有课程的所有修读学生发布匿名调查问卷,回收有效问卷 1020 份,回收率超过 50%,样本分布见表 23。

表 23　样本分布

分布		样本数	比例(%)
性别	男	448	43.92
	女	572	56.08
年级	大一	329	32.25
	大二	493	48.33
	大三	151	14.8
	大四	42	4.12
	其他	5	0.49
专业大类	人文学科	231	22.65
	社会科学	236	23.14
	自然科学	199	19.51
	工程技术科学	163	15.98
	医学科学	191	18.73
所在校区	邯郸校区	881	86.37
	江湾校区	80	7.84
	枫林校区	3	0.29
	张江校区	56	5.49
总计		1020	100

三、小班研讨情况的描述性统计结果

学生对小班研讨的效果自评结果参见图 23。68.1% 的学生在 10 级评分中选择了最好的 3 级,90.2% 的学生选择了 10 级评分中前 5

---

[1] 课程教学完成之后,考试之前。

级积极的评价。其余不到 10% 的学生认为效果欠佳。转换成百分制后，学生对小班研讨实施效果评价平均分为 77.0，可以说总体上学生对小班研讨的实施效果评价较好。

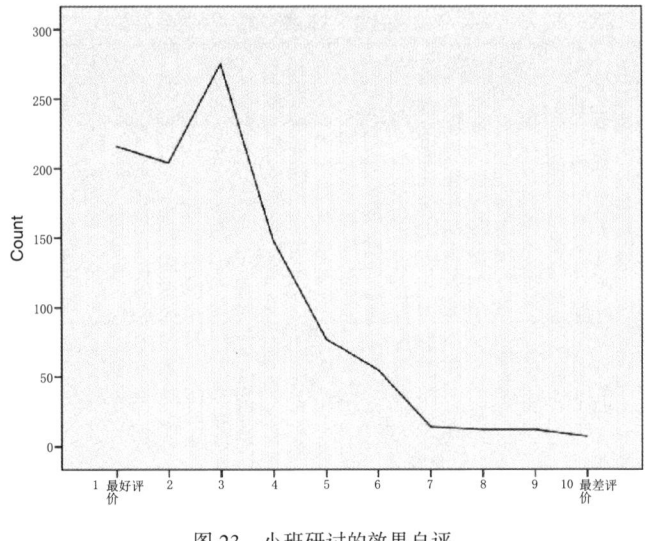

图 23　小班研讨的效果自评

图 24 显示了学生参与小班研讨的主要动机。作为多选题，有 24.3% 的学生同时选择了深化知识理解、锻炼表达能力两项，且没有选择交朋友和拿学分，属于较纯粹的课程学习动机。11.7% 的学生同时选择了深化知识理解、锻炼表达能力和交朋友三项，且没有选择拿学分，有 8.6% 的学生选择了全部四项。然而有 7.6% 的学生只选择了为了拿学分这一项，可以说并不持有积极主动的学习态度。上述数据也说明所有一二模块课程设置小班研讨的政策强制性影响的是 7% 左右的学生。

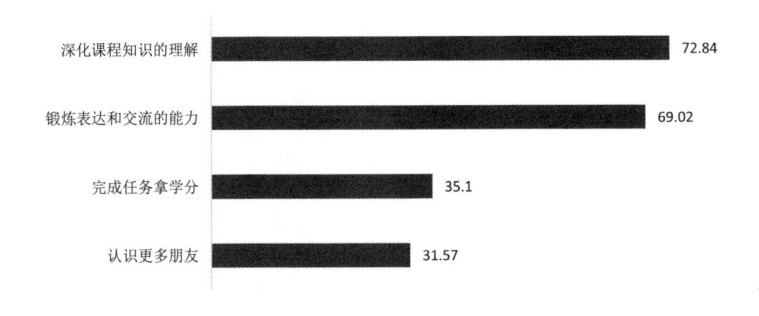

```
深化课程知识的理解                    72.84
锻炼表达和交流的能力                  69.02
完成任务拿学分          35.1
认识更多朋友            31.57
```

图 24　参与该课程小班研讨的动机（%，多选题）

进入学习的实质性环节，小班研讨前的阅读量是重要的指标，讨论不是仅仅为了让学生发表意见，灵活辩才，而是要与课堂教学和课后阅读相联系，特别是锻炼阅读经典的思考和研讨能力。脱离了阅读的讨论很容易滑向无意义的闲谈。问卷征询了学生平均每次讨论前实际阅读材料的页数[1]，此题既反映了学生在准备讨论时的学习投入，也反映了主讲教师对学生提出的阅读要求如何。图 25 可见，阅读量在 20—50 页的学生占了大约一半，其次是 20 页以下的学生占了大约 1/3，阅读量在 50—80 页范围的占了 14%，剩下的阅读量占比均小于 10%。其中不阅读的学生仅占 2%，说明绝大多数课程都要求基于阅读的研讨，且多数学生都能意识到阅读对于有效讨论的重要性。可以说，一定的阅读量体现了复旦大学推行小班研讨所坚持的学术标准。

1　分为六档，分别是 0 页（不阅读），20 页以下，20—50 页，50—80 页，80—120 页，120 页以上。

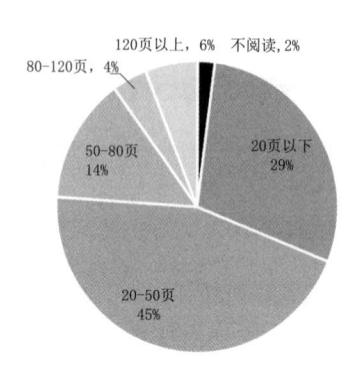

图 25　平均每次讨论前阅读材料的页数

每次小班研讨相关的平均课外学习时间也是体现学习投入的指标。填写结果中，最大值为一周，最小值为 0，填写人数最多的是 5 小时占 18.9%，其次为 3 小时占 16.7%，2 小时占 14.6%，4 小时占 11.8%。大多数学生每次小班研讨所花费的课外学习时间为 2 至 5 小时，占总调查人数的 64.6%，大于 10 小时的学生占总调查人数的 8.6%。由此推算，每学期增加 5 次小班研讨对多数学生而言需要多投入 10 至 25 小时，平均每周 0.6—1.6 小时，目前所增加的学业负担不至于很大。

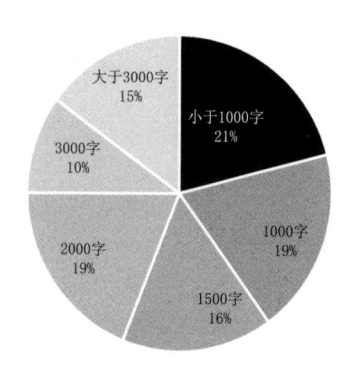

图 26　平均每次讨论所撰写讨论稿的字数

与小班研讨相关的课外学习时间，学生除了用于阅读，主要是撰写讨论稿。在全面推行小班研讨时，我们发现由于教师通常不亲临讨论班，而助教又未必能胜任评价学生在讨论环节的表现，所以讨论稿往往成为最终递交到教师手里的评价依据。这种变通可能使得讨论的训练发生异化，学生为了显示自己准备得更充分、下了更多功夫，便撰写长篇大论的讨论稿以获取较高评价。可是，论文式样的讨论稿并不能锻炼到小班研讨所预期的各项实时交流能力、实践交往理性等。另一方面，助教在工作中反映，如果不要求学生在讨论前有所字面准备，许多学生完全不做准备就来讨论，布置讨论稿也是为了促进讨论的深度。我们认为，讨论稿可以作为发言提纲和准备材料，但把讨论稿作为评价讨论水平的依据是不可取的。访谈中，有的助教规定讨论稿字数上限为1000字或一页A4纸是比较明智的做法。

调查发现，目前95%的受调查学生被要求撰写讨论稿。图26所示，40%的学生准备的是1000字左右或少于1000字的提纲式讨论稿，而2000字及以上的约占45%，这很可能增加了学业负担，却不能实现小班研讨预期的训练目标，应当纠正。更重要的是，如何对学生在讨论中的表现做出公允的评价，从而真正激励研讨训练，是推行小班研讨初期需要解决的制度性问题。

在讨论环节，我们调查了学生在每场讨论的平均发言次数，结果见图27。有46.5%的学生平均发言一次，20.5%的学生平均发言两次，9.7%的学生平均发言三次，发言四次以上的学生有9.41%。总体上约40%的学生经常参与讨论（每场讨论发言2次以上），10%左右的学生在讨论中十分活跃。另外，有多达13.9%的学生在讨论课上很少发言，平均少于一次。补充访谈发现，这种情况很可能是讨论班采取了让学生轮流朗读自己写的文稿的"伪讨论"形式，多数每学期只会轮到一两次朗读，其余时间不需要发言。这种"伪讨论"背离了小班研讨的目标，应当改变。

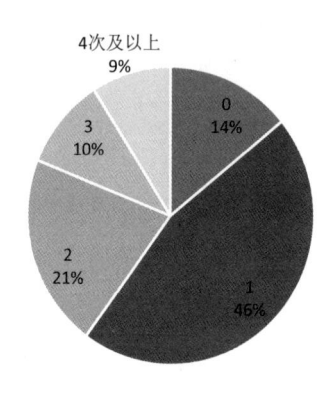

```
4次及以上 9%
3  10%
2  21%
1  46%
0  14%
```

图 27　平均每场讨论在全体同学面前发言的次数

进而，关于讨论规则、秩序和学生的讨论感受，我们在前期实地观摩和访谈的基础上设置了一组正向描述题、一组反向描述题，征询学生的同意程度，结果见图 28。超过 90% 的学生同意大家得到了平等的发言机会，超过 80% 的学生同意讨论规则合理，发言有序，且能形成针对性的交锋、思想碰撞。在反向描述题所反映的问题中，43% 的学生认为少数同学过于积极，发言机会不均，其次，有 35% 左右的学生不理解同学的观点，感到为了避免冷场或为了取得加分等无意义的发言过多，同学之间的观点缺乏针对性等。总体上，这些情况综合地反映出小班研讨已经取得了形式上和基本规则的实现，而如何讨论得更深入、更有水平，正是学生和助教需要在一次次实践中磨练的。

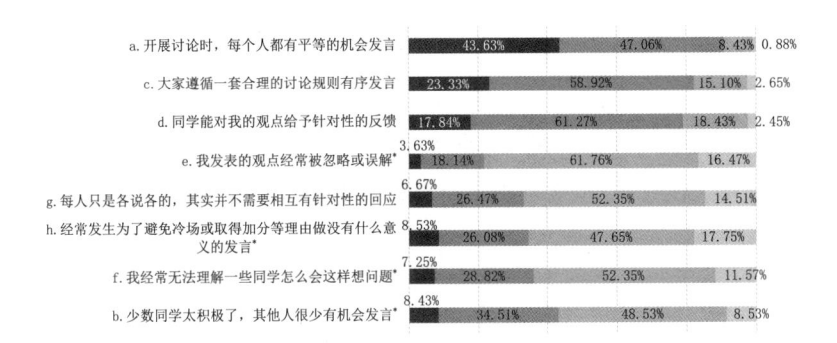

图 28 学生参与小班讨论的感受

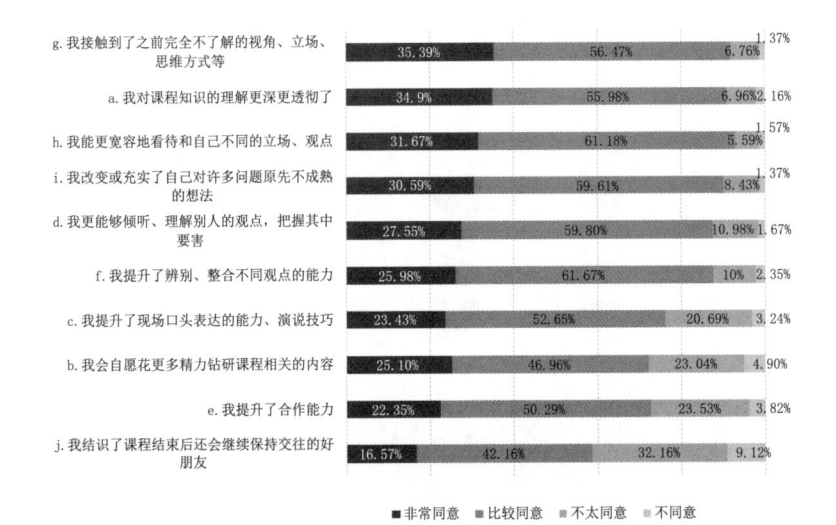

图 29 小班讨论的各项收获

根据调查设计，得到了学生反馈小班研讨的具体收获情况，见图 29。总体上，关于提升交往理性的题项得到了最大的认同，其次为知识学习的深化，而各项研讨能力的提升有所差别。其中近九成的学生认为倾听、辨别、整合观点等沉默的思考能力有所提升。而认为自己现场口头表达、演说、合作等能力有提升的人数相对较少，四分之一左右的学生不太同意自己的口头表达能力得到了提高。这意味着小班研讨中应当进一步增加每位学生的发言频率（为此可能需要缩小分组规模），激励学生更自信、大胆地表达，有效传授演说技巧等。

最后，对于小班研讨相关的各参与方，学生做了满意度的评分，见图30。其中学生对助教工作的满意度最高，其次为共同讨论的同学的素质、水平，再次是对自己投入的满意度。由于多数授课教师并不直接参加小班研讨，所以此项满意度相对较低。学生对自我投入满意度偏低，意味着目前的小班研讨还没有促使学生全力以赴。

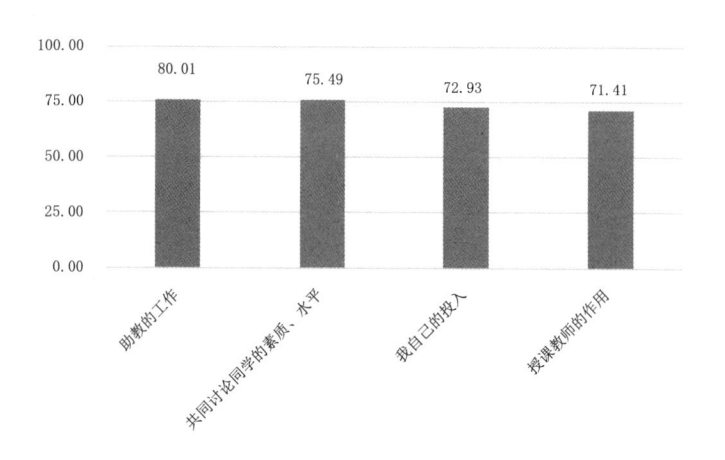

图 30　学生对各参与方的满意度

四、影响小班研讨效果的教学因素

上一节描述统计可见,复旦大学通识核心课程首次大规模推行小班研讨已经显现初步成效,参与的学生总体上对效果的评价达77%,在知识、能力和交往理性方面大多数学生得到了提升,其中知识深化和交往理性实践方面的效果尤其明显,而各种研讨相关能力的提升均值也达到了60%以上,相信如能提供更多锻炼机会将收获更大。下面,就我们目前掌握的小班研讨教与学状况的数据,以学生对小班研讨效果的总体评价,学生在知识、能力、交往理性方面的收获为4个因变量来代表小班研讨实施效果,使用Spearman相关、方差分析和多元线性回归等方法进一步探析哪些因素影响着小班研讨效果。

(一)学生对讨论主题的感兴趣程度与讨论效果显著正相关

实践中,讨论主题的设定方式有六种:教师决定,助教决定,学生决定,教师和助教共同决定,助教和学生共同决定,以及教师和学生共同决定。运用单因素方差分析的方法,比较了不同讨论主题确定方式下各项讨论效果指标。结果显示,讨论主题的确定方式对学生的效果自评,知识深化,能力提升和交往理性的实践没有显著影响。

不过,相关性检验结果显示,学生对讨论主题的感兴趣程度与效果自评和三种收获均呈显著正相关,且由表24相关系数可知,相关性由强到弱依次为效果自评,知识的丰富,能力的提升和交往理性的养成。

表 24　相关检验（相关系数）

	对讨论主题的感兴趣程度
效果自评	0.583**
知识的深化	0.485**
研讨能力的提升	0.467**
交往理性的实践	0.453**

（二）讨论规则、形式与讨论效果显著相关

目前实践中的小班研讨规则与形式可归纳为五种及其他，应用最多的是主题发言、分组讨论再代表发言和自由讨论，仅分组讨论、网上讨论等很少应用，详见图31。

采用单因素方差分析的处理方法，比较不同讨论规则的情形下效果自评和三种收获的均值差异。结果表明，不同的讨论规则仅对效果自评产生显著影响，[1]而对知识深化、研讨能力提升和交往理性实践三种收获无显著影响。对效果自评方差分析的多重比较结果见表25，除了6）"其他"项，1）自由发言分别与2）主题发言、3）分组代表发言之间有显著差异。可见，在"自由讨论，助教主持"的规则下，学生的效果自评最高，显著高于"主题发言"，也显著高于"分组讨论再代表发言"。所以，自由讨论使学生感觉更好，但不论是自由讨论、主题发言还是小组讨论所达到的知识、能力和交往理性的提升是没有差异的。

---

[1] 方差分析结果：均方 1719.881；F= 4.355；P < 0.001。

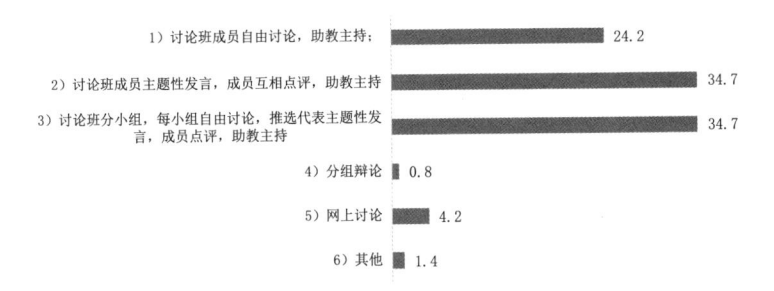

1）讨论班成员自由讨论，助教主持：24.2
2）讨论班成员主题性发言，成员互相点评，助教主持：34.7
3）讨论班分小组，每小组自由讨论，推选代表主题性发言，成员点评，助教主持：34.7
4）分组辩论：0.8
5）网上讨论：4.2
6）其他：1.4

图 31　各种讨论形式占比（%）

表 25　不同讨论规则下得到的讨论效果自评的差异

讨论规则 a	讨论规则 b	均值差（a—b）	标准误	显著性
自由发言	主题发言	6.60	1.65	0.000
自由发言	分组代表发言	3.93	1.65	0.017

（三）来自不同学科的组员构成讨论效果最佳

分组讨论时，组员构成的专业学科背景情况有三类，最多数（62%）是随机分组，也有专门安排来自不同学科的同学进行讨论的（28%），少数总是来自相同或相近学科的（10%），见图32。

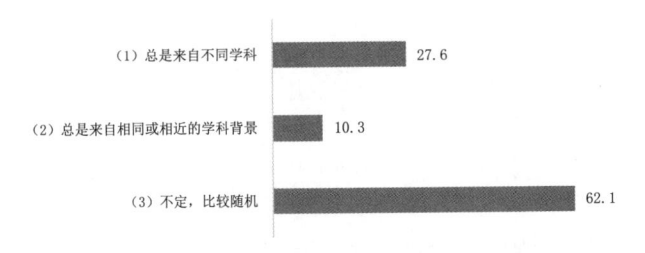

（1）总是来自不同学科：27.6
（2）总是来自相同或相近的学科背景：10.3
（3）不定，比较随机：62.1

图 32　各种讨论组成员构成（%）

表 26　方差分析结果

	均方	F	显著性
效果自评	2150.499	5.599	0.004
知识深化	1.573	3.603	0.028
研讨能力提升	1029.387	3.336	0.036
交往理性实践	2251.064	6.416	0.002

采用方差分析比较均值，发现组员学科构成情况对效果自评和三种收获均影响显著，参见表26、表27。事后检验发现，对效果自评和知识深化而言，"总是来自不同学科的组员构成"的效果自评显著高于"来自相同或相近的学科背景"，"随机的组员构成"效果自评也显著高于"来自相同或相近的学科背景"。对研讨能力的提升而言，"总是来自不同学科的组员构成"显著高于"来自相同或相近的学科背景的组员构成"。最后，不出意外的，"总是来自不同学科的组员构成"的交往理性收获显著高于"随机的组员构成"。所以，可以说讨论小组成员来自不同学科背景的讨论效果最佳。

表 27　不同讨论成员构成下讨论效果的差异

因变量	组员构成 a	组员构成 b	均值差（a—b）	标准误	显著性
效果自评	不同学科	近似学科	9.46	2.83	0.001
	随机不定	近似学科	6.76	2.60	0.010
知识深化	不同学科	近似学科	-0.21	0.10	0.025
	不同学科	随机不定	-0.13	0.06	0.022
研讨能力提升	不同学科	近似学科	6.68	2.63	0.011
交往理性实践	不同学科	随机不定	6.05	1.69	0.000

（四）教师作为讨论主持人效果更好

目前，讨论课主持人实际上主要由助教（88.0%）担任，少数情况由授课教师（4.5%）或学生（7.5%）担任。采用方差分析比较均值,发现由谁担任主持人对知识的深化和研讨能力的提升没有显著影响,但对讨论效果自评和交往理性实践有显著影响,见表28。表29多重比较显示,当教师作为讨论课主持人时,学生的效果自评显著高于助教作为主持人的情况。对交往理性的养成而言,当教师作为主持人时,学生在讨论中交往理性的养成显著高于助教或学生作为主持人的情况。这表明,授课教师若能出席小班研讨,主持引导讨论的进行,讨论效果更好。

表28 方差分析结果

	均方	F	显著性
效果自评	1337.215	3.346	0.036
交往理性实践	1993.709	5.275	0.005

表29 不同主持人情况下讨论效果的差异

因变量	主持人a	主持人b	均值差(a-b)	标准误	显著性
效果自评	教师	助教	6.155	3.022	0.042
交往理性实践	教师	助教	8.957	2.939	0.002
	教师	学生	11.124	3.632	

五、影响小班研讨效果的学习因素

为了检验学生自己的动机与学习投入行为等因素对讨论效果的影响,使用多元线性回归假设模型进行分析。除了要控制的性别、年级、专业大类等个人背景变量,以及四种主要的参与讨论动机虚拟变量,我们设置的学习投入自变量包括了学生的投入性态度(对讨论主题的感兴趣程度),讨论前准备的行为(为准备讨论的阅读量、讨论稿字数),讨论中的行为(每场讨论平均发言次数)和讨论后的行为(讨论后是否修改讨论稿),模型设为:

讨论效果因变量 = α + β（参与小班研讨动机）+ γ（对讨论主题的感兴趣程度）+ δ（为准备讨论的阅读量）+ ε（讨论稿字数）+ ζ（每场讨论平均发言次数）+ η（讨论后是否修改讨论稿）+ θ（年级）+ ι（性别）+ κ（专业大类）+ ε。

由于有 4 个"讨论效果因变量"来刻画讨论效果，因而设置了 4 个回归模型，其中年级、性别、专业大类设置为强制进入方程的控制变量，其余自变量使用逐步回归法，方程中保留与因变量显著相关项，结果见表 30。

表 30 多元线性回归结果

		模型 1 效果自评	模型 2 知识深化	模型 3 研讨能力提升	模型 4 交往理性实践
参与讨论的动机（虚拟变量）	深化课程知识的理解	0.06* （1.25）	0.09** （1.50）		0.08** （1.31）
	锻炼表达和交流的能力			0.09** （1.30）	0.07* （1.23）
	认识更多朋友			0.09** （1.29）	0.06* （1.20）
	完成任务拿学分			-0.08** （1.29）	
学习投入自变量	对讨论主题感兴趣程度	0.53*** （0.03）	0.41*** （0.03）	0.39*** （0.03）	0.38*** （0.03）
	为准备讨论的阅读量（讨论前）				
	讨论稿字数（讨论前）	-0.07** （0.00）			
	每场讨论平均发言次数（讨论中）		0.08** （0.56）	0.11*** （0.52）	0.08** （0.49）
	讨论后是否修改讨论稿（讨论后）	0.08** （1.27）	0.10** （1.53）	0.09** （1.40）	0.07* （1.33）

续表

		模型1 效果自评	模型2 知识深化	模型3 研讨能力提升	模型4 交往理性实践
个人背景 （虚拟变量）	性别	包含	包含	包含	包含
	年级	包含	包含	包含	包含
	专业大类	包含	包含	包含	包含
常数项		41.31*** （3.05）	40.59*** （3.67）	35.79*** （3.37）	41.39*** （3.19）
Adjusted R2		0.36***	0.26***	0.29***	0.23***

注：*** 表示 $P < 0.001$，** 表示 $P < 0.01$，* 表示 $P < 0.05$，4 个模型样本数均为 1020，括号内为标准误。对参与讨论动机的 4 个虚拟变量两两做了交互效应检验，交互效应均不显著，上述结果省略了检验的部分。

回归结果显示，学生参与讨论的动机对讨论效果有一定影响，动机中含有"为了深化课程知识的理解"的学生讨论效果自评、知识深化和交往理性实践上的收获显著更高，参见模型 1、2、4。动机中含有为了"锻炼表达和交流能力"的学生或者带有为了"认识更多朋友"动机的学生在研讨能力和交往理性实践方面的收获都更大，而带有这两种动机的学生对讨论效果自评和知识深化方面收获则没有特别的表现。另外，如果学生带有"完成任务拿学分"的动机，则在研讨能力提升方面显著偏低，对效果自评、知识深化、交往理性实践方面则没有影响。

在学习投入方面，结果显示学生对讨论主题的感兴趣程度是所有变量中影响最大的，标准化系数在四个模型中均很大且显著。讨论前的准备工作，包括为准备讨论的阅读量（大致页数）和讨论稿字数则对各项讨论效果几乎都没有影响，仅讨论稿字数会对讨论效果的自评带来显著的负面影响，也就是字数写得越多，效果自评越低。讨论中平均每次发言次数对效果自评没有影响，但与研讨能力提升、知识深化、交往理性实践三方面的收获都显著正相关。讨论后是否修改讨论稿对四项讨论效果因变量都显著正相关。上述结果意味着，比起讨论前被要求的学习投入，讨论后的总结、反思、自我修正更重要，这是自律学习的体现。讨论中的发言次数确实体现了训练的价值。

六、小结与建议

通识核心课程在复旦大学的本科教学改革中先行一步，用小班研讨撬动主动学习，促进了学习投入，并使学生在讨论课上实践交往理性，习得更具活力的通识学习方式。实证调查结果显示，学生对通识核心课程中小班研讨的实施效果较为满意，小班研讨显著深化了对课程知识的理解，使学生接触到并包容他人看待问题的不同视角与立场，提升交流、合作、观点辨识等研讨所需的各种高阶能力。五次小班研讨的训练强度给学生增加了平均每周两小时的学业量，但从学生的学习收获来看，这样的代价是值得的。

在对小班研讨效果影响因素的探究中，我们发现，授课教师出席、主持讨论能够增进学生的交往理性；而设置学生感兴趣的讨论主题，将不同学科背景的学生分为一组，增大学生在讨论中的参与频度，以及强调学生在讨论后的总结与反思能够显著促进学生在知识深化、研讨能力和交往理性实践三个方面的收获。但是，讨论稿的字数与学生对于讨论效果的自我评价呈现显著的负相关。基于上述结果，我们对小班研讨的教学实践提出以下建议。

（一）教师亟须对学生在讨论中的表现构建明确、合理的评价标准。在实践中，教师往往以讨论稿的质量作为评价学生课程学习情况的依据。但是，讨论稿反映出的仅仅是学生在讨论前的准备，而讨论课的真正目标是让学生在与他人现场思想碰撞和观点交锋中加深对问题的理解与认知，知行合一地磨练表达沟通技巧，养成并践行交往理性等——而讨论稿是知行分离的。因此不仅不能以讨论稿作为评分的依据，反而应当给讨论稿设定篇幅上限。那么，为了实现更符合小班研讨教学目标的评价，教师必须增加亲历讨论现场的工作量，或者引入远程视频等新技术，从而使评价方式与小班研讨真正匹配。

（二）助教与教师仍比较缺乏关于有效组织、激发、引导讨论的经验，急需培训支持。教师和助教要避免学生"只念稿不讨论"等"不会讨论"的现象，否则学生付出了额外的时间，却得不到应有的收获。此外，复旦大学已经实现了行之有效的助教遴选和培训机制，并且从无到有产生了一批经验丰富的资深助教，通过他们积累起客观的适合各种内容、主题的组织讨论技巧与心得。

（三）政策制定者与教师需要思考如何更好地激发学生主动的学习投入。教师主持讨论的效果好于助教，这反映的可能是组织、点评讨论水平的高下，也可能是学生的功利化取向——评分的往往是教师而非助教。研究结果表明，自主的学习动机、投入与反思能够显著促进学生的收获，而当前的学业评价机制高度重视分数，这可能会影响学生自主的学习意愿。另一方面，在这样的背景下，小班研讨正是一种激发主动学习与思考的教学形式。政策制定者和教师当形成合力，经过实践的探索与改进，更好地发挥小班研讨的育人价值，激励学生自主学习。

置于中国大学教育教学改革的视野下，此项改革还具有独特的案例价值。以下三项制度性特征值得关注：

第一，全体规模。复旦大学通识教育核心课程的"大班授课、小班研讨"改革不是先以少数被选拔者或志愿者作"试验区"，而是每一届全体本科生都将迎接这项挑战。基于高等教育大众化背景和既有教育资源的不齐分布，进行"试验区"式的改革容易实现理想，但不应止步于此。复旦大学秉持校内无特权的教育理念，在此前少数课程教师自发开展小班研讨并达到不错效果后跨出全校一致推行的一大步，难免有少数不理想的实践个案给改革带来负面评价，但真正的改革者应能够顶住这种压力。

第二，"摸着石头过河"路线。此次改革以教育教学理念和目标为先导，资源配置、教学管理制度和小班研讨的形式随之很快确立，然而最初管理者、教师、助教、学生等总体上对小班研讨都缺乏具体经验。现实证明，经验必须在实践中积累。虽然起初由于不得要领，讨论的收效有限，但只要积极投入，学生、助教和教师都会不断试错、重组和自适应，几次讨论以后，效果大幅提升，还能推介有益经验。可见，教育教学改革不能总是等到所有资源都具备了才开始，带着积极的理念和目标先做起来，教学资源就会逐渐形成；不开始做，教学资源则始终不会完全到位。

第三，从增量到结构升级。改革之初，一、二模块的通识教育核心课程增加了课外小班研讨而没有增加学分，培养方案的其余部分也没有减少学分，结构没有改变。可是大学的课程教学改革是个系统工程，在目标众多而学时有限的本科阶段，改革不可能只做增量。以增量改革起步是为了稳妥，而后续就要升级结构了。目前，此项改革已经实施了近两年，复旦大学通识教育中心已考虑为"大班授课、小班研讨"的课程特设大学分，将小班研讨和复旦书院的读书活动、与导师互动环节打通，从而避免额外增加课业，强化立体育人的系统合力。

第三节　发现线上通识教学质量的双面性

2020年初,"新冠"疫情暴发。全国高校响应"停课不停学"号召,所有课程转型为线上教学。2020年春季学期成为了线上高等教育课程发展历史上的重要转折点。疫情前,国内只有少数大学提供线上课程。我国对于线上课程的理论探讨远多于有效的实证研究。此次疫情造成的授课方式转型,为学者们研究线上教学形式及发展方向提供了大量研究素材,创造了系统评估线上教学优劣势的研究条件。借助于我们的通识课程调查数据,我们尝试回答在2020年春季学期全国范围内的线上高等教育课程质量究竟如何。

测量线上课程的效果涉及两个角度:第一是学生是否喜欢线上教学形式和为什么喜欢;第二是相较于线下教学形式,线上课程实际教学效果如何。第一种角度的测量通常采取描述性统计和质性研究,通过学生汇报线上线下的主观偏好来衡量他们对于教学形式的喜好。第二种角度利用组间设计进行定量比较,通过线上线下课程对照组比较,评测线上教学的效果或质量。此类研究须拥有线上和线下两组数据。因为测量角度和方法的差异,两种方法各有优劣。过去的文献鲜少有从两个角度进行梳理,形成系统的线上教学评测结论。结合这两个角度后还会引发新的疑问:学生对于线上课程的喜好可以代表线上课程的实际质量吗?线上课程教学质量高就可以赢得学生的喜爱吗?如果学生喜好和教学质量无法达成一致,那又是因为什么呢?

基于以上国际教育发展趋势和国内独特条件,本节利用《中国高水平大学课程教与学追踪调查(CUCE)》数据库,探索2020年春季学期线上课程质量。CUCE数据库对国内多所顶尖大学进行了多年的通识课程评测工作，不仅收集了 2020 年春季学期的线上教学数据，更拥有过去四年线下课评数据。结合主观偏好和对照组比较两种方法，从两个层面精准回答关于线上课程相较于线下课程在课堂体验、学业投入和课程满意度三方面优劣性的种种疑问。

一、文献综述

对于线上教学效果的结论，目前文献争议较多、各执一词。最早也最具代表性的研究来自于 Russell[1]，他认为如能恰当运用有效教学方法，比如充分的师生互动[2]和清晰的课程设计[3]，线上课程教学效果不逊于现场课程。其他一些研究也发现了类似结论。当老师提供高质量教学和师生互动机会[4]，比如小组讨论、角色扮演、案例分析等[5]，线上高等教育课程可以促进学生的学业投入，保证线上教学效果。

过去线上教学没有成为学历教育中的主流，其课程设置和内容很难与线下课程进行系统性的比较。许多人认为线上教学无法提供媲美线下教学的高质量的课程。有研究发现学生在线上课程的学业

---

[1] T. R. Ramage, The "no significant difference" Phenomenon: A Literature Review, 2002, http://spark.parkland.edu/ramage_pubs/1/, 2020-09-02.

[2] M. Clark-Ibanez, L. Scott, "Learning to Teach Online," *Teaching Sociology*, 2008, 36(1), pp. 34-41.

[3] S. Tucker, "Distance education: Better, Worse, or As Good As Traditional Education?" *Online Journal of Distance Learning Administration*, 2001, 4(4), https://eric.ed.gov/?id=EJ643442, 2020-09-03.

[4] M. D. Dixson: "Creating Effective Student Engagement in Online Courses: What Do Students Find Engaging?" *Journal of the Scholarship of Teaching and Learning*, 2010, 10(2), pp. 1-13.

[5] M. Britt, D. Goon, M. Timmerman, "How to Better Engage Online Students with Online Strategies," *College Student Journal*, 2015, 49(3), pp. 399-404.

表现和现场课程接近[1],但学生普遍的学业投入[2]、满意度[3]均低于线下课程。学生对于线上课程的复课率也较低[4]。主要原因是线上课程,尤其是录播课程,缺乏足够的师生互动,学生在课堂中难以产生强烈的参与感[5],而课堂互动恰恰是影响学生课堂体验和学业投入的最重要的因素[6]。同时线上课程需要学生投入更多时间和精力,额外的时间投入会提升学生的学业成绩,但更多的学习时间不代表更好的课堂体验、学业投入和满意度。学生很可能纯粹为了成绩而去学习,对于课程质量本身并不认同。可见,学生的学习行为和主观满意度,不代表课程质量,更不等同于他们的学业表现。因此,衡量线上教学应该从多角度入手,汇总分析。

综上,线上线下形式孰优孰劣难以定论的原因是,学生是否喜欢一门课是课程提供的知识层面以外的因素在发挥作用。师生互动情况、教师的课堂行为、学业投入等均会造成影响。完整的授课形式比较研究不仅要考虑到课程本身各个层面的评测,也要结合学生

1　B. Means, Y. Toyama, R. Murphy, et al., "The Effectiveness of Online and Blended Learning: A Meta-analysis of the Empirical Literature," *Teachers College Record*, 2013, 115(3), pp. 1-47.

2　参见如下文献,C. C. Robinson, H. Hullinger, "New Benchmarks in Higher Education: Student Engagement in Online Learning," *Journal of Education for Business*, 2008, 84(2), pp. 101-109 ; A. D. Dumford, A. L. Miller, "Online Learning in Higher Education: Exploring Advantages and Disadvantages for Engagement," *Journal of Computing in Higher Education*, 2018, 30(3), pp. 452-465。

3　J. J. Summers, A. Waigandt, T. A. Whittaker, "A Comparison of Student Achievement and Satisfaction in An Online Versus a Traditional Face-to-face Statistics Class," *Innovative Higher Education*, 2005, 29(3), pp. 233-250.

4　参见如下文献,K. Frankola, "Why Online Learners Drop Out," *Workforce-Costa Mesa*, 2001, 80(10), pp. 53-59 ; A. P. Rovai, "In Search of Higher Persistence Rates in Distance Education Online Programs," *The Internet and Higher Education*, 2003, 6(1), pp. 1-16。

5　L. L. Maguire, "Literature Review–faculty Participation in Online Distance Education: Barriers and Motivators," *Online Journal of Distance Learning Administration*, 2005, 8(1), pp. 1-16.

6　陈武元、贾文军:《大学生在线学习体验的影响因素探究》,《华东师范大学学报(教育科学版)》,2020年第38卷第7期,第42—53页。

主观倾向层面的影响。所以本节关注于两个层面的线上教学评测，学生主观偏好与课程效果对照组比较研究。研究内容围绕课程教学效果最核心的三个方面：学生的课堂体验、学业投入和课程总体满意度。

二、研究设计

（一）主观偏好和对照组比较双重检验的必要性

如上所述，为了结合"学生喜好"和"课程质量程度"两点，并从研究方法上多角度完善对于线上教学的探索研究，采用了主观偏好和对照组比较两重研究方法检验线上教学效果。

首先，主观偏好评测对象通常为"学生对于线上课程的喜好和原因"，大多被使用于仅有线上课程数据的描述性统计研究，搭配少量定量比较分析。一般采用的问卷形式，让学生根据以往线下课程经验来对于线上课程打分，自行汇报个人对于线上和线下两种教学形式在教与学方面的偏好。这样的研究有几大缺陷：第一，主观偏好问卷只能展现学生是否喜欢线上教学课程，以及教与学方面哪些方面他们比较满意等，但无法评测实际课程质量的程度。第二，即使学生做出主观比较，学生对于过去线下课程的经验来自于不同的课程，和线上课程不具备教学效果的可比性。第三，学生主观课评分数侧重于习惯和个人偏好。学生多年对于线下教学形式的依赖性，很容易使得线上教学形式分数较低，实际课程效果被低估。第四，主观打分的高等教育课评问卷很容易存在样本偏差[1]，愿意完成问卷

---

1 M. Goos, A. Salomons, "Measuring Teaching Quality in Higher Education: Assessing Selection Bias in Course Evaluations," *Research in Higher Education*, 2017, 58(4), pp. 341-364.

调查的学生和未参加调查的学生存在样本差异，导致评分数据不一定能够反映真实且完整的教学体验。碍于这五点，主观偏好的研究无法提供有效的线上线下客观质量程度比较的结论。

虽然有很多局限性，但主观偏好仍可以提供大量学生对于线上教学的看法和感受。正因为其方法的主观性，缺陷正是优势。主观评分可以完美展现出学生对于线下教学形式的强烈习惯性。这样对于线下课程形式的依赖性在线上课堂实践中的影响是不能被忽略的，也是课评最重要的层面之一。所以主观评价应该应用于学生对于线上教学形式的偏好和倾向性的研究中，弱化此方法对于线上线下形式效果比较上的检验。故此，文中针对线上课程设计了一整套关于学生对于线上课程偏好的问题，并且搭配对照组比较研究，弥补主观偏好测评在课程质量程度方面的局限性。

其次，线上线下对照组比较的研究方法，可以从统计上进行两种教学形式在课堂体验、学业投入和课程满意度三方面的课程质量程度比较研究。这种方法着重于匹配同一门课程在两种教学形式下的形态，来衡量线上形式对于这门课程质量的影响程度。但过去使用此方法的文献经常缺乏足够严谨的定量实验设计。主要原因是缺少针对本科生、严格对照组、跨越多个专业的线上线下对照组数据。这类局限性在国内在线高等教育课程的研究中尤为突出。首先，疫情前，线上高等教育课程通常并不会单纯移植线下课程，线上课程的目标学生、内容和老师一般都会为了网络授课而进行重新设定。其次，过去大部分在线高等教育课程都是录播形式。学生无法在网络课程中实时与老师互动。使得过去的线上课程和现场课程在师生互动模式上就存在根本性差异。另外，过去很多线上课程研究都是针对研究生、职业教育类和非学历类课程。针对本科生，并且跨越多个专业的研究较少。故此，形成严谨对照组的比较研究在线上课程领域存在大量研究空白。

对照组比较的优势显而易见,可以提供严谨的统计学计算,通过控制同一门课程在两种教学形式下,教材、老师、课程内容的统一,减少教学形式以外的潜在协变量。利用计算显著性和效应量,来回答课程在线上和线下效果差距的学术问题。定量比较结果可以从数字上精准回答"课程变成线上教学形式后,质量程度到底如何变化"这一问题。

结合主观偏好和对照组比较两种方法,既可以再次验证之前关于线上教学效果的理论,又可以在探索学生对于线上课程形式的偏好和习惯之外,提供一个更加具有科学有效性的课程形式质量的结论。以此勾勒出一个结合学生主观感受和课程效果,更加完整的关于线上课堂体验、学业投入和满意度的比较研究。

(二)研究问题与假设

基于以上的研究思路和设计,有以下两点研究问题与相应假设:

问题及假设一:本部分旨在探索相较于线下教学,课堂体验、学业投入和课程总体满意度三个方面,学生在主观评价上是否更加喜欢线上形式课程。基于过去文献和学生多年线下学习经验,本论文假设更多学生会倾向于他们熟悉的线下授课方式。

问题及假设二:本论文将探讨在课堂体验、学业投入和课程总体满意度三个方面,线上形式对于课程效果的影响有多大,即同一门课程从线下转移到线上后,学生对于课程效果评分的变化。本论文假设,同一门课程在线下教学形式下会取得更加优异的学生评价数据,即线下课程形式在课堂体验、学业投入和课程总满意度三方面的效果会更好。

三、数据说明及描述

（一）数据基本情况

数据来源为《中国高水平大学课程教与学追踪调查CUCE》（2015—2020）数据库，本研究选用了A、B和C三所高校2016年至2019年的部分学期及2020年春季学期的通识课程面板数据。A、B、C三所大学皆为我国知名双一流高校，两所位于北京，一所位于武汉。使用的数据有两大特点，一是选取高水平大学，另一点是选取通识课程为研究目标。选取高水平大学初衷是校内学生对于优质课程的体验较丰富，可以反馈更准确的评课数据，使研究结论更加科学可信。通识课程的选课学生囊括各个专业与年级，课程内容更为基础，而专业课程受专业差异的影响较大，故本部分内容只选用通识课程数据。所涵盖的三所学校的通识核心课程开设时间长、有成熟完整的课程体系，教学质量高，可以代表我国高水平本科课程教学的一般情况。

由于"新冠"疫情的影响，2020年春季学期的通识课程形式皆为在线教学，因此线上数据全部来自2020年春季学期。线下课程来自于2016年到2019年部分学期。数据收集主要采取网络问卷和教务处记录的客观课程教学数据的方式，在结课时通过课程助教或教务处网站进行发放与回收。

为了保证相对严格的比较研究，即线上课程作为实验组，线下课程作为对照组，在此选取了三所学校2016到2019年个别学期和2020年春季学期相同课程进行横向对比。由于疫情为突发状况，各高校临时将现场课程转为线上授课。该课程的授课教师、教材、授课内容、教学大纲等无法在短期内做出重大调整，可以推断两种教学形式下除教学形式和学生群体具有差异性外，其他课程和老师的相关外在因素基本保持一致。

如表31所示，调研采用有效样本共10715份，线下教学样本占58.46%，在线教学占41.54%；其中56.05%为男生，43.95%为女生。样本囊括从大一到大四的学生，大四选修通识核心课程人数较少。大一占68.49%，大二到大四分别占16.95%、10.49%和3.72%。根据学生高中生源省份，分为东中西部3个地区；将具体专业划分为人文学科、社会学科等5个专业大类。考虑到父母受教育程度的代际影响，按照学历层次，将父母受教育程度划分为5个层级，分别是初中及以下、高中及中专、大专技校、本科和硕博士。除性别和高中生源地缺失为6.5%左右外，各人口学和教育学背景变量样本缺失均在2.5%以内。因为性别和高中生源地作为协变量在后续定量分析中基本不显著，在此对于缺失值不作处理。

样本内的中部学生最多（47.00%），专业主要集中在工程技术科学（37.40%），父母整体受教育水平较高，父母受教育水平为大专以上分别占53.89%和46.69%，高于我国整体受教育情况。综上，样本对我国高水平双一流大学的本科生情况代表性良好。

表31 样本基本情况

变量	维度	线下 N(%)	线上 N(%)	总计 N(%)
学校	A	4028(64.30)	3367(75.65)	7395(69.02)
	B	981(15.66)	408(9.17)	1389(13.00)
	C	1255(20.00)	676(15.19)	1931(18.00)
性别	男	3528(56.30)	2099(55.60)	5627(56.05)
	女	2736(43.68)	1676(44.40)	4412(43.95)
年级	大一	4241(68.01)	3078(69.17)	7319(68.49)
	大二	1111(17.82)	700(15.70)	1811(16.95)
	大三	625(10.00)	496(11.15)	1121(10.49)
	大四	249(3.99)	148(3.33)	397(3.72)
高中生源地区	东部地区	1696(30.7)	1451(32.62)	3147(31.55)
	中部地区	2593(46.91)	2096(47.12)	4689(47.00)
	西部地区	1239(22.41)	901(20.26)	2140(21.45)
专业大类	人文学科	797(12.70)	739(16.60)	1536(14.34)
	社会科学	1176(18.80)	912(20.49)	2088(19.49)
	自然科学	1184(18.90)	998(22.42)	2182(20.40)
	工程技术科学	2535(40.47)	1472(33.07)	4007(37.40)
	医学科学	397(6.30)	241(5.40)	638(6.00)
父亲受教育程度	初中毕业或以下	1322(21.54)	985(22.7)	2307(22.02)
	高中、中专	1455(23.71)	1068(24.61)	2523(24.09)
	大专技校	881(14.36)	651(15.00)	1532(14.63)
	本科	1986(32.37)	1297(29.89)	3283(31.34)
	硕博士	492(8.02)	338(7.79)	830(7.92)
母亲受教育程度	初中毕业或以下	1744(28.42)	1200(27.66)	2944(28.1)
	高中、中专	1483(24.16)	1157(26.67)	2640(25.2)
	大专技校	953(15.50)	667(15.37)	1620(15.46)
	本科	1633(26.61)	1098(25.31)	2731(26.07)
	硕博士	324(5.28)	217(5.00)	541(5.16)
总计		6264(58.46)	4451(41.50)	10715

注：东中西部地区的划分来自我国的行政划分，东部地区包括北京、天津、河北等11个省（市）；中部地区包含山西、吉林、黑龙江等8个省（市）；西部地区包含四川、重庆、贵州等12个省（市）。

（二）因变量设计

如上所述，本研究设置了两重比较，主观偏好比较和对照组比较。针对不同研究角度使用不同评测量表。

主观偏好比较量表为本研究专门针对 2020 年春季学期线上课程设计的 13 道题项（表 32）。学生自我汇报在各个教与学层面下，线上和线下哪种教学形式效果更好，主观上更加偏好于哪一种。这 13 道题基于线下课程的三个维度，分别为线上线下"主观授课形式偏好"之课堂体验、学业投入和课程满意度。针对每一个题项，学生在"线上学习""线下学习""差不多或说不清"中选择一项，最终的比较数据既为每一道题项在三个答题选项中样本数量的百分比。

对照组评测为 2020 年春季线上授课形式与同一门课程在过去线下授课形式中课评得分的横向比对。碍于疫情的突发性和线上形式转化的仓促性，线上线下两种形式中老师、教材、教学内容和教学大纲大致相同，形成较为严格的对照组。为了更加全面、整体地描绘学生在线上及线下课程的学习情况，研究参考了 CEQ（Course Experience Questionnaire）、NSSE（National Survey of Student Engagement）、NSSE-China[1] 等多个国内外成熟问卷，经过多次实践和适应性的调整，设计了线上线下课堂体验、学业投入和课程满意度三个一级对照组比较指标，多角度测评教与学情况（表 32）。

课程满意度采用李克特 5 点量表，以 1—5 等距赋值（1= 不满意，2= 不太满意，3= 一般 / 无所谓，4= 比较满意，5= 非常满意）；课堂体验和学业投入则以 1—4 等距赋值（1= 不同意，2= 不太同意，3= 比较同意，4= 非常同意），回答者从中选择一项。

1　P. Ginns, M. Prosser & S. Barrie, Students' Perceptions of Teaching Quality in Higher Education: the Perspective of Currently Enrolled Students, *Studies in Higher Education*, 32(5), pp. 603-615.

虽然本研究对于课程评价进行了各级别变量维度划分，但为了更加细致深入了解学生的课程教与学反馈，将针对性地对每一道题项做出数据分析，即报告每一个题项线上线下对比数据结果。

除学生主观课程评价报告外，本研究也曾考虑加入成绩变量作为学生课程收获的客观参考指标。但是我们了解到，受突发疫情影响，大量线上课程的作业、期末考核与评分形式临时进行了调整，使得 2020 年春季学期的给分成绩与往年历次授课不具有可比性。

表 32 主观偏好及对照组比较因变量题项汇总

指标分类	主观偏好比较题项	对照组比较题项
课堂体验	使我学习起来更加专注	学期初老师明确给出课程规划
	更符合我个人的学习节奏或需求	老师提供明确的学业评价标准
	对知识的掌握更扎实、透彻	老师为上好这门课做了充足的准备
	作业要求和评价标准更明确	老师的讲授清楚、明白
	课堂气氛更好	老师对开展课程有明确的要求和指导
	教师更了解我的学习情况	课程内容的逻辑性强
	教师的反馈更及时	课程内容富有挑战性，有一定的深度和难度
	我和老师交流得更多	老师的教授过程能照顾到我们的接受程度
		老师对学生问题及观点持开放态度
		老师能有效地引领学生展开讨论
		讲授富于启发性，能激发求知欲
		作业或阅读材料对学习确实有帮助
学业投入	学习热情更高	努力思考提问、主动提问或参与讨论
	学习效率更高	质疑老师的观点
	课外投入的学习时间更多	反思并评价自己的学习过程
	同学们更乐于发言或提问	上课时做无关的事
		课后和同学讨论课程相关内容
		和老师讨论课程相关问题

续表

指标分类	主观偏好比较题项	对照组比较题项
学业投入		每周课后花费多长时间
		期末花费时间
		课后阅读量完成
		上课前没有完成规定的阅读或作业
课程满意度	我个人更喜欢	教学目标
		教学活动的组织方式
		教学内容与教材
		考核与评价方式
		教师的投入程度
课程满意度		我的投入程度
		我的收获

四、研究方法与结果

针对研究问题一,研究采用描述性统计,展现学生对于各个教与学课评维度下对于教学形式的主观偏好。对于研究问题二,研究采用协方差分析(Analysis of Covariance)。协方差分析是在有效控制协变量的情况下,用于检验两个或多个群组间平均值的显著差异[1]。检验前提假设均通过验证。协方差分析对照组间样本数量差异小于 1.5 倍,针对方差不齐的题项,显著差异结果也可成立[2]。协方差分析中自变量为上课方式,取值为 1= 线上教学,0= 线下教学。学校、性别、专业大类、年级、高中生源地区、父亲受教育程度和

---

[1] E. G. Carmines, J. P. McIver, "Analyzing Models with Unobserved Variables: Analysis of Covariance Structures," in G. W. Bohrnstedt, E. F. Borgatta (eds.), *Social Measurement: Current Issues*, Beverly Hills: Sage Publications, 1981, pp. 65-115.
[2] 参见如下文献,李怀龙、徐影:"教育实验效应显著的表现:方差不齐与非正态分布",《统计与决策》2014 年第 5 期,第 17—19 页;B. J. Winer, *Statistical Principles in Experimental Design*, New York: McGraw-Hill, 1962。

母亲受教育程度作为控制变量加入分析。

（一）主观偏好方面，学生更倾向于线下学习

表33　主观偏好比较各选项样本数量及百分比结果

指标分类	因变量	偏好线下 N	偏好线下 %	偏好线上 N	偏好线上 %	差不多或说不清 N	差不多或说不清 %
课堂体验	使我学习起来更加专注	2504	56.26	982	22.06	965	21.68
课堂体验	更符合我个人的学习节奏或需求	2056	46.19	1649	37.05	746	16.76
	对知识的掌握更扎实、透彻	2336	52.48	1096	24.62	1019	22.89
	作业要求和评价标准更明确	1990	44.71	1334	29.97	1127	25.30
	课堂气氛更好	2605	58.53	1145	25.72	701	15.75
	教师更了解我的学习情况	2203	49.49	917	20.60	1331	29.90
	教师的反馈更及时	1997	44.87	1436	32.26	1018	22.87
	我和老师交流得更多	1786	40.13	1367	30.71	1298	29.20
学业投入	学习热情更高	2326	52.26	1065	23.93	1060	23.81
	学习效率更高	2336	52.48	1224	23.81	891	20.02
	课外投入的学习时间更多	1672	37.56	1570	35.27	1209	27.16
	同学们更乐于发言或提问	1825	41.00	1911	42.93	715	16.06
课程满意度	我个人更喜欢	2124	47.72	1448	32.53	879	19.75

		0%	20%	40%	60%	80%	100%
课堂体验偏好	使我学习起来更加专注		56.26		21.68		22.06
	更符合我个人的学习节奏或需求		46.19		16.76		37.05
	对知识的掌握更扎实、透彻		52.48		22.89		24.62
	作业要求和评价标准更明确		44.71		25.30		29.97
	课堂气氛更好		58.53		15.75		25.72
	教师更了解我的学习情况		49.49		29.90		20.60
	教师的反馈更及时		44.87		22.87		32.26
	我和老师交流得更多		40.13		29.20		30.71
学业投入偏好	学习热情更高		52.26		23.81		23.93
	学习效率更高		52.48		20.02		23.81
	课外投入的学习时间更多		37.56		27.16		35.27
	同学们更乐于发言或提问		41.00		16.06		42.93
课程满意度	我个人更喜欢		47.72		19.75		32.53

■ 偏好线下　■ 差不多或说不清　■ 偏好线上

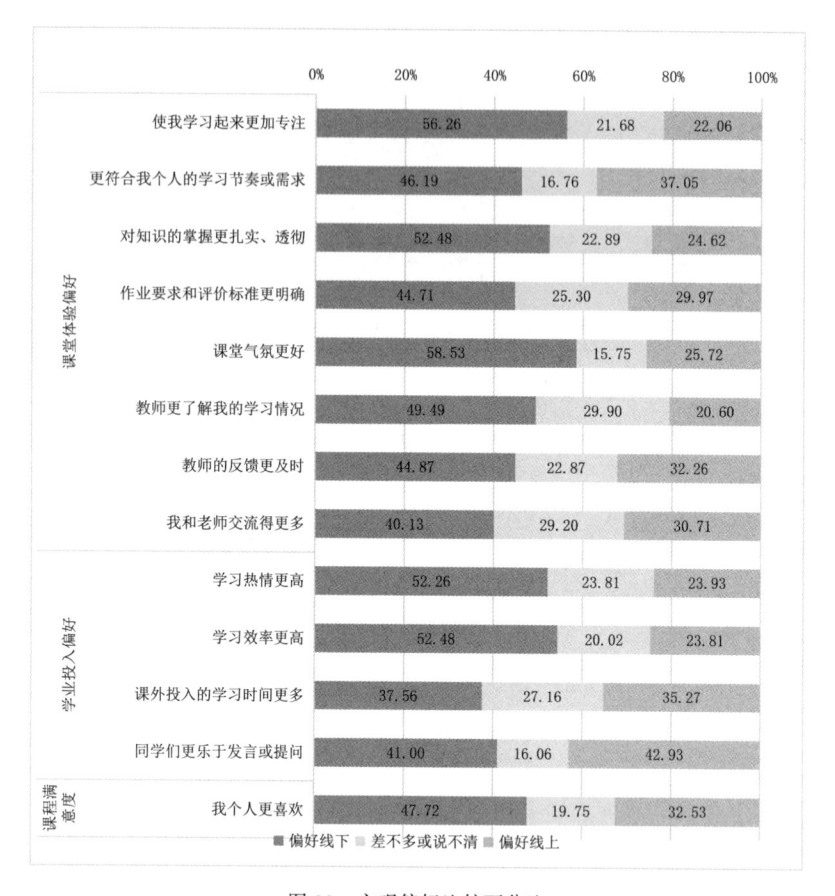

图 33　主观偏好比较百分比

如表 33、图 33 所示，针对研究问题一，学生的线上线下形式主观偏好分析显示，课堂体验、学业投入和课程满意度的 13 个题项内，与线上教学相比，大部分学生更偏好于线下授课方式，与研究的假设一致。尤其最后一道题"我个人更喜欢"上，47.72% 的学生明确表示自己更喜欢线下授课，只有 32.53% 喜欢线上授课。而在"课外投入的时间更多""同学们更乐于发言或提问"两个来自学业投入偏好的题项中，选择线上与线下教学形式的人数相近，说明学生主观上，在两种授课形式下的学习行为投入没有明显的倾向性，更多是对现场授课本身的设置和互动形式上存在强烈的习惯性。该结果和以往研究相一致。线下课程更容易产生师生互动[1]，在语言交流外还有更多表情和肢体动作，让课堂体验更加立体，也符合人类社交有效沟通和知识传递的需求。另外，现场线下课程是沿袭千年的课堂形态。在进入大学之前，学生们12年的基础教育都是在线下课堂中获得。线下传授和吸取知识的过程是他们熟知并且习惯的。且不论线上课程是否真的无法比拟现场课程的效果，从习惯转变角度来说，大学生确实很难在主观上接受线上课程。但学业投入中具体的学习行为排除了主观习惯性的影响，所以在学业投入两个题项中选择线上线下人数接近。

（二）对照组比较中，线上形式效果优于线下

针对研究问题二，协方差分析结果表明，同一门课程所收集的2020年线上课程数据，在课堂体验、学业投入和课程满意度三方面的各题项得分均显著高于此门课程在过去线下授课中的得分（表34）。效应值均在0.04左右或者以下，说明线上教学形式最多只提升了大约4%左右的课程效果。这意味着教学形式对于学生课堂体验和效果有影响，但影响程度非常小。这也侧面反映课程的形式，无论传统的线下授课还是通过移动互联网上课，并不会很大程度影响学生的课堂体验，课程本身内容质量才是其核心。

课堂体验方面，转为线上教学后学生们对于课堂听讲和互动方面更为满意。学生普遍认为老师准备更加充分且课程设置更加清晰，比如"老师对于开展线上课程有明确的要求和指导"，并"提供了明

---

1 A. Y. Ni, "Comparing the Effectiveness of Classroom and Online Learning: Teaching Research Methods," *Journal of Public Affairs Education*, 2013, 19(2), pp. 199-215.

确的学业评价标准"。老师对于"激发学生的求知欲"和"师生互动上"也表现更为优异。学业投入中，不论是学业课堂投入还是课后投入，线上学习都优于线下学习。学生在线上课程中，会更加频繁地参与课堂活动，和老师同学的讨论也相应增多；课后也花费了更多的时间学习和完成作业。课程满意度中，学生对线上教学形式中教师、课堂及自身都更为满意。总体来说，在对照组比较中，无论是对老师的准备和安排，课堂的感受，还是对学生自我投入和收获的评价，2020年春季线上课程得分都高于同一门通识课程在线下教学的得分。虽然和研究的假设相反，但研究的对照组比较结果和过去文献相呼应，当线上课程运用了大量有效互动教学方法，比如课堂讨论和清晰的课程设置，线上课程效果和现场课程相接近，甚至超越现场课程。

对照组比较的发现与主观比较的结果截然相反。学生主观上偏好线下课程，但对照组比较得分中，线上教学明显高于线下教学。无论主观偏好还是对照组比较，学生都认为两种教学形式需要大量的学业投入，线上学习甚至需要额外在课前课后有所投入。

表34 对照组比较协方差分析结果

指标	变量	线下		线上		方差分析	效应量
		Means	S.E.	Means	S.E.	F	Partial η2
课堂体验	学期初老师明确给出课程规划	3.42	0.01	3.61	0.01	204.16***	0.022
	老师提供明确的学业评价标准	3.20	0.01	3.47	0.01	264.80***	0.030
	老师为上好这门课做了充足的准备	3.67	0.01	3.70	0.01	8.76**	0.001
	老师的讲授清楚、明白	3.51	0.01	3.68	0.01	160.48***	0.018
	老师对开展课程有明确的要求和指导	3.34	0.01	3.61	0.01	360.91***	0.039
	课程内容的逻辑性强	3.42	0.01	3.64	0.01	231.11***	0.025
	课程内容富有挑战性,有一定的深度和难度	3.42	0.01	3.60	0.01	158.39***	0.017
	老师的教授过程能照顾到我们的接受程度	3.37	0.01	3.59	0.01	221.08***	0.024
	老师对学生问题及观点持开放态度	3.60	0.01	3.68	0.01	48.76***	0.005
	老师能有效地引领学生展开讨论	3.38	0.01	3.57	0.01	151.18***	0.017
	讲授富于启发性,能激发求知欲	3.40	0.01	3.62	0.01	228.51***	0.025
	作业或阅读材料对学习确实有帮助	3.34	0.01	3.57	0.01	243.59***	0.026
学业投入	努力思考提问、主动提问或参与讨论	2.81	0.01	2.96	0.01	71.37***	0.008
	质疑老师的观点	2.20	0.01	2.21	0.01	0.44	0.000
	反思并评价自己的学习过程	2.65	0.01	2.80	0.01	68.01***	0.007
	上课时做无关的事	2.89	0.01	3.09	0.01	120.38***	0.013
	课后和同学讨论课程相关内容	2.62	0.01	2.77	0.01	57.47***	0.006
	和老师讨论课程相关问题	2.20	0.01	2.37	0.02	65.81***	0.007
	每周课后花费多长时间	2.86	0.02	3.23	0.02	222.33***	0.024

续表

指标	变量	线下 Means	线下 S.E.	线上 Means	线上 S.E.	方差分析 F	效应量 Partial η2
学业投入	期末花费时间	4.05	0.02	4.45	0.02	158.16***	0.017
	课后阅读量完成	3.97	0.02	4.06	0.03	4.93**	0.001
	上课前没有完成规定的阅读或作业	3.26	0.01	3.36	0.01	28.30***	0.003
课程满意度	教学目标	4.22	0.01	4.45	0.01	191.29***	0.021
	教学活动的组织方式	4.15	0.01	4.43	0.01	246.22***	0.027
	教学内容与教材	4.20	0.01	4.46	0.01	221.01***	0.024
	考核与评价方式	3.93	0.01	4.29	0.01	373.78***	0.040
	教师的投入程度	4.46	0.01	4.59	0.01	76.22***	0.008
	我的投入程度	3.79	0.01	4.12	0.02	282.55***	0.030
	我的收获	3.91	0.01	4.25	0.01	337.63***	0.036

注：控制变量：学校、性别、专业大类、高中生源地地区、年级；*$p < 0.05$；**$p < 0.01$；***$p < 0.001$

五、结论与讨论

在试图解答"学生是否喜欢线上课程"和"线上课程质量程度高低"两个问题过程中，发现了似乎相互矛盾的结论。结论的差异性主要由于不同的评测角度和线上课程的实际应用现状导致。以下是对于矛盾结论反映出的现实线上教学状态的讨论。

（一）学生喜好不代表教学效果

如上所述，主观偏好侧重于学生个人对于两种教学形式的感受，而对照组比较是在衡量两种教学形式对于同一门课程效果的影响程度，所以相反的结论恰恰描绘了完整的线上教学形式现状。2020年春季学期线上课程是在应急和社会隔离状态下展开。这样前所未有的紧张社会环境，无所适从的全新教学形式，以及额外的学业量，都容易让学生对线上教学产生主观抵触情绪和压力。并且，学生在主观上还无法摆脱对于线下学习习惯多年以来的依赖性，对于线上形式还有诸多的不适应。但这无法代表线上教学效果不好。学生一边自我汇报自己偏好线下教学，一边在对照组中比较发现学生的"我的收获"在线上课程中更高，恰好反映了这种矛盾的状态。

（二）授课教师为适应线上教学投入增加

转变为在线教学后，老师的投入和准备工作明显增加，在全新的授课条件下或主动或被动地开展教学创新，并且更关注学生的反馈。这些教学努力很可能让学生的课堂体验和学业投入随之提升。对照组比较数据中发现，学生能感受到老师对于课程的准备工作更加认真。比如在"老师为上好这门课做了充足的准备""老师的教授过程能够照顾到我们的接受程度""在学期初老师明确给出了课程规划"这三个题项上，线上教学组的得分远高于线下教学对照组。当然，本节只关注高水平大学，由于该群体教师和学生的素质较高，样本代表了中国目前大规模在线教学所能实现的最佳状态。顶尖大学掌握更多硬件资源和教育资源，可以最大程度保证线上课程的技术支持的稳定性，同时可以为老师开展一系列线上课程培训项目，帮助老师从线下教学过渡到线上教学[1]。普通高校教师对于全新线上教学形式的适应性、投入程度和学校的支持程度，都可能降低。故此，本节的结论应用到资源有限的普通高等院校时具有一定局限性。对于不同水平高等院校线上课程的研究还有待学者的分层分析。

---

1 范国睿：《后大流行时代的教育生态重建》，《复旦教育论坛》2020年第18卷第4期，第12—28页。

（三）线上教学成为一种选择

本研究对照组比较结果的低效应量表明，线上教学形式提高了课程效果，影响存在，但程度有限。所以就课程质量提升而言，线上教学形式只会在有限程度内影响课程质量。老师的专业水平和课程内容才应该是课程质量更本质的要素。当师生互动，课程设置，课前准备等教师行为达到一定水准，线下线上便不是主要影响课程质量的因素。所以，线上教学形式作为一种教学工具，不存在较大的对于课程优劣性的影响。疫情大大推进了全体师生对线上教学软硬件的应用，使线上教学成为一种没有太多技术性障碍的选择项，而未来要进一步提升课程教学质量和学习效果，讨论依旧还要回到人的层面。

六、总结

因为疫情突发原因，线上教学临危受命。不仅是对于学生的巨大考验，更是对高校管理层和老师们的挑战。我们的研究明确显示，虽然学生还无法完全接受线上教学，但老师和学生都积极应对线上学习，投入了大量时间和精力，使得线上课程效果甚至超越了线下课程。从这一角度，疫情下我们国家对于线上高等教育课程的扶持，及高校对于线上课程的开展工作，应该予以肯定。未来如果在线教学成为高校在正常情况下的一种自然选择，那么在线教学的利弊得失，在线技术对师生关系的影响，对学生学习驱动力和学习方式的塑造等理论问题有待深入研究。从而我们能够更加明确地回答什么样的课程能够扬长避短地利用好在线教学技术与资源，什么样的课程不适合在线教学，由此达成高校教学质量的全面提升。

第四节 家庭第一代大学生的通识学习收获

家庭第一代大学生（以下简称"第一代大学生"或"第一代"）即父母皆不具备本科学历的大学生，曾经在我国精英高等教育时期的大学里十分普遍。当时绝大多数大学生都是家庭第一代，他们是同龄人中脱颖而出的佼佼者，并不存在相对文化弱势。然而随着我国高等教育的持续发展，父母接受过高等教育的家庭逐渐增加，产生了越来越多家庭第二、第三代大学生。他们从小在家庭内部就会自然地受到高等教育的文化熏陶，习得一定的学术习惯与文化优势。据初步统计，目前我国大学在校生总人数中第一代与非第一代大学生的占比为 7∶3[1]，而在顶尖大学内非第一代人数已经超过了第一代。随着时间推移，普及化的高等教育系统将造就越来越多的高学历父母。届时，较低学历父母的孩子是否依旧在我们的教育体系中有较大可能性获得学业成功？关注这一问题具有学术前瞻价值。

由于我国高等教育扩张非常迅速但持续时间尚不及跨越多代人，目前家庭第一代大学生仍是校园中的主要群体[2]。但是，他们在同辈中的处境与感受已经和过去大不相同。如今的第一代大学生普遍来自于农村和县城，缺乏布迪厄所提出的早期社会化所需要的家庭文化资本[3]。高考几乎是第一代大学生家庭学业规划所能触及的最远目标。大学，尤其顶尖大学，作为社会最核心的文化机构，具有鲜明的非书面隐形行为预设及内涵规范，家庭文化资本特别能够在

---

1 张华峰，赵琳，郭菲：《第一代大学生的学习画像——基于"中国大学生学习发展和追踪调查"的分析》，《清华大学教育研究》2016 年第 37 卷第 6 期，第 72—78 页，另第 94 页。
2 下文简称"第一代大学生"或"第一代"。
3 P. Bourdieu, "The forms of capital," in J. G. Richardson (eds), *Handbook of Theory and Research for the Sociology of Education*, New York: Greenwood Press, pp. 241-258. I. Szeman, T. Kaposy (eds), *Cultural Theory: An Anthology*, Oxford: Wiley-Blackwell, 2011, pp. 81-93.

大学里凸显其价值。通常认为，第一代大学生无法从父母那里获得具体的大学学业指导和发展规划[1]，无法预知大学学习生活中各种潜在的挑战。他们在大学里的学习表现、社会活动发展，以及二者平衡取舍都容易在入学时即处于弱势[2]。可以预想，第一代大学生要从一个高等教育的"局外人"名副其实地"入局"，需要在学段提升和学术文化适应上完成"双重跃迁"。国内外已有大量对于第一代与非第一代大学生学业表现的比较研究反复验证了上述分析。

问题是，如果拘泥于起点弱势的叙述，就会忽略大学教育的内在价值，以及优质公办教育对家庭教育的补偿作用。[3]虽然许多量化研究中第一代大学生的"平均值偏低"，但现实中，确有不少第一代大学生取得了相当值得自豪的学业成就，完成了"双重跃迁"。近些年部分更深入、更系统的研究发现，第一代大学生或许并未如刻板印象中那样"自卑无助"[4]，他们对高等教育达成了从陌生到熟悉的蜕变过程。有初步研究揭示，依靠较强的学业动力和考试能力，第一代的学业成绩未必逊色于非第一代[5]，他们在适应上的困境更多涉及大学文化和社交活动[6]。考虑到第一代大学生庞大群体的内部异质性，以及四年大学生涯带来的成长，任何对于第一代和非第一代群

---

1 鲍威：《第一代农村大学生的升学选择》，《教育学术月刊》2013年第1期，第3—11页。
2 K. V. T. Bui, "First-generation College Students at a Four-year University: Background Characteristics, Reasons for Pursuing Higher Education, and First-year Experiences," *College Student Journal*, 2002, 36(1), pp. 3-12.
3 方士心，陆一：《中美家庭第一代大学生的不同大学境遇》，《复旦教育论坛》2022年第20卷第1期，第31—40。
4 谢爱磊，洪岩璧，匡欢等：《寒门贵子：文化资本匮乏与精英场域适应——基于"985"高校农村籍大学生的追踪研究》，《北京大学教育评论》2018年第4期，第45—64页。
5 郭娇：《基于调查数据的家庭第一代大学生在校表现研究》，《中国高教研究》2020年第6期，第13—19页。
6 张华峰，郭菲，史静寰：《促进家庭第一代大学生参与高影响力教育活动的研究》，《教育研究》2017年第38卷第6期，第32—43页。

体的直接比较都应该结合其行为背后的整体环境、教育结构以及个人发展的相互作用,[1]避免对这一群体直接、武断的定论。对第一代大学生内部的差异性、发展规律以及外部影响因素的分析才能有效展示这一群体的需求。

基于此,本节试图以发展的眼光来探究第一代大学生的课程学习状态。具体而言,在顶尖大学,不同年级的第一代大学生的通识性学术能力在多大程度上能够从大学通识课程学习中取得收获?入学初期的通识课程学习状态随着入学时间的增加,是否会产生变化?

一、文献综述

为更深入理解第一代大学生在通识课程内的变化,本节将研究问题聚焦于三点:一、课程类型与教学方式偏好;二、课程收获和困惑;三、第一代大学生在课程类型与教学方式偏好、课程收获和困惑的年级异质性。

家庭第一代大学生的原生阶层特质很可能会反映在他们对大学的理解与期待之中,从而形塑他们的对大学课程与教学方式的偏好,继而影响他们的课程学习体验与收获。首先,因缺乏父母经验传授,[2]家庭第一代大学生更有可能以基础教育课程经验和认识论来揣测大学课程的性质与教学定位,包括注重精确地积累知识、希望得到周详的教学讲解、追求标准答案和统一的价值取向等特点。其次,由于第一代大学生通常来自社会资本弱势家庭,他们想通过大学教育改变自身和家庭经济条件的倾向明显,因此偏好更加务实有用的知

---

[1] 田杰,余秀兰:《从赤字视角到优势视角:第一代大学生研究述评》,《重庆高教研究》2021年第5期,第106—118页。

[2] 王兆鑫:《寒门学子的突围:国内外第一代大学生研究评述》,《中国青年研究》2020年第1期,第94—104页,另48页。

识、技能与职业。上述推测意味着第一代大学生可能对顶尖大学提供的人文性较强的通识课程适应不良，学习中产生质疑或抵触的情绪，最后收获不大。因此，以顶尖大学的通识课程作为观测和比较研究的场景来研究家庭第一代和大学教学具有特殊价值。

国内外对第一代大学生的研究更多聚焦于学业成绩和能力提升，但在课程微观层面的课堂收获，例如自身通过大学通识课程收获到的各项硬性能力和软性素养较少人涉及。仅有的相关文献提供了一些关于第一代在课程收获中处于弱势的思路。研究发现，相较于非第一代，第一代有着更低的课程投入[1]、更少的师生互动[2]、更糟糕的学业表现[3]、更低的学业自我效能[4]、更少的认知能力提升、更高的退学率和更低的毕业率[5]。这一系列负面结论都显示出第一代大学

1　K. M. Soria, M. J. Stebleton, "First-generation Students' Academic Engagement and Retention," *Teaching in Higher Education*, 2012, 17(6), pp. 673-685.

2　参见如下文献，Y. K. Kim, L. J. Sax, "Student-faculty Interaction in Research Universities: Differences by Student Gender, Race, Social Class, and First-generation Status," *Research in Higher Education*, 2009, 50(5), pp. 437-459；Y. Miyazaki, S. M. Janosik, "Predictors That Distinguish First-generation College Students From Non-first Generation College Students," *Journal of Multicultural, Gender, and Minority Studies*, 2009, 3(1), pp. 673-685。

3　参见如下文献，J. M. Billson, M. B. Terry, "In Search of the Silken Purse: Factors in Attrition among First-Generation Students. Revised," College and University, 1982, 58(1), pp. 57-75；E. T. Pascarella, C. T. Pierson, G. C. Wolniak, et al., "First-generation College Students: Additional Evidence on College Experiences and Outcomes," *The Journal of Higher Education*, 2004, 75(3), pp. 249-284。

4　L. Ramos-Sánchez, L. Nichols, "Self-efficacy of First-generation and Non-first-generation College Students: The Relationship with Academic Performance and College Adjustment," *Journal of College Counseling*, 2007, 10(1), pp. 6-18.

5　参见如下文献，T. T. Ishitani, "Studying Attrition and Degree Completion Behavior Among First-generation College Students in the United States," *The Journal of Higher Education*, 2006, 77(5), pp. 861-885；A. M. Nuñez, S. Cuccaro-Alamin, C. Dennis Carroll, *First-generation Students: Undergraduates Whose Parents Never Enrolled in Postsecondary Education*, U.S. Department of Education, Office of Education Research and Improvement, 1998；E. C. Warburton, R. Bugarin, A. M. Nuñez, *Bridging the Gap: Academic Preparation and Postsecondary Success of First-Generation Students. Statistical Analysis Report. Postsecondary Education Descriptive Analysis Reports*, 2001；J. Engle, V. Tinto, Moving Beyond Access: College Success for Low-income, First-generation Students, Pell Institute for the Study of Opportunity in Higher Education, 2008。

生较难融入高等教育课程，尤其通识课程。然而，中国第一代大学生优秀的学业成绩、高超的应试技巧及学业动力[1]，是否真的会让他们在通识课堂内成为一个弱势群体还有待验证。基于此，本论文想要探索第一代在通识课程类型与授课方式、课程收获及课程困惑中与非第一代是否存在差异。

在直接比较第一代和非第一代的基础上，探究一年级与四年级在通识课程学习中的不同，为我们提供了理解第一代大学生学习的动态视角。研究发现，随着入学时间的增加，第一代将逐步了解大学课程的文化和氛围。研究发现农村大学生通常会先通过良好的学业成绩来巩固大学内的自我定位，并逐步拓展自己在大学内的探索范围以适应大学[2]。那么第一代进入高年级之后对于通识课程的偏好和期待必将产生变化。但过去文献缺乏对不同年级第一代大学生在课程需求方面的有效研究和结论。

第一代和非第一代大学生在不同年级很可能展示出不一样的课程收获。研究表明第一代大学生从高中到大学的过渡上更加吃力[3]。入学时，第一代和非第一代大学生之间的差距已然存在。这样既成的差距会随着年级增高而扩大还是缩小，第一代是否有所赶超现象，在国内鲜有研究。西方文献显示第一代大学生的学业增长速度比非第一代更为缓慢[4]。但国内文献发现农村第一代大学生的学业收获要

---

1 刘进,马永霞,庞海芍:《第一代大学生职业地位获得研究——基于L大学（1978—2008年）毕业生的调查分析》,《教育学术月刊》2016年第2期，第3—11页。
2 谢爱磊:《精英高校中的农村籍学生——社会流动与生存心态的转变》,《教育研究》2016年第37卷第11期，第74—81页。
3 G. R. Pike, G. D. Kuh, "First and Second Generation College Students: A Comparison of Their Engagement and Intellectual Development," *The Journal of Higher Education*, 2005 (3), pp. 276-300.
4 A. L. Jenkings, Y. Miiyazaki, S. M. Janosik, "Predictors That Distinguish First –generation College Students From Non -first Generation College Students," pp. 1-9.

高于非第一代[1]，且第一代也表现出了更高的学业投入[2]。这说明第一代大学生在入学初期处于劣势，但并未自我放弃，而是试图通过"勤能补拙"来弥补学业上的困难。那么，当高年级的第一代更加熟悉大学通识课程的氛围和设置后，是否能在课程收获上追赶上非第一代？第一代和非第一代之间课程收获的差距，是否会随着年级升高而变化？课程偏好是否有所改变？根据这一思路，本节旨在开展对于第一代大学生身份和年级在课程类型与教学方式偏好、课程收获、课程困惑上的交互效应探究。因而本节关注第一代和非第一代大学生在课程收获、困惑和偏好上的年级异质性。

综上，本节聚焦于以下两个主要研究问题：第一，第一代和非第一代大学生在通识课程类型和教学方式偏好、课程收获、课程困惑上是否存在差异；第二，第一代和非第一代大学生的课程类型和教学方式偏好、课程收获、课程困惑的差异是否会因年级而异，即年级对第一代和非第一代课程类型和教学方式偏好、课程收获、课程困惑差异是否存在调节作用。

二、研究设计

（一）数据采集及样本描述

本研究所有数据均来自"中国高水平大学课程教与学追踪调查（Chinese University Course Evaluation Project [CUCE]）"（2015—2021）数据库中两所顶尖大学 A、B 通识课程教与学情况，以及两

---

[1] 熊静：《第一代农村大学生的学习经历分析——基于结构与行动互动的视角》，《教育学术月刊》2016 年第 5 期，第 74—81 页。

[2] 刘进，马永霞，庞海芍：《第一代大学生职业地位获得研究——基于 L 大学（1978—2008 年）毕业生的调查分析》，第 3—11 页。

所高校教务处的客观课程数据。[1] 问卷调查采取网络问卷形式，在课程结束时通过助教进行发放。回收率在 50% 以上。最终数据共含有效样本数 3605 个（见表 35），包括 A 大学 2019 年春季和秋季两个学期以及 B 大学 2016 年秋季学期，大一到大四各年级学生。

本研究的数据样本限于中国顶尖大学内第一代大学生，主要出于以下原因。首先，顶尖学府中第一代大学生数量相较于普通高校更少，这一采样更能体现未来第一代大学生在校园里不占大多数时的情况。其次，顶尖学府高强度的课业竞争和学业挑战都可能加剧来自教育资源匮乏、视野有限家庭第一代大学生环境融入和选择上的困难。而非第一代大学生的家庭优势作用在顶尖学府里面会更加凸显，便于结果的分析和未来教育政策的讨论。最后，国内顶尖学府在高等教育改革中通常扮演先锋和试点角色。了解和分析顶尖学府内学生的课程收获和需求，可以作为一种极端值供其他大学参考借鉴。

本研究以核心通识课程教学为调查对象，出于四点考虑。第一，此类课程的修读不受年级限制，方便展开年级效应的研究。第二，此类课程是全校各专业学生共同学习的必修课，课评数据不受专业影响，更有全校代表性。第三，核心通识课程强调素养教育[2]，与前期家庭文化资本有较大关联。第四，大学通识教育理念与课程立意有别于基础教育，更加便于我们了解第一代大学生在大学文化场域内的表现状态。

样本中家庭第一代大学生定义为父母均不具有大学本科学历的学生群体，占 41.26%；非第一代大学生，即父母任意一方具有大学

---

[1] 方士心, 陆一, 陈嘉:《线上教学质量双面性：对照组检验与学生偏好评价的不同结果》,《复旦教育论坛》2020 年第 18 卷第 6 期，第 55—62 页。

[2] 陆一, 徐渊:《制名以指实："通识教育"概念的本语境辨析》, 第 30—39 页。

本科学历的学生群体（不含大专），占 57.77%。

表 35 第一代与非第一代人口学与教育学背景

变量		非第一代大学生 N(%)	第一代大学生 N(%)	总计 N(%)	缺失 N(%)
学校	A	1090 (51.83)	740 (49.27)	1830 (50.76)	35
	B	1013 (48.17)	762 (50.73)	1775 (49.24)	
性别	男	1159 (55.11)	950 (63.25)	2109 (58.50)	35
	女	944 (44.89)	552 (36.75)	1496 (41.50)	
年级	大一	867 (41.64)	576 (39.05)	1443 (40.57)	83
	大二	621 (29.83)	448 (30.37)	1069 (30.05)	
	大三	364 (17.48)	287 (19.46)	651 (18.30)	
	大四	230 (11.05)	164 (11.12)	394 (11.08)	
高中生源地	东部地区	1057 (50.26)	580 (38.62)	1637 (45.41)	35
	中部地区	505 (24.01)	491 (32.69)	996 (27.63)	
	西部地区	541 (25.73)	431 (28.70)	972 (26.96)	
专业大类	人文学科	412 (20.47)	353 (24.34)	765 (22.09)	177
	社会科学	452 (22.45)	292 (20.14)	744 (21.48)	
	自然科学	425 (21.11)	261 (18.00)	686 (19.81)	
	工程技术	724 (35.97)	544 (37.52)	1268 (36.62)	
父亲受教育程度	大专技校及以下	184（8.77）	1502（100）	1686（46.82）	39
	本科及以上	1915（91.23）	0（0）	1915（53.18）	
母亲受教育程度	大专技校及以下	488（23.31）	1502（100）	1990（55.34）	44
	本科及以上	1606（76.69）	0	1606（44.66）	
	总计	2103 (57.77)	1502 (41.26)	3605 (99.04)	35

注：东中西部的划分依据我国的政策划分，东部地区包括北京、天津、河北等 11 个省（市）；中部地区包含山西、吉林、黑龙江等 8 个省（市）；西部地区包含四川、重庆、贵州等 12 个省（市）。

（二）研究量表设计及描述

本研究共包含 16 个题项，依照本节的三大研究对象，课程类型和教学方式偏好、课程收获、课程困惑，分为了五组题项分类，以便后续基于题目内容的讨论。五组包括：课程类型与教学方式偏好、阅读写作表达能力收获、探究与解决问题能力收获、课程思政收获、以及课程困惑（表 36）。由于每个题项都反映了学生在不同层面对教与学的实际收获和具体感受，为了更好地了解第一代更细致的课程体验，因此在因变量处理时对 16 个题项进行单独回归分析。表 36 中的分类只为方便结果后续分析和解读，不具统计学意义。

课程类型和教学方式偏好共 5 个题项，每一个题项设置了两类相反偏好选项，选项 a 和选项 b（1= 十分符合 a 选项，2= 相对接近 a 选项，3= 相对接近 b 选项，4= 十分符合 b 选项）。学生报告的数值越小则更表明学生更偏好于 a 选项中描述的课程类型和教学方式，数值越大则越偏向 b 选项中的课程类型和教学方式。阅读写作表达能力收获以及探究与解决问题能力收获是依据陆一设计研发的通识课程"文质—知行"测评量表优化而来[1]。两项指标均采用李克特 4 点量表，以 1 到 4 等距赋值（1= 无提升或未涉及，2= 很少提升，3= 有些提升，4= 大幅提升）。价值信念收获和课程学习困惑两类题目均依据中国大学通识课程特色、老师及教务处对课程改革发展诉求和学生行为特点，专门设计。课程思政收获和课程困惑同样采用李克特 4 点量表，以 1 到 4 等距赋值（1= 不同意，2= 不太同意，3= 比较同意，4= 非常同意）。

在此，为更准确评估学生的课堂内收获和偏好，把学生每周

---

[1] 陆一：《把握通识教育的真实效果"复旦大学通识教育学生调查"工具的研制与信、效度检证》，第 23—30 页。

课后学习时间（1= 基本不花时间，2= 小于 1 小时，3=1—2 小时，4=2—3 小时，5=3—4 小时，6=4 小时以上）作为控制变量加入到模型中。学校、性别（女 =1，男 =0）、年级、高中生源地地区（以东部为参照组）、专业大类（以人文学科做参照组）皆作为控制变量加入分析。

表 36　因变量题项设计

类别	代码	题项
课程类型和教学方式偏好	CP1	a. 为我系统地规划好学习课程的内容、次序；b. 让我任意选择学习课程的内容、次序；
	CP2	a. 明确地讲解课程的意义、必要性；b. 让我自己去发现、定义课程的意义、必要性；
	CP3	a. 在课上把重要的知识全部系统讲授清楚；b. 课堂作为入门、激发兴趣、交流的场合，让我课后自主自学；
	CP4	a. 喜欢学通俗易懂的内容；b. 喜欢学高难度、挑战自我的内容；
	CP5	a. 希望大学教育使我具备在社会上发展的各种能力、素养；b. 希望大学教育使我得到专业上精深的训练，获得一技之长；
阅读写作表达能力收获	SI1	围绕某一问题大量泛读的能力
	SI2	立论辨析论证式的学术性写作能力
	SI3	细读人文经典著作或重要科学论文的能力
探究解决问题能力收获	SI4	严密的逻辑推理、分析的能力
	SI5	批判性思维：理性、审辨、反思地看待问题的能力
	SI6	掌握一套科学探究方法或特定学科的思维方法
课程思政收获	CE1	这门课改变或挑战了我对事物已有的看法
	CE2	任课老师在为学、为人方面对我有明显的影响或启示
	CE3	我对这门课的学习投入远远高出其他同等学分的课程
课程困惑	CC1	我始终不明白学这些内容有什么价值
	CC2	这门课始终让我困惑不知如何才能学好

三、研究结果与分析

（一）对课程类型和教学方式的偏好

在控制了学校、生源地、专业、性别以及课后学习时间后，本研究利用 IBM SPSS Statistics 26 软件，采用多元线性回归对比了第一代和非第一代之间的课程类型和教学方式偏好、课程收获、课程困惑三类共 16 个题项中每一题项。以下分析结果均为非标准化系数和稳健性标准误。多元线性回归前提假设均通过检验。

在 5 项课程类型和教学方式偏好题项中，第一代和非第一代只在 CP4（a. 喜欢学通俗易懂的内容或 b. 喜欢高难度、挑战自我的内容）和 CP5（a. 希望大学教育使我具备在社会上发展的各种能力、素养或 b. 希望大学教育使我得到专业上精深的训练，获得一技之长）两个针对课程类型偏好问题中存在差异（表 37）。第一代大学生比非第一代大学生更倾向于前者，他们希望大学传授给他们更多通俗易懂，且社会工作生活中实用落地的知识能力。

在表 37 下半部分的调节模型结果中，随着年级升高，第一代大学生在 CP1、CP2、CP3 这 3 个教学方式偏好题项中呈现了显著年级差异（图 34—36）。低年级的第一代大学生明显对大学通识课程的自由探索和自主学习的教学方式有着更高偏爱，但随着年级增高，他们转向了对按部就班、系统明确的教学方式的偏好。而非第一代大学生随着年级升高，并未表现出显著的教学方式偏好变化。这表明，第一代可能在逐渐摸索和适应通识课程的教学方式。

表37 第一代大学生身份和课程类型与教学方式偏好的回归结果

	CP1	CP2	CP3	CP4	CP5
（常量）	2.217***	2.025***	1.966***	2.089***	2.062***
	.074	.076	.072	.073	.076
学校	-.058	.081*	-.045	.044	-.083*
	.035	.036	.035	.034	.035
中部地区	-.093*	-.066	-.014	-.020	-.010
	.037	.038	.036	.036	.036
西部地区	-.040	-.058	.026	-.039	-.044
	.038	.039	.038	.036	.038
社会科学	-.088	.027	-.084	-.033	-.089*
	.047	.049	.046	.046	.046
自然科学	.013	.104	.045	.110*	.109*
	.052	.054	.051	.051	.052
工程技术科学	-.034	.009	-.009	.007	-.001
	.050	.051	.048	.047	.048
性别（女=1）	-.059	.043	-.093**	-.055	-.008
	.035	.037	.034	.034	.034
每周学习时间	.011	.037**	.052***	.064***	-.014
	.013	.014	.013	.013	.013
年级	-.027	-.039*	-.003	.037*	-.002
	.015	.016	.015	.015	.015
是否第一代大学生（第一代=1）	-.010	-.014	.050	-.095**	-.066*
	.031	.032	.032	.030	.031
df	3406	3406	3406	3406	3407
调整后	.005	.006	.011	.014	.01
调节模型结果					
年级	.011	-.005	.036	.034	.008
	.021	.022	.020	.020	.021
是否第一代大学生	.173*	.148*	.239***	-.110	-.019
	.07	.069	.067	.065	.067
第一代身份×年级	-.091**	-.081**	-.095***	.008	-.023
	.03	.031	.030	.029	.030
df	3405	3405	3405	3405	3405
调整后	.007	.007	.013	.014	.007

注：^p < 0.10；*p < 0.05；**p < 0.01；***p < 0.001。

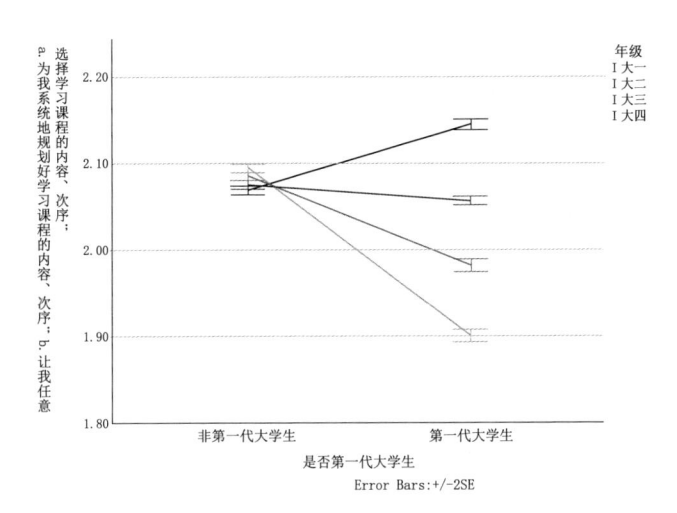

图 34　a. 为我系统地规划好学习课程的内容、次序 /
b. 让我任意选择学习课程的内容、次序（CP1）

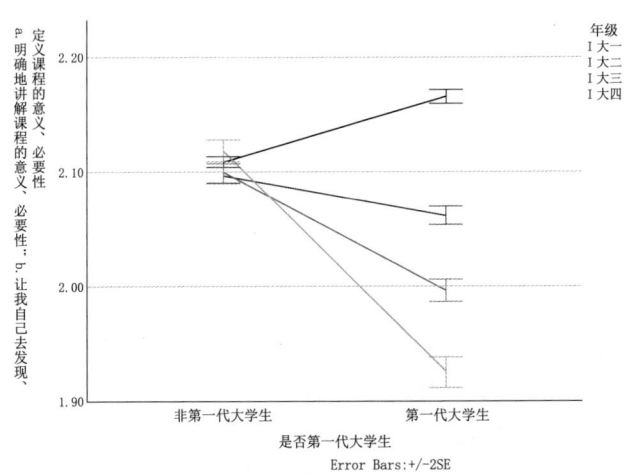

图 35　a. 明确地讲解课程的意义、必要性 /
b. 让我自己去发现、定义课程的意义、必要性（CP2）

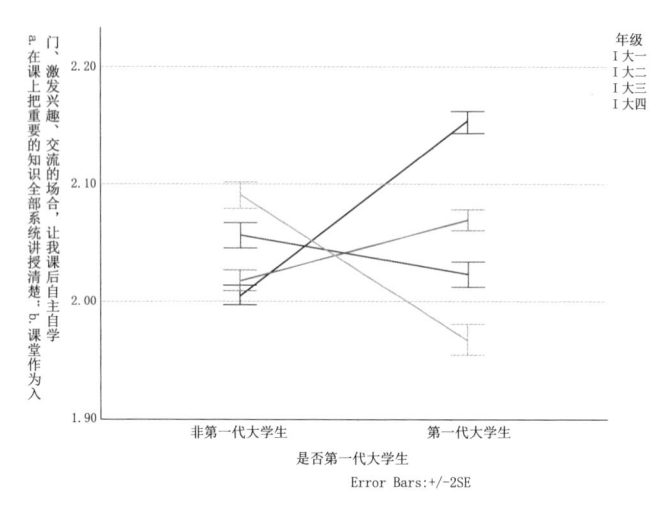

图 36　a.在课上把重要的知识全部系统讲授清楚／
b.课堂作为入门、激发兴趣、交流的场合，让我课后自主自学（CP3）

（二）课程收获与课程困惑

针对阅读写作表达能力和探究解决问题能力收获两组题项的分析发现（表38），第一代大学生在6个题项中的通识课程收获均比非第一代要低，并且年级和课程收获有显著负向关系。然而，当对第一代与非第一代的年级间异质性进行分析时发现（表38：调节模型结果），在三个阅读写作表达能力收获题项中，相较于低年级，高年级非第一代的课程收获下降幅度远大于第一代。第一代与非第一代之间的课程收获差异随着年级升高而减小（图36、37、38、39）。在3个探究解决问题能力收获题项中，只有"掌握一套科学探究方法或特定学科的思维方法（SI6）"呈现出了显著年级异质性（图39）。这表明，第一代在通识课程收获6个层面的起点普遍均低于非第一代，但高年级第一代在通识课程中，仍维持了较好的阅读写作表达能力收获。而这些能力，正是第一代前期家庭资本难以提供的方面，更加迫切需要大学课程的补偿作用。

表 38　第一代大学生身份和个人能力收获的回归结果

	SI1	SI2	SI3	SI4	SI5	SI6
（常量）	2.133***	1.993***	2.070***	2.382***	2.458***	2.486***
	.077	.081	.078	.075	.070	.073
学校	-.148***	-.214***	-.062	-.373***	-.092**	-.212***
	.037	.039	.037	.036	.033	.035
中部地区	-.004	.046	.026	.018	.053	.024
	.039	.040	.039	.037	.035	.036
西部地区	-.031	.027	.002	.006	.015	-.010
	.039	.040	.039	.038	.035	.036
社会科学	.032	.004	.014	.016	.044	.084
	.048	.050	.048	.046	.044	.045
自然科学	-.119*	-.071	-.177***	-.025	-.065	-.093
	.053	.056	.053	.051	.048	.050
工程技术科学	-.025	.000	-.038	-.068	-.100*	-.110*
	.050	.053	.051	.049	.046	.048
性别（女=1）	-.018	-.039	-.031	-.101**	-.019	-.099**
	.036	.038	.037	.035	.033	.034
每周学习时间	.239***	.234***	.239***	.198***	.186***	.163***
	.013	.014	.013	.012	.012	.012
年级	-.016	-.013	-.035*	-.016	.008	.018
	.016	.017	.016	.015	.015	.015
是否第一代大学生（第一代=1）	-.104***	-.069*	-.082**	-.059*	-.067*	-.057^
	.032	.034	.032	.031	.030	.030
df	3406	3406	3406	3406	3406	3406
调整后	.110	.104	.107	.113	.076	.070
调节模型结果						
年级	-.041*	-.045*	-.061**	.002	.003	-.009
	.021	.022	.021	.020	.019	.020
是否第一代大学生	-.220**	-.221**	-.209**	-.130*	-.092	-.184**
	.070	.073	.070	.066	.064	.065
第一代身份 × 年级	.058^	.076*	.063*	.035	.012	.064*
	.031	.033	.032	.030	.029	.029
df	3405	3405	3405	3405	3405	3405
调整后	.111	.105	.108	.113	.076	.071

注：^p < 0.10；*p < 0.05；**p < 0.01；***p < 0.001。

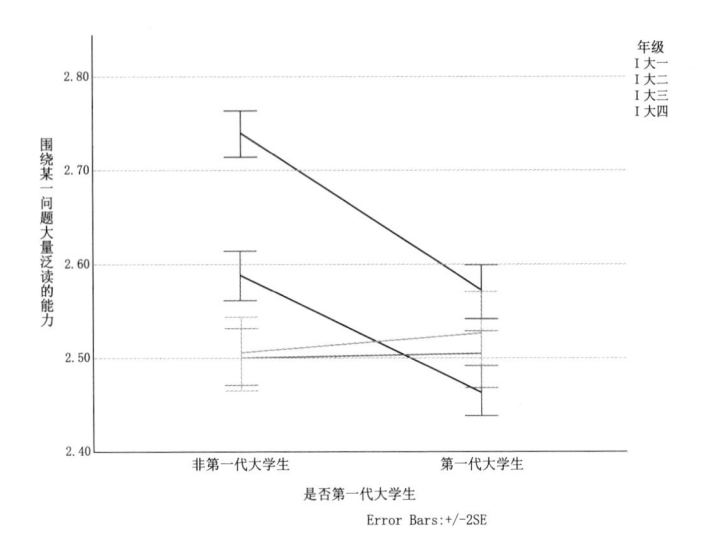

图 36　围绕某一问题大量泛读的能力（SI1）

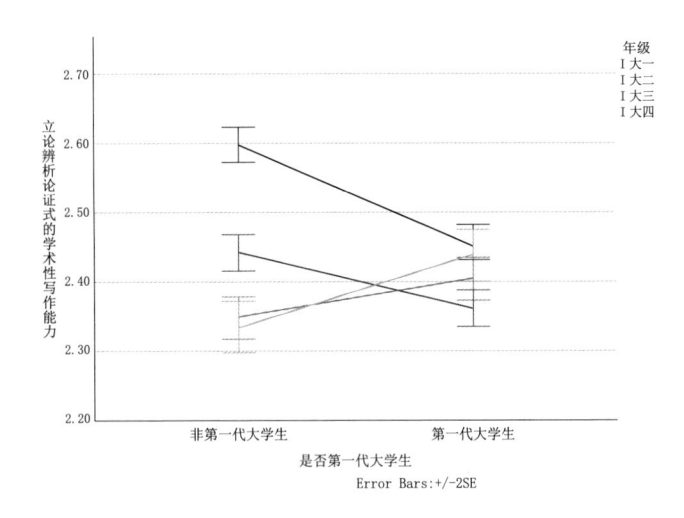

图 37　立论辨析论证式的学术性写作能力（SI2）

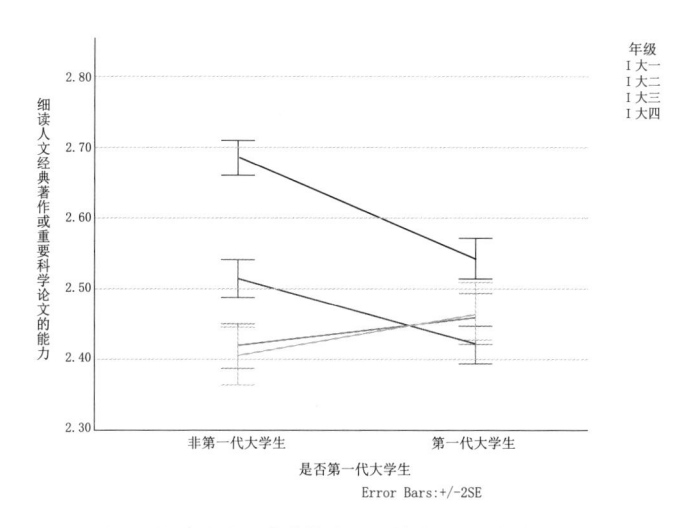

图 38　细读人文经典著作或重要科学论文的能力（SI3）

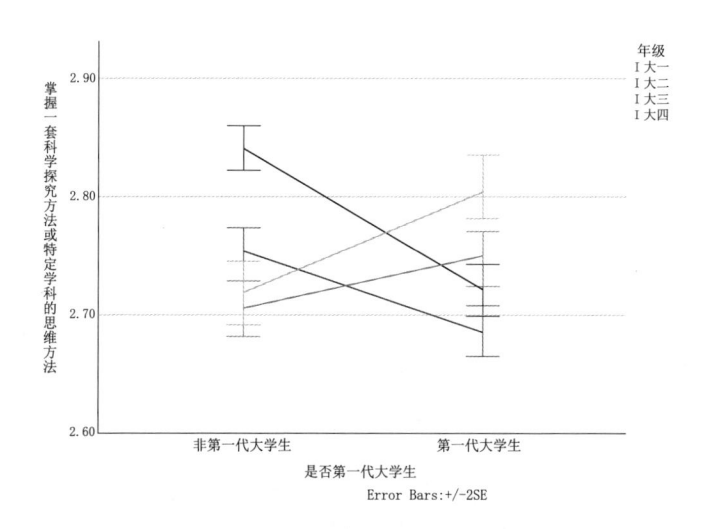

图 39　掌握一套科学探究方法或特定学科的思维方法（SI6）

在价值信念收获方面的题项中（CE1、CE2、CE3），本研究并未发现显著的第一代与非第一代之间，或年级之间的组间差异（表

39）。但第一代身份与年级的交互效应模型显示，第一代大学生的课程思政收获随着年级增高而显著提升，但非第一代群体并未呈现类似现象（表39：调节模型结果；图40、41、42）。并且在大一时，非第一代的收获要高于第一代，但这样的差异在大四时出现逆转趋势。这说明，教师和课程内容对第一代大学生的思政影响是随着年级增高而升高的。

另外，数据分析发现第一代和非第一代大学生之间存在显著课程困惑差异。相较于非第一代，第一代大学生更难领悟通识课程的价值（CC1），也不知该如何学好通识课程（CC2）。这种因为第一代身份造成的课程困惑差异也并未随着年级升高而变化（表39：调节模型结果）。可见，虽然高年级第一代大学生在收获上有所增加，但是仍然与非第一代在课程理解和学习效果上存在差距。

表39 第一代大学生身份和课程思政收获与课程困惑的回归结果

	CE1	CE2	CE3	CC1	CC2
（常量）	2.696*** .063	2.666*** .062	1.528*** .071	1.630*** .061	2.246*** .071
学校	.173*** .030	.131*** .030	.064^ .033	.133*** .028	.112*** .034
中部地区	.022 .031	.000 .032	.013 .036	-.080** .030	-.087* .036
西部地区	-.013 .032	-.020 .032	-.001 .036	-.036 .030	-.035 .036
社会科学	.016 .039	.105* .039	.008 .047	.007 .036	.005 .045
自然科学	-.070 .044	-.107* .044	-.235*** .050	.051 .042	.156** .050
工程技术科学	-.092* .040	-.036 .040	-.209*** .045	.067 .040	.035 .047

续表

	CE1	CE2	CE3	CC1	CC2
性别 （女=1）	.028 .030	.077** .029	.042 .034	-.095*** .029	-.069* .035
每周学习时间	.113*** .011	.129*** .011	.299*** .012	-.043*** .011	-.039** .013
年级	.023^ .013	.022^ .013	.049*** .015	-.026* .012	-.090*** .015
是否第一代大学生 （第一代=1）	-.018 .027	-.022 .027	-.021 .030	.094*** .026	.059 .030
df	3406	3406	3406	3406	3406
调整后	.050	.061	.173	.022	.022
调节模型结果					
年级	-.005 .017	-.011 .017	.011 .019	-.009 .016	-.078*** .020
是否第一代大学生	-.151** .058	-.180** .058	-.204** .065	.174** .056	.114 .067
第一代身份 × 年级	.067** .025	.079** .026	.091** .030	-.041 .024	-.028 .029
df	3405	3405	3405	3405	3405
调整后	.052	.064	.175	.022	.022

注：^p < 0.10；*p < 0.05；**p < 0.01；***p < 0.001。

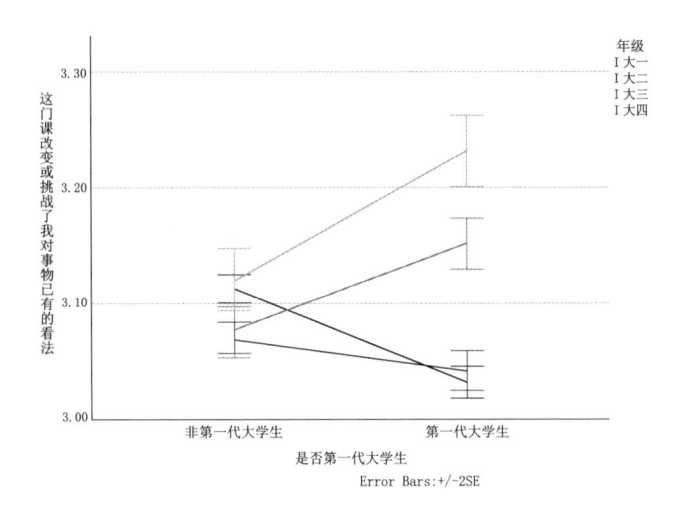

图40 这门课改变或挑战了我对事物已有的看法（CE1）

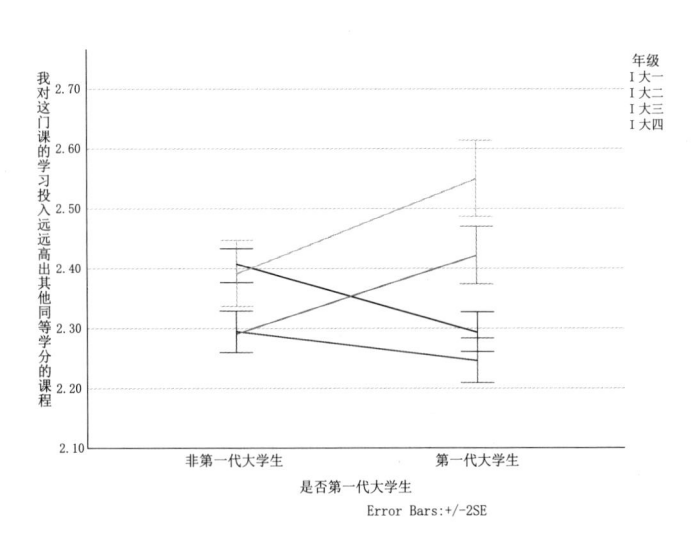

图41 我对这门课的学习投入远远高出了其他同等学分的课程（CE3）

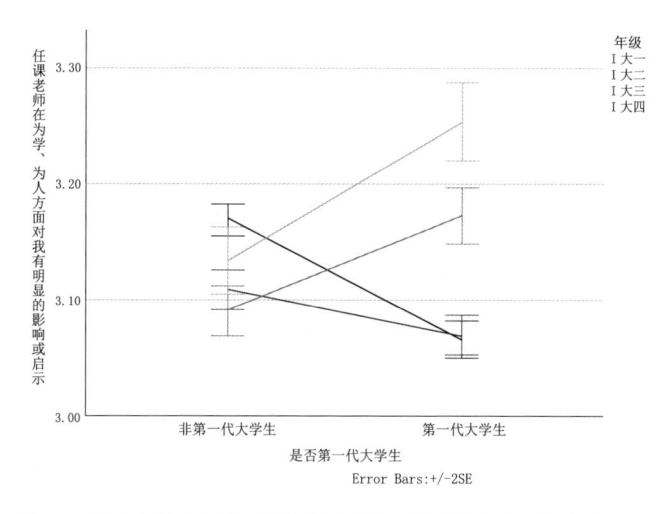

图 42　任课老师在为学、为人方面对我有明显的影响或启示（CE2）

四、结论与启示

（一）课程偏好错位与理解困境

数据分析支持了本节对于第一代大学生的假设，他们在课程类型和教学方式偏好、课程收获和困惑上都与非第一代有着显著差异。结果显示，第一代大学生，由于家庭文化资本不足，在通识课程内表现为一个"边缘人"，尤其低年级第一代大学生，他们不懂得"局内"的规则，也不明白"入局"的方法。此类现象呼应了布迪厄文化和社会再生产理论提出的解释。[1]

在高考选拔制度背景下，家庭文化资本缺失未必反映在考分上，却会更多体现在精英学术文化的习得方面。我国的高等学府应该认

---

[1] P. Bourdieu, "Cultural Reproduction and Social Reproduction," in R. Brown (eds), *Knowledge, Education and Cultural Change*, London: Tavistock, 1973, pp. 71-112.

识到即使是入学考分相同的学生，携带的家庭文化资本可能大不相同，对大学学习的期待与适应情况也不同。有别于非第一代，第一代大学生相对偏向于学习通俗易懂的内容和社会上所需的能力及素养，而顶尖大学通识课程的教育目的恰恰是要超越社会与市场需求[1]。出人意料的是，第一代大学生对于顶尖大学通识课程的教学方式的预期更加浪漫化，他们似乎更多地认为大学具有"解放"式的学习自由度或内容设置自主性，想象通识课程将提供无限制的教学氛围。这种矛盾的期待让他们在大一时感到某种失望，且不能马上取得良好的学习体验。而非第一代大学生能较早认识到大学真实的自由度与约束性，并且具有较全面的学业素养准备，他们偏好高挑战、高难度、精深课程内容的程度更显著，对大学通识课程的学术期待更准确。

数据结果表明，第一代大学生对如何学好通识课程，或者如何从通识课程取得收获表现出较明显的困惑和无所适从。扭转社会上盛行的功利风气、重塑人的全面价值是顶尖大学建设通识课程的重要目的。第一代大学生若不能较好地理解通识教育立意与通识学习价值而显示出综合文化资本的欠缺，则会对其未来人生职业发展产生长远的影响。如何通过课程教学帮助他们融入并体认通识精神与人文价值是本科通识教育真正的挑战。

（二）本科四年的文化习得与融入

研究结果也表明第一代大学生身份所带来的课程学习困境尚未构成结构性的"绝境"。在美国同类研究中常见的第一代大学生"绝对弱势"的形象在国内并不完全成立。这样的标签忽略了他们利用

---

[1] 陆一，杨瞳：《高教大众化视野下中国大学通识教育发展的理论分析》，《清华大学教育研究》2020年第41卷第4期，第36—46页，另第67页。

个人学业能力逐步适应且追赶的积极状态。第一代大学生的发展是其个体与大学课程环境交互影响的结果。当家庭文化资本不足时顶尖大学通识课程扮演了帮助第一代大学生获取通识学术能力、发展成熟价值观的重要角色。在价值树人方面，一流大学课程和教师对不同年级的第一代大学生有着不一样程度的影响。到大四时，第一代大学生在为学、为人等价值信念方面得到了更多启迪和激励，其受影响程度显著超越了非第一代和低年级的第一代大学生。由此推论，在我国公办顶尖大学中，第一代没有遭遇到文化的绝对"隔离"，他们可以在受鼓励的氛围中逐步摸索、适应通识学习，并且通过教师以及课程内容获取丰富自己世界观和价值观的资源。公办大学课程和教师可以在一定程度上对第一代大学生的人格塑造以及世界观形成带来积极影响，提供一定的资源补偿。这一点呼应了其他学者提出的中国社会、文化、教育体系为第一代大学生赋能的观点。

（三）展望与建议

本研究的初步发现提示顶尖大学在通识课程的设置和教学方式的运用中要注意这样一群才智出色却在精英文化面前显得稚拙的学生。他们在未受到制度性优待的情况下已经有不错的表现。随着时间推移，将会有更多家庭第二代、第三代大学生走上我国大学的教学与管理岗位。到那时，教育者如果仅仅从自身经历出发来设计安排教学就可能形成视野的盲区和沟通的误区。我们建议营造更利于广泛交往沟通的校园环境，鼓励第一代大学生在课内和课后与教师进行互动，从身边的榜样中汲取经验和力量。[1] 同时，通识课程还

---

[1] C. Lundquist, R. J. Spalding, R. E. Landrum, "College Student's Thoughts About Leaving the University: The Impact of Faculty Attitudes and Behaviors," *Journal of College Student Retention: Research, Theory & Practice*, 2002, 4(2), pp. 123-133.

要进一步发挥实实在在的教育影响力,使学生有机会摆脱家庭背景的种种不利因素。

由于数据局限性,本研究未能追踪到个体第一代大学生的长期变化,仅限于对不同年级第一代大学生的组间比较,因而无法进行因果推断。未来,关于第一代大学生在大学四年课程学习中的成长以及大学课程给予他们的赋能作用有待定量研究以更加精准的追踪数据来揭示。

教育能带来帮助,但教育本身不是帮扶。重视家庭第一代大学生的困难并不意味着这种身份具有接受教学照顾的特权。高深的文化与优良的教养离不开累世积淀,对家庭和社会而言都是如此。大学,特别是顶尖大学首先要致力于传承和创造最优秀的文化,在此前提之下,也要努力通过教书育人和环境营造防止隔阂加深。如此,家庭第一代大学生将进一步成为中国"教育改变命运"的标志性群体,为了实现这种美好的愿望,需要大学内外形成合力。